数字图书馆知识产权
保护研究进展

《图书情报工作》杂志社　编

海洋出版社

2016年·北京

图书在版编目（CIP）数据

数字图书馆知识产权保护研究进展/《图书情报工作》杂志社编 . —北京：海洋出版社，2016.3

（名家视点 . 第 7 辑）

ISBN 978 – 7 –5027 –9354 –8

Ⅰ . ①数⋯　Ⅱ . ①图⋯　Ⅲ . ①数字图书馆 – 知识产权保护 – 研究进展

Ⅳ . ①D913. 04

中国版本图书馆 CIP 数据核字（2015）第 308496 号

责任编辑：杨海萍　张　欣
责任印制：赵麟苏

海洋出版社　出版发行

http://www. oceanpress. com. cn

北京市海淀区大慧寺路 8 号　邮编：100081

北京朝阳印刷厂有限责任公司印刷　新华书店北京发行所经销

2016 年 3 月第 1 版　2016 年 3 月第 1 次印刷

开本：787 mm×1092 mm　1/16　印张：18. 25

字数：318 千字　定价：48. 00 元

发行部：62132549　邮购部：68038093　总编室：62114335

海洋版图书印、装错误可随时退换

《名家视点丛书》编委会

序

2016 年新年伊始，由《图书情报工作》杂志社策划编辑的《名家视点：图书馆学情报学档案学理论与实践系列丛书》第 7 辑共 5 本，已由海洋出版社出版。这一辑丛书是编辑从近年来发表的论文中精选出来的。这是《图书情报工作》杂志社与海洋出版社联袂奉献给中国图书情报界的新年志喜，也是为国家"十三五"规划开局之年给图书情报从业人员的一份礼物。

在这份礼单中，首先是《图书馆发展战略规划与趋势》。在这本书中，我们收录了 26 篇文章，分专题篇、国外篇、国内篇三个部分，集中展示了国内学术界对图书馆发展战略规划与趋势的研究成果。创新发展，规划先行。面向"十三五"，图书馆需要在把握趋势、把握大势的基础上，确立新思维、制订新战略、采取新行动。"十三五"规划制订得好坏，直接影响每个图书馆今后 5 年的发展，而今后 5 年对图书馆的转型变革是至关重要的，是挑战，也是机遇。这一组文章基本上能展现国内外图书馆发展趋势和战略规划的特点和要点，相信对每个图书馆及管理者和图书馆员都具有重要的参考和借鉴价值，应成为制订"十三五"规划和指导"十三五"期间图书馆工作的重要案头书。

其次是《新环境下图书馆用户信息行为》，共收录 26 篇重要文章，分专题篇、网络篇、服务篇和综述篇 4 部分。用户信息行为是图书馆学情报学最重要的研究对象。图书情报服务做得好不好，往往是由图书情报机构对其服务对象（用户）的信息需求和信息行为的认知和分析深度所决定的。在当前变化的信息环境下，我们对用户的信息需求及其行为的跟踪、揭示和研究是非常不够的，这不仅是由用户信息行为的复杂性所决定的，也是因为我们对用户行为的研究仍缺乏前瞻性的理论、科学的方法和有效的技术。本书所收录的文章将为我们进一步的研究提供新的起点、新的视角和新的结论，有助于我们对用户信息行为提供完整和深入的认识。

在今天图书情报机构提供的信息服务中，专利是不可忽视的。专利被认为是创新性研究或应用成果的代表，代表的是科技创新能力，对企业和各类机构而言是十分核心的信息资源和创新支撑。在《专利情报研究与服务》一书中，我们收录了28篇文章，分专题篇、方法篇、应用篇、评价篇4个部分，展现了国内专利领域的专家学者在专利的引文、工具、挖掘、服务、评价等多个方面有代表性的研究成果，表明国内图书情报界在应用专利推动国家的创新驱动发展战略中所开展的卓有成效的服务工作。总体而言，国内图书情报机构在对专利的重视程度上不够，在应用专利推动科技创新的实践力度上不够，在将专利信息资源转化为现实生产力的实际效果上不够。期待这些文章能对解决这些问题产生一定的推动作用。

网络舆情的研究随着新媒体环境的出现而愈发引起包括政府和相关机构的高度重视，也吸引了广大研究人员的积极参与。在名家视点第5辑中推出的《新媒体环境下的网络舆情研究和传播》一书受到读者好评，现已售罄。故这一辑将此书再版，增加了一些最新的稿件，使该书跟上新的形势。在不少图情机构，网络舆情的监控与分析，已经成为一项重要的情报研究和咨询服务。

最后一本书是《数字图书馆知识产权保护研究进展》。随着数字图书馆建设与发展，与数字图书馆相关的知识产权问题也显得愈加突出，往往是著作权法等相关法律未曾涉及的新的问题。知识产权问题能否解决好，关系到作者知识产权保护与数字图书馆可持续发展的平衡问题。二者不应是矛盾的，而是数字图书馆发展中必须直面、解决的问题。本书收录26篇文章，分策略篇、实践篇、综合篇，展示了我刊近年来发表的重要的相关研究成果，体现了作者们在有关数字图书馆知识产权问题的认知、实践和策略，有助于启发我们更深入的思考，提出更加符合法理和现实环境的解决对策。

"十三五"已经到来，图书情报界需要重新定位，前瞻谋划，大胆探索，砥砺前行。就图书情报机构的转型而言，这是一个非常关键的5年。如何做好规划，做好布局，寻求新的突破，重塑图书情报新的职业形象，赢得应有的职业尊严和专业地位，不仅关系到这5年的发展，而且直接影响未来10年或者更长时间图书情报机构的生存。我们既要有危机感和忧患意识，也要提振信心，抓住机遇，看到未来发展的前景。"图书馆，不要自甘寂寞"（《人民日报》2015年12月22日第12版语），代表的是全社会对图书馆的期许，也是对图书馆人的鞭策。图书馆若想不被边缘化，拯救自己的只有图书馆员自己。

初景利
《图书情报工作》杂志社社长、主编，教授，博士生导师

目　次

策　略　篇

实　践　篇

综 合 篇

策　略　篇

数据挖掘版权政策构建研究：
研究型图书馆的立场[*]

数据挖掘（data mining）是利用计算机程序进行数据处理，提取和组织潜在有用信息的过程[1]，是大数据时代分析海量数据的重要研究方法。研究表明，获取大量文献的许可成为研究者开展数据挖掘的重要成本之一[2]，过高的许可成本和落后的版权制度制约着数据挖掘在科学研究中的发展。2011年5月，英国学者伊恩·哈格里夫斯（I. Hargreaves）提出[3]：法律不应限制新技术和工具在研究尤其是非商业性研究中的使用，而数据挖掘是一种具有代表性的新型研究工具，建议英国政府应当革新其版权法框架为非商业性研究中的数据挖掘提供版权例外。2014年6月，英国在其新修订的著作权法中引入了非商业性研究中的数据挖掘例外。在世界知识产权组织（WIPO）的舞台上，关于为数据挖掘提供版权例外的讨论亦非常热烈。在实践层面，出版商爱思唯尔（Elsevier）等更新其数据挖掘政策，并通过与研究型图书馆签订的采购合同对图书馆及其用户产生影响。我国研究型图书馆是高等院校和研究机构的文献信息中心，作为内容的创造者和使用者，应明确在数据挖掘相关问题上的立场，厘清数据挖掘过程中数据获取、复制及其结果利用等环节涉及的法律问题，借鉴相关国家的做法，制定完善的数据挖掘版权政策。

1 研究型图书馆构建数据挖掘版权政策的需求分析

高校和研究机构是学术内容的创造者，也是文献和数据的使用者。研究型图书馆作为高校和研究机构的文献信息中心，承担着保存文献、传承文明、支持教学科研的职责。综合考虑研究型图书馆在高校和研究机构中的角色，有助于厘清研究型图书馆在数据挖掘问题上的立场。

* 本文系教育部人文社会科学研究青年基金项目"基于《马拉喀什条约》视角的图书馆无障碍服务版权制度研究"（项目编号：14YJC870023）和上海图书馆学会一般项目"研究型图书馆电子图书阅读推广载体研究"（项目编号：14STX008C）研究成果之一。

3

1.1 高校和科研机构的数据挖掘版权政策需求分析

研究型图书馆是高校或科研机构的一部分，构建其数据挖掘版权政策需充分考虑高校及科研机构所处的版权政策环境。从内容创造者和内容使用者的角度，高校和科研机构完善其数据挖掘版权政策有其必要性。

作为科学内容的重要生产方，高校和科研机构每年产出大量的学术科研成果：仅 2013 年，我国各类高校共发表学术论文 797 104 篇，出版科技著作 12 060 部，申请各类专利 106 714 件，专利授权数达 68 971 件[4]。为了充分保障科研工作者的精神权益和经济利益，大学和科研机构应完善数字环境下的版权政策，遏制盗版和侵权，鼓励科研创新。

数据和科学文献是开展科学研究的基础。从内容使用者的角度，高校和研究机构日渐关注本机构研究人员是否可以在科学研究中很好地利用数据开展数据挖掘，尤其是在医学、化学、计算机等学科领域深入应用数据挖掘。

1.2 研究型图书馆的数据挖掘版权政策需求分析

大数据环境下，研究型图书馆需完善其数据挖掘版权政策以应对其面临的诸多新挑战。研究型图书馆作为机构的文献信息中心，收藏和订购了大量的纸本和数字资源，为高校和科研机构提供重要的文献保障。尤其是许多研究型图书馆承担着运营本校机构知识库或收集和管理本机构科研产出的职责；例如中国科学院文献情报中心运营着中国科学院机构知识库[5]，复旦大学图书馆推出了复旦大学社会科学数据平台[6]。

一方面，研究型图书馆数据挖掘版权政策应当注重知识产权保护。研究型图书馆及其所属的高校和科研机构承担着许多科学研究任务以及科研支持工作，产生大量的数据和成果，其中许多内容和文献具有自主知识产权。另一方面，研究型图书馆数据挖掘版权政策应当注重公共利益的考量。科学研究是社会创造知识、支持创新和促进发展的重要手段，特别是各国投入大量公共财政资助科学研究并产生众多的科研成果。这些知识资源在全社会的开放获取将促进知识的传播利用，并推进科学事业的全球化进程，让知识普惠社会发展。这要求研究型图书馆有效平衡版权权利人和公众的利益，积极推进开放获取，在保护知识产权的前提下有效促进知识传播和信息共享。

因此，作为文献的收藏和传播者，作为机构库和数据平台的运营方，研究型图书馆应当明确相关科学数据或多类型作品的版权归属和再利用政策，明确其用户如何利用大量的数据库资源和开放资源，如何解决数据挖掘涉及的版权问题，并重点明确基于非商业性研究目的数据挖掘涉及的主要法律问题和制度障碍，构建完善的数据挖掘政策，以支持研究人员更好地利用图书馆馆藏资源和开放资源进行科研创新。

2　版权法视角下的数据挖掘法律问题分析

在数据挖掘过程中，获取数据、分析数据和处理数据挖掘结果等步骤涉及诸多版权问题。

2.1　数据获取（复制）中涉及的版权问题

不同于图书馆传统收藏的纸本文献，数据挖掘中涉及大量不同类型的电子数据的获取和复制。这些数据既包括对印刷型文献的数字化后产生的数字内容，也包括大量以数字形式存在的内容和数据，如大量的数字文献、科学数据、用户信息、计算机后台数据等。

研究型图书馆及其用户开展数据挖掘时其内容来源多样，数据量大。例如，图书馆对读者信息数据具有所有权，而大量的数据库文献与数据则通过订购获得合法获取权，另有许多数据来自于网络。所以，在获取不同数据源时，首先需要明确其权利归属或授权类型，避免侵权风险。

2.2　数据挖掘分析方法所涉及的版权问题

在数据挖掘过程中，需要对源数据进行分析和重组，当使用某种程序或方法进行数据分析时，可能复制源数据库的完整内容或核心内容。如果数据库所有人禁止或限制特定种类的挖掘程序或方法，使用者是否有权对源数据进行某种形式的破解？

在对所订购数据库等非自有知识产权内容进行数据挖掘时，研究型图书馆可能对源内容实施实质性复制或对数据库设置的技术措施进行破解；这些行为存在一定侵犯版权的风险。

另外，各国十分重视数据挖掘专利的申请与保护，仅美国就有数据挖掘方面的专利 13 841 项[7]，我国至少有数据挖掘相关发明专利 395 项[8]。因此，在开展数据挖掘之前，应当进行专利检索和调查，确保算法和实施过程不侵犯相关专利权。

2.3　数据挖掘结果处理所涉及的版权问题

在数据挖掘中，研究者往往设定数据的阈值或设定对象控制的级别，从而筛选出符合需求的数据并进行分析处理。在这一过程中，阈值的设置非常关键，直接影响结果的呈现。如果阈值设置不当，可能会因无法预见、识别、控制数据挖掘对象或使用范围是否经过合法授权，导致挖掘出的数据信息存在外泄的可能，从而损害用户或他人利益[9]。因此，数据挖掘中，应该关注结果可能对版权权利人可能存在的风险，设置合理的结果使用方式和范围，禁止对源数据和挖掘结果进行滥用。

3 数据挖掘版权政策构建模式研究

研究型图书馆构建数据挖掘版权政策时，与宏观的国家政策及微观的图书馆业务政策息息相关。在国家层面，版权法等知识产权法律法规对研究型图书馆的科研支持工作有着重要的规范作用。在图书馆业务中，随着数字时代的研究型图书馆与数据库出版商等内容提供方的合作逐渐深入，出版商的数据挖掘政策也成为影响研究型图书馆开展数据挖掘版权政策构建的重要因素。以下从国家和数据库商两个层面，讨论数据挖掘版权政策的两种模式。

3.1 意思自治：出版商倡导通过许可合同规范数据挖掘

意思自治原则，或称"自愿原则"，在我国《民法通则》第4条和《合同法》第4条中得到确认，是指民事主体不仅能够按照自己的意思表示来实施对其具有法律约束力的任何民事法律行为，而且其所实施的民事法律行为均按照他们的意思表示来产生法律效力，即使是在涉外版权转让或许可合同中，当事人亦可以约定具体适用哪一个国家的法律，这是当事人意思自治的体现[10]。

在数据挖掘相关的版权政策方面，出版商主张遵循意思自治原则，通过许可合同建立有效的数据挖掘许可机制。近年来，国际科技与医学出版商协会（International Association of Scientific，Technical & Medical Publishers，简称STM）、欧洲出版商协会（European Publishers Council，简称EPC）以及出版商 Elsevier 等相继发布或更新数据挖掘政策，表明其在数据挖掘尤其是非商业性数据挖掘上的立场。这些政策将直接影响研究型图书馆及其用户对所订购资源的利用。

3.1.1 主张通过许可授权数据挖掘

为了构建一个充满活力的媒体和出版生态系统，STM、EPC 等主张：许可是解决技术和版权问题的核心[11]，许可机制可以保证数据挖掘的可靠性、有效性和高效性[12]。出版商允许用户对所订购的内容进行挖掘，并通过提高内容可挖掘性、开发数据挖掘平台和工具等提供多样化的数据挖掘解决方案[13]。

另一方面，出版商认为，访问协议和许可协议等将全面覆盖商业性研究和非商业性研究，并囊括不适用版权例外的诸多情况。因此，即使存在数据挖掘的版权例外的情况，亦可以通过许可合同对商业性数据挖掘的权利行使、费用等进行全面的规范。许可模式依然是市场中解决数据挖掘这一问题的最有效途径。

3.1.2 推出数据挖掘的示范许可条款

2012 年 3 月 15 日，STM 发布了一个适用于多种情况的数据挖掘的许可示范条款[14]，通过详细的许可条款规范订购用户的非商业性数据挖掘行为，同时确保数据库商或出版商的利益。STM 主张将非商业性文本与数据挖掘的权利纳入许可示范合同，并对"文本与数据挖掘输出（Text and Data Mining Output）"进行定义，规范订阅者对订购的内容及出版商网站进行合法下载或数据挖掘时的权利，同时规定订购者的限制性行为。示范条款还包含数据库的系统安全、费用、违约、合同终止等相关内容。

2014 年 2 月 31 日，出版商 Elsevier 更新数据挖掘政策[15]，允许科研人员基于研究目的对已订购的内容进行数据挖掘，并在订购合同中更新了相关条款。政策对数据挖掘的方式（通过 Elsevier 提供的应用程序接口（API）以连续并自动的方式提取、索引和/或处理订阅的内容）、数据挖掘结果的利用方式（数据挖掘结果应以知识共享（Creative Commons）中的"署名＋非商业性使用（CC－BY－NC）"模式）等作出详细规定。同时对订阅产品的使用作出限制，明确：除非 Elsevier 明确许可，订阅者及其授权用户不得使用任何机器人、蜘蛛、爬虫或其他自动下载程序、算法或装置持续自动搜索、获得、摘录、深链接、索引订阅产品或扰乱订阅产品的运行，或实质性、系统性地复制、保留或再分发订阅产品。

3.2 法定例外：数据挖掘的版权例外国家立法

3.2.1 国家立法实践：以英国为例

2014 年 6 月，英国修订其版权法，在第 29 条（研究、个人学习和基于非商业目的的文本与数据分析）[16]新增关于数据挖掘的版权例外条款，其基本内容为：有权获取作品的主体开展的基于非商业性目的的数据分析之复制行为，不构成版权侵权。同时，设置了限制条件，明确在转让、不符合目的的要件、交易等情况下，对作品的复制构成版权侵权。英国的非商业性数据挖掘的版权例外制度同时明确与合同的关系，规定"任何阻止或限制本款中所指的不侵犯版权之复制的合同条款不具有执行力"，为英国研究型图书馆开展非商业性数据挖掘版权例外提供了法律基础。这一例外条款是迎合新技术和工具在研究中的使用的需求、积极改革版权体系的表现，也将为英国的科研创新和经济竞争力的发展注入新活力。

3.2.2 国际立法协调：以 WIPO 相关议案为例

年来，在知识产权产权组织平台上，数据挖掘纳入了"图书馆和档案馆相关的例外与限制"和"关于教育、教学和研究机构以及其他残疾人的例外与限制"两大议题的讨论范畴，国际图书馆协会联合会（IFLA）、非洲集团代表等呼吁为数据挖掘的版权例外设立统一的国际立法标准，推动各国对该议题的立法。

IFLA 认为，为了充分利用海量数据并共享数据挖掘结果，确保图书馆在数字环境下提高信息服务能力，充分履行职责，应为图书馆数据挖掘提供版权例外或限制；而许可合同并不是解决数据挖掘相关问题的合理途径[17]，在其发布的《关于图书馆和档案馆的版权例外与限制的条约建议稿》4.4 版本[18]中，就数据挖掘作出了专门规定（第 20 条）。

而非洲集团建议将数据挖掘纳入"研究"的范畴，指出"基于非营利科研目的，通过搜索引擎、自动化知识发现工具或其他任何迄今为止了解或今后发现的数字手段，对任何合法获取的受版权保护的作品进行复制和再使用，不对版权及相关专有权构成侵权，但应在合理的可行范围内标明出处"[19]。这一条款建议为数据挖掘等新技术在非商业性科学研究中的运用提供了版权例外，体现版权法框架应适应新技术发展的要求，同时对标明出处、技术保护措施等作出规定，具备一定的开放性和前瞻性。

3.3 数据挖掘版权政策构建模式的比较分析

3.3.1 法定例外模式的优势及其实施

以英国的立法实践为例，英国关于非商业性研究的数据挖掘的版权例外制度有效平衡了权利人和公众的利益，一方面明确了有权获取的主体有权对数据进行基于非商业性研究目的的数据挖掘，而不能限制其使用何种计算机程序、方法或算法，从而简化了科研人员从事非商业性数据挖掘的许可成本，将有效提高科研的效率。同时通过对数据挖掘行为的充分限制，保证例外规则在"三步测试法"的合理框架内运行，确保权利人的正当利益不受侵害。这一模式的制度设计充分考虑新技术和工具在科研中的需求，成为积极革新版权框架的例证。

在例外条款的实施方面，英国数据挖掘版权例外制度特别规定了与合同的关系，指出内容提供者不应不合理地限制研究者对其合法获取的文本和材料进行复制以便开展数据挖掘的权利，明确为了维护自身利益而规避例外条款的合同应视为无效，为例外条款的有效实施奠定基础。但在实际中，不同利益方对例外条款的解读与实施的差异等原因导致版权例外制度的完全实施存在一定困难，研究型图书馆往往处于相对被动的劣势地位。

例如，Elsevier 更新的数据挖掘政策中规定必须通过其提供的 API 获取已

8

订购内容或数据，而对数据挖掘结果输出发布至外部时包括的书目元数据也进行了长度限制（200 字符）和格式限制（如应附带 DOI 链接等）。图书馆界认为，这是对科研人员的不合理的限制，将影响科学研究的自由和效率[20]，类似条款应该视为无效。而 Elsevier 认为，根据英国法律规定，只要不妨碍研究人员能够从非商业性数据挖掘的版权例外中受益，出版商可以实行"合理措施以维持网络的稳定和安全"[17]，因此其关于数据挖掘的政策与版权例外制度并不冲突，而是对其的有效补充[1]，这种法定的"合理措施"，不仅有利于科研人员开展数据挖掘，也有利于维护网站的稳定而使其他用户受益。

由此可知，在进行数据挖掘版权政策的构建时，应充分考虑在"三步测试法"的前提下进行制度设计，并出台政策实施指南或细则以有效保障充分实施。

3.3.2 许可机制模式的优势与不足

我国《合同法》第 4 条规定："当事人依法享有自愿订立合同的权利，任何单位或者个人不得非法干预。"即合同双方可以就数据挖掘议题自愿达成合议。因此，出版商有权在合同中约定数据挖掘的条件，研究型图书馆亦可以就条件与出版商展开磋商并有权选择接受或拒绝。

理论上，许可机制允许双方在意思自治的原则下针对特定议题开展充分磋商，因为谈判双方对于数据挖掘的权利和实施条件有合理预期。因此，从交易自由和交易成本的角度看，许可机制具备针对性强、实效性高等优势。但许可机制发挥自由市场作用的前提是数据库商和图书馆等订阅用户具有完全平等的交易主体地位。然而，在实践中，出版商、数据库商等掌握着版权资源，其在缔约地位上往往处于强势地位；其提供的资源订购合同中往往包含限制研究型图书馆践行法定例外规则的条款。

研究型图书馆在数据库订购合同中可能会遭遇限制图书馆及其用户对已订购资源的获取和利用的商业实践。例如，在订购合同中，出版商 Elsevier 提出的单一的、不具可扩展性和开放性的数据挖掘方式，虽然看似出于对版权的保护，但限制了用户开展科学研究的方式，进而将影响研究效果，对用户合法权益造成了不合理的限制，也为合理使用版权例外设置了门槛和障碍[22]，存在利用市场垄断地位过度保护版权的嫌疑。

如果出版商承诺"订购了其资源的研究型图书馆及其授权用户有权对已订购资源开展非商业性数据挖掘"，那么就应承认：有权获取就有权开展非商业性数据挖掘。研究型图书馆应该在许可合同中贯彻这一原则，阻碍出版商权利的过度扩张，保障内容使用者的权利。

另一方面，在国际协调层面，例外规则的法定优先性和对合同自由的介入是较为敏感的议题，美国、澳大利亚等对于引入这样的国际准则持谨慎小心的态度[23]；因为统一的国际规则经常会被国内法直接引入并适用于各国不同形势，而忽略当事方具有缔约自由的重要原则。所以，WIPO成员方对于任何可能干涉缔约自由原则的国际版权规则持保留意见[24]。

4 研究型图书馆在数据挖掘版权政策构建上的立场

4.1 研究型图书馆应关注现代版权体系的变革，使其适应科学技术的发展

《世界知识产权组织版权条约》确认，"有必要保持《保护文学和艺术作品伯尔尼公约》（简称《伯尔尼公约》）提及的作者权利与广大公众的利益——尤其是教育、研究和信息获取——之间的平衡"[25]。图书馆致力于保障用户获取信息的自由，提升其获取信息的能力以支持教育、科研和创新，同时尊重版权权利人的合法利益；提倡一个充分平衡版权权利人和用户的版权体系，充分尊重权利人的利益，同时保护用户在合法环境下获取信息、利用信息的权利[26]。尤其是在数字环境下，信息技术不断发展、新技术和新方法不断涌现，用户获取和利用信息的方式、开展学习和科研创新的模式发生着重要变化。版权体系应适应而非阻碍科学技术的发展。因此，必须改革现有版权体系以适应快速发展的信息技术、数据的爆炸式增长以及合作创新和开放文化的需求。

《伯尔尼公约》允许成员国在不与作品的正常使用发生冲突，并没有不合理地损害作者法定利益的某些特定情况下设立版权例外与限制规定。根据《世界知识产权组织版权条约》[25]确认，复制权例外等相关规定完全适用于数字环境，应允许成员国在数字环境下继续沿用现有版权例外与限制制度并进行扩充，且可以创设新的版权例外与限制规定。因此，研究型图书馆应当积极呼吁：在尊重版权的基础上，变革数字环境下的版权限制与例外体系，进一步平衡版权权利人和公众之间的利益，兼顾发展中国家和弱势群体，以促进知识传播和科研创新。

4.2 研究型图书馆应推动包含数据挖掘内容的版权限制与例外的国际协调

为促进数字环境下学习方式的转变和科学研究的发展，确保数字时代图书馆可以充分履行其社会职能，加强国际合作和资源共享，最终促进文化进步和知识创新，近年来图书馆界一直呼吁在世界范围为图书馆版权例外专设

具有普遍约束力的国际条约。作为数字时代重要的科学研究手段，基于非商业性研究的数据挖掘的版权例外应当包含在 WIPO "图书馆和档案馆相关的例外与限制"和"关于教育、教学和研究机构的例外与限制"两个议题中。

我国研究型图书馆应当建议政府在世界知识产权组织的舞台上积极推动数据挖掘版权限制与例外条款的达成，为图书馆、教育和科研机构缔结具有普遍约束力的国际文书，为所有缔约国建立数据挖掘版权例外与限制的基本规则，为方便和促进缔约方国内法修改相关条款提供理想框架，并允许缔约国创设新的版权例外与限制。通行的国际规则将大大便利研究人员对其拥有合法获取权的文字和数据进行分析，使用更为先进的技术，加快科学研究的进程，以获得新的科研发现，实现公共利益最大化[27]。

4.3 研究型图书馆推动政府为非商业性研究设置数据挖掘版权例外规则

欧洲研究型图书馆协会（Association of European Academic libraries，简称 LIBER）认为：有权获取就意味着有权挖掘，合法订阅用户应当对合法获取的作品享有数据挖掘权[28]。EPC、STM 及 Elsevier 等出版商推出的以许可模式为主要解决方案的数据挖掘政策存在局限性，将对研究人员的科研自由造成潜在危害。所以，国家立法应当为非商业性研究的数据挖掘提供版权例外。

从研究型图书馆的立场看，许可机制不是解决数据挖掘问题的最佳方式。数据挖掘是数字时代信息利用和知识创新的重要方式。用户对于已订购的资源拥有合法的数据挖掘权利，出版商不应利用许可合同不合理地限制用户的正当权利。

研究型图书馆应当呼吁：国家在立法层面，顺应大数据时代科研创新发展的需要，完善版权体系，为非商业性研究的数据挖掘提供版权例外规则。中国正在进行的第三次《著作权法》修订为增加数据挖掘相关版权例外规则提供了机会[29]。《著作权法》（修改草案）对便利图书馆和科研人员开展数据挖掘的制度需求关注不够。《著作权法》（修改草案）第 43 条增加了有关"合理使用"的原则性规定，这使得拓展图书馆例外规则的适用存在空间。由于原则的抽象化，实践中有关数据挖掘能否适用合理使用可能出现法律争议。图书馆界应积极开展研究，表明图书馆界和科研人员的需求，参与相关制度的讨论并提出建议，推动非商业性数据挖掘被纳入"合理使用"的范畴。

4.4 研究型图书馆应谋求数据挖掘法定例外与合同许可的有机结合

在实际工作中，研究型图书馆应立足于推动数据挖掘的法定例外与建立有效的许可机制的有机结合，构建灵活、合理、高效的图书馆订购资源尤其是电子资源的数据挖掘政策。

一方面，应谋求国家层面为非商业性的数据挖掘建立版权例外制度，通过法律明文规定保障科研人员利用有权获取的内容的挖掘权利，明确版权例外的主体、客体、目的以及限制等，构建一个符合"三步测试法"的数据挖掘版权例外制度，推动公共利益的最大化。

另一方面，研究型图书馆应改变被动地接受数据库商格式条款的现状，提高谈判能力，建立有效的谈判机制，研究如何通过许可合同充分表明图书馆及其用户在数据挖掘方面的立场和需求，最大程度地争取和维护自身利益。例如，在不影响数据库系统性能的前提下，科研人员应可以充分利用提供的数据挖掘工具和平台，而非对其开展数据挖掘的方式作出不合理的强制性要求。通过与数据库商充分磋商并签订更为合理有效的许可合同，可进一步提升研究型图书馆相关政策的有效性，促进科学研究的发展和公共利益的最大化。

参考文献：

［1］ 唐晓萍. 数据挖掘与知识发现综述［J］. 电脑开发与应用，2002（4）：31 – 32，36.

［2］ McDonald D，Kelly U. Value and benefits of text mining［EB/OL］.［2015 – 04 – 05］. http：//www. jisc. ac. uk/reports/value – and – benefits – of – text – mining.

［3］ Hargreaves I. Digital opportunity：A review of intellectual property and growth［EB/OL］.［2015 – 03 – 07］. https：//www. gov. uk/government/uploads/system/uploads/attachment_ data/file/32563/ipreview – finalreport. pdf.

［4］ 中华人民共和国教育部科学技术司. 2013 年高等学校科技统计资料汇编［M］. 北京：高等教育出版社，2013：72 – 73.

［5］ 中国科学院机构知识库网格［EB/OL］.［2015 – 04 – 07］. http：//www. ir-grid. ac. cn/.

［6］ 复旦大学社会科学数据平台［EB/OL］.［2015 – 04 – 07］. http：//dvn. fudan. edu. cn/dvn/.

［7］ 美国商标局专利检索系统［EB/OL］.［2015 – 04 – 08］. http：//patft. uspto. gov/netacgi/nph – Parser？Sect1 = PTO2&Sect2 = HITOFF&p = 1&u = % 2Fnetahtml% 2FPTO% 2Fsearchbool. html&r = 0&f = S&l = 50&TERM1 = Data + Mining&FIELD1 = &co1 = AND&TERM2 = &FIELD2 = &d = PTXT.

［8］ 中国知识产权局专利检索系统［EB/OL］.［2015 – 04 – 08］. http：//www. pss – system. gov. cn/sipopublicsearch/search/searchHome-searchIndex. shtml？params = 991C FE73 D4DF5 53253D44E119219BF31366856FF4B152226CAE4DB031259396A.

［9］ 彭强，魏森．论数据挖掘专利利益冲突与衡平［J］．电子知识产权，2013（7）：50 – 57.

［10］ 刘廷涛. CISG 适用默示排除意思自治之分析——以约定适用中国法律为视角［J］．中南大学学报（社会科学版），2014（4）：79 – 85.

［11］ EPC. From vision to reality：Copyright enabled on the network［EB/OL］．［2015 – 04 – 18］．http：//epceurope. eu/wp – content/uploads/2014/11/EPC – Copyright – Vision – 2014_ final. pdf.

［12］ Frequently asked questions about text and data mining for scientific purposes［EB/OL］．［2015 – 04 – 17］．http：//epceurope. eu/wp – content/uploads/2012/03/Frequently – asked – questions – on – Text – and – Data – Mining – for – scientific – purposes. pdf.

［13］ STM . Text and data mining for non – commercial scientific research a statement of commitment by STM publishers to a roadmap to enable text and data mining（TDM）for non – commercial scientific research in the european union［EB/OL］．［2015 – 04 – 06］．http：//www. stm – assoc. org/2013_ 11_ 11_ Text_ and_ Data_ Mining_ Declaration. pdf.

［14］ STM. Sample licence text data mining［EB/OL］．［2015 – 04 – 17］．http：//www. stm – assoc. org/2012_ 03_ 15_ Sample_ Licence_ Text_ Data_ Mining. pdf.

［15］ Elsevier . Elsevier updates text – mining policy to improve access for researchers［EB/OL］．［2015 – 04 – 18］．http：//www. elsevier. com/connect/elsevier – updates – text – mining – policy – to – improve – access – for – researchers.

［16］ UK Parliament. Research，private study and text and data analysis for non – commercial research. The copyright and rights in performances（research，education，libraries and archives）regulations 2014［EB/OL］．［2015 – 04 – 11］．http：//www. legislation. gov. uk/uksi/2014/1372/regulation/3/made#regulation – 3 – 1 – a.

［17］ IFLA. IFLA statement on text and data mining［EB/OL］．［2015 – 04 – 15］．http：//www. ifla. org/files/assets/clm/statements/iflastatement_ on_ text_ and_ data_ mining. pdf.

［18］ IFLA，ICA，EIFL，et al. Treaty proposal on copyright limitations and exceptions for libraries and archives（Version 4. 4）［EB/OL］．［2015 – 04 – 14］．http：//www. ifla. org/files/assets/hq/topics/exceptions – limitations/tlib_ v4_ 4. pdf.

［19］ WIPO. Provisional working document towards an appropriate international legal instrument（in whatever form）on limitations and exceptions for educational，teaching and research institutions and persons with other disabilities containing comments and textual suggestions［EB/OL］．［2015 – 04 – 16］．http：//www. wipo. int/edocs/mdocs/copyright/en/sccr_ 27/sccr_ 27_ ref_ sccr_ 26_ 4_ prov. pdf.

［20］ LIBER. LIBER position statement：Copyright in the digital age［EB/OL］．［2015 – 04 – 16］．http：//libereurope. eu/liber – position – statement – copyright – in – the – digital – age/.

[21]   Hersh G. How does Elsevier's text mining policy work with new UK TDM law? [EB/OL]. [2015 – 04 – 20]. http：//www. elsevier. com/connect/how – does – elseviers – text – mining – policy – work – with – new – uk – tdm – law.

[22]   Shelly M, Jackson M. Copyright and contracts：The use of electronic resources provided by university libraries [J]. Legal Information Management, 2012 (2)：124 – 136.

[23]   WIPO. Working document containing comments on and textual suggestions towards an appropriate international legal Instrument (in whatever form) on exceptions and limitations for libraries and archives [EB/OL]. [2015 – 04 – 20]. http：//www. wipo. int/edocs/mdocs/copyright/en/sccr_ 26/sccr_ 26_ 3. pdf.

[24]   Davies P. Access v contract：Competing freedoms in the context of copyright limitations and exceptions for libraries [J]. European Intellectual Property Review, 2013 (7)：402 – 414.

[25]   WIPO. WIPO Copyright Treaty (WCT) [EB/OL]. [2015 – 04 – 20]. http：//www. wipo. int/treaties/en/ip/wct/.

[26]   IFLA. 国际图联关于在数字环境下版权问题的立场（2000）[EB/OL]. [2015 – 04 – 12]. http：//www. ifla. org/files/assets/clm/position_ papers/pos – dig – zh. pdf.

[27]   LIBER. Text and data mining：The need for change in Europe [EB/OL]. [2015 – 04 – 12]. http：//libereurope. eu/wp – content/uploads/2014/11/Liber – TDM – Factsheet – v2. pdf

[28]   LIBER. LIBER position statement：Copyright in the digital age [EB/OL]. [2015 – 04 – 12]. http：//libereurope. eu/liber – position – statement – copyright – in – the – digital – age/.

[29]   国务院法制办公室. 关于公布《中华人民共和国著作权法（修订草案送审稿)》公开征求意见的通知 [EB/OL]. [2015 – 04 – 10]. http：//www. chinalaw. gov. cn/article/cazjgg/201406/20140600396188. shtml.

作者贡献说明：

徐轩：设计研究方案，起草、修改论文和定稿；

孙益武：提出研究思路，完善研究方案，补充论文重要内容并修改论文。

作者简介

徐轩（ORCID：0000 – 0002 – 8675 – 3200），馆员，硕士，E-mail：xuanxu@ fudan. edu. cn；

孙益武（ORCID：0000 – 0002 – 0907 – 7237），讲师，博士。

14

国外电子资源授权许可协议法律适用问题研究[*]

1 引 言

"授权许可使用"是目前图书馆引进电子资源的主要方式，它是指电子资源的所有人或持有人将其所拥有的权利依法许可被许可人在约定的时间、地域，以约定的方式使用，同时由被许可人向许可人支付一定费用的行为，属于知识产权的授权许可使用，双方就此达成的书面协议称为电子资源授权许可协议。如果其主体、客体或法律内容等方面包含有外国因素，则构成涉外知识产权授权许可关系，国外电子资源授权许可使用即属于此。"法律适用"是指国家机关或国家授权的机构组织按照法律的规定运用国家权力，将法律规范运用于具体的对象，用以处理具体问题（事件）的专门活动。法律规范的选择适用是法律适用活动的核心，即在法律渊源体系中选择应该适用的法律规范，并对其进行适当的解释和分析，将其适用于特定的案件和事实[1]。具体到国外电子资源授权许可法律关系中，法律适用是指许可人与被许可人在发生纠纷时，为保证权利义务的正常实现而选择适用的法律规范。这已成为电子资源授权许可协议中的普遍做法，国外专门研究电子资源许可协议的项目——美国耶鲁大学的 LIBLICENSE 和加拿大的 CNSLP 都对法律适用和争议的解决方式做了明确的要求[2]。

随着引进国外电子资源工作的纵深发展、国内用户自身权利意识的觉醒和法律意识的增强，法律适用问题日益受到关注。《高校图书馆数字资源采购联盟工作规范（草案）》对此提出了建议："合同中的适用法律应该为中国的相关法律；合同中约定的仲裁机构应该是中国的仲裁机构。"[3]但在实践中仍有诸多问题，有的数据库商明确表示适用其本国法，有的在法律适用条款上含糊其辞，有的以各种方式规避中国法律，还有的选择在第三国（地）进行国际仲裁。缺少参与国际民商事活动经验的图书馆面临着前所未有的错综复

＊ 本文系"影响分析——以 CSTPCD 数据库为例"（项目编号：YY－201430）研究成果之一。

15

杂的法律问题。图书馆需要一个在宏观层面解决授权许可协议法律适用问题的基本原则框架；也需要基于电子资源管理工作实务的角度，了解和掌握在约定、签署法律适用条款时应援引和遵守的法律规范、在争议发生时可采取的救济手段以及在兼顾公平与效率的基础上维护自身合法权益的有效方法，这正是本文的主要研究内容。目前国内图书馆界对电子资源授权许可的研究主要集中在对协议框架及文本的研究，缺少专门针对法律适用问题的研究，而这正是困扰电子资源管理工作实务因而亟待解决的问题。

2 我国现行法律对涉外知识产权关系法律适用问题的相关规定及基本原则

处理电子资源授权许可协议的法律适用问题应在我国现行法律的基本框架之内。《中华人民共和国涉外民事关系法律适用法》（2011 年 4 月 1 日施行，简称《法律适用法》）及《最高人民法院关于适用〈中华人民共和国涉外民事关系法律适用法〉若干问题的解释（一）》均对涉外知识产权关系的法律适用做了规定。此外，我国缔结和参加的有关知识产权保护的国际公约涉及法律适用问题的，应遵守国际公约，声明保留的条款除外。

《法律适用法》第 7 章将涉外知识产权关系分为 3 种类型，分别规定了相应的法律适用原则：①具有物权特征的知识产权的内容和归属问题，适用被请求保护地法。②具有债权特征的知识产权转让和许可使用问题，适用当事人意思自治原则，由当事人协议选择，如果没有选择，则适用涉外合同关系的有关规定，即该法第 41 条："当事人可以协议选择合同适用的法律。当事人没有选择的，适用履行义务最能体现该合同特征的一方当事人经常居所地法律或者其他与该合同有最密切联系的法律"。③具有侵权特征的知识产权的侵权，适用被请求保护地法，当事人也可以在侵权行为发生后协议选择适用法院地法律。

电子资源授权许可协议的法律适用问题属于第二种类型——具有债权特征的知识产权转让和许可使用，因此应遵循当事人意思自治原则和最密切联系原则。当事人意思自治原则是指涉外民商事合同的当事人可以通过协商一致的意思表示自由选择支配合同的法律[4]。这是涉外合同关系中确定准据法的最普遍原则。但"自由选择"也受到限制，根据《法律适用法》的规定，双方当事人选择的法律应是实体法而不是法律适用法；双方应做出明示选择，而不是默示选择；如果我国法律对某种涉外民事关系有强制性规定，直接适用该强制性规定，当事人的选择将不予支持；如果外国法律的适用将损害我

16

国社会公共利益，适用我国法律。最密切联系原则是在双方当事人没有对法律适用做出选择时的一种法律救济，所谓最密切联系是指与该法律关系有最直接、最本质、最真实的联系的法律。《法律适用法》中对最密切联系原则的认定包含两种情况：一是适用履行义务最能体现该合同特征的一方当事人经常居所地的法律，即特征履行地法律；一种是其他与该合同有最密切联系的法律，如合同缔结地、实际履行地等，可由管辖法院根据具体情况判断。意思自治原则和最密切联系原则是处理电子资源授权许可法律适用问题的基本原则框架，是国内用户要求适用中国法律的法理学依据。

3 目前国外电子资源授权许可协议法律适用条款存在的主要问题

在授权许可协议的谈判和签署过程中，双方最关注的是被许可使用的内容、时间、费用等核心问题，对法律适用条款的重要性认识不足，对错综复杂的法律适用规定知之甚少，同时抱着即使发生争议也不可能诉诸法律的侥幸心理，导致在法律适用条款的签署方面存在诸多问题（出于学术研究同时兼顾合同的保密条款的目的，文中列举的案例为授权协议书合同样本）。

3.1 未能贯彻当事人意思自治原则

在电子资源授权许可关系中许可人（数据库商）处于优势地位，当前协议文本主要由许可人提供，包括法律适用在内的各项条款都是由其事先单方制定的，国内用户基本没有话语权，处于十分被动的地位。有的合同文本中明确写着适用外国法律，如某出版社的授权许可协议规定："本许可应受英国法律管辖，并根据英国法律进行解释。……双方同意本许可产生的、或与之相关的任何争议应接受英国法院管辖"。国内用户即使对其内容表示异议，也往往被对方以"此为全球统一的协议文本，本机构律师不同意更改"为由而拒绝。原本应当由双方协商选择的适用法律，成为许可方的单方规定，国内用户在表达法律适用要求方面的权利未能得到充分尊重。国内用户在不了解涉外法律适用基本原则的情况下，往往不愿因为尚未发生的法律风险而影响当前电子资源的正常引进，最终只能被迫同意适用外国法律。

3.2 故意排除中国法律的适用

授权许可协议最终是由各个用户与许可方单独签署的，有的数据库商虽然在组团谈判中同意适用中国法律，但是在提供给各个用户的协议文本中则通过法律的分割适用排除中国法律。例如某数据库的授权许可协议规定："本协议应受中华人民共和国法律管辖，并据以解释，但是以下任何事宜、问题、权利主张或诉讼应受美国法律（不含指示适用其他管辖区法律的任何法律或协定）管辖，并据以解释：由知识产权（包括但不限于著作权（包括关于《使用条款和条件》规定的容许及禁止的过刊用途）、商标和专利权）引起的或与之有关的任何事宜、问题、权利主张或诉讼；或由合同终止权（包括但不限于终止合同的权利、与合同终止有关的损害赔偿和费用以及责任限制）引起或与之有关的任何事宜、问题、权利主张或诉讼；或涉及《服务条款和条件》第15.4条（关于语言文本效力的规定——作者注）及关于相同方面的任何替代条款的任何事宜、问题、权利主张或诉讼"。从字面表述来看，该许可协议原则上适用中国法，但将一部分法律关系分割出来适用美国法。从其内涵来看，因知识产权本体引起的各种争议以及因合同本身引起的各种争议而被排除在中国法律的适用范围之外。从可能出现的法律风险来看，双方最易产生争议的问题均集中在因权利本体或因合同问题两方面，如果这两方面问题都必须适用美国法律则是在实质问题上排除了中国法律的适用，一旦因此发生争议国内用户的权利难以维护，所谓"适用中国法律"沦为形式上的空谈。

3.3 适用国际商事仲裁的误区

当事人对适用对方国家法律有顾虑时，常选择到第三国（地区）仲裁。作为一种公平、高效的解决涉外民商事争议的手段，国际仲裁有着严格的法律要求，目前电子资源授权许可协议对国际仲裁的适用存在误区。

3.3.1 仲裁条款约定不明确

仲裁条款必须是书面形式的，内容必须包括（但不限于）仲裁事项、仲裁地点、仲裁机构、仲裁员的选择、仲裁规则、仲裁裁决的效力等方面。目前许多电子资源授权许可协议中的仲裁条款约定不明确、不完整，一旦发生争议仲裁条款缺少可操作性。

3.3.2 对仲裁的法律效力认识不足

有效的仲裁协议排除法院对属于仲裁范围的争议的诉讼管辖权，也就是说针对一个仲裁事项，既约定法院管辖又约定仲裁的条款是无效的，而且仲裁是"一裁终局"的，对于仲裁裁决的事项不得再进行诉讼。以某出版社授权许可协议为例，第11.11条规定："……双方应将该争议提交给新加坡国际仲裁中心，在新加坡用英文进行仲裁。仲裁裁决对双方是终局的，并具有约束力"。而第11.12条规定："本协议受中华人民共和国法律的管辖并据此解释。根据本许可协议第11.11条的规定，双方同意因本协议产生或与本协议有关的任何争议，均应受中华人民共和国法院的管辖"。该条款显然是对仲裁

18

效力的误解。

3.3.3 混淆"法律适用"和"仲裁规则"的概念

法律适用指的是由冲突规则指向的准据法（实体法）的适用，仲裁规则是指仲裁机构在仲裁过程中依据的程序规则。例如某许可协议约定："因本协议或违反本协议引起的有关任何争议应通过仲裁解决。仲裁语言为英文，地点为新加坡，由仲裁小组根据《新加坡国际仲裁中心商务仲裁规则》进行仲裁……"如果不了解适用法律和仲裁规则的区别，会误以为该协议适用新加坡法律。其实该条款仅规定了仲裁地是新加坡，所采用的程序规则是《新加坡国际仲裁中心商务仲裁规则》，而其准据法却不必然是新加坡法律。根据《联合国国际贸易法委员会国际商事仲裁示范法》的规定，如果当事人有约定的，适用约定的准据法，如果未约定，则由仲裁庭选择可适用的法律，通常会选择仲裁地法。因此，选择第三国（地）仲裁并不意味着必将适用该国（地）法律，仍要依据主合同或仲裁条款中对实体法的选择，而且即使最终适用仲裁地法律，也未必是保护国内用户利益的最佳选择。

3.3.4 忽视国际商事仲裁的成本问题

国际商事仲裁的基本费用包括仲裁员的收费、仲裁机构的收费，仲裁方的诉讼费用，律师费、专家证人费、场地租用费，异地诉讼的交通费、食宿费等。仅就律师咨询费一项，每小时便高达万元以上，国内用户难以承受，如果败诉所要承担的费用更难以预估，甚至有"200 万美元以下的案件都不值得去仲裁"[5]的说法。电子资源授权许可协议涉及的合同金额通常是几万到几十万人民币，选择国际商事仲裁显然不符合经济性原则，应谨慎适用。

3.4 混淆"法律适用"和"司法管辖"

"立法管辖权与司法管辖权分离的必然结果是案件管辖权与法律适用问题的区分"[6]。"法律适用"选择的是实体法，"司法管辖"确定的是程序法。实践中，"司法管辖"的确定优先于"法律适用"，也就是说只有确定了管辖法院，才有随后的"法律适用"问题。在国际司法管辖中，各国法院为保护本国利益，都在尽力争取对案件的管辖权，即所谓的"长臂管辖"，只要案件和该国有最低术语，该国法院即拥有管辖权。而案件由哪个国家的法院管辖，直接影响到实体法的适用和最终判决结果。假如案件由外国法院管辖，即使约定适用中国法律也未必能最大限度地保护中国用户的利益，国内用户对此问题认识不深，法律适用条款的约定常含混不明，笼统地表述为"该许可协议受某国法律管辖"是不规范的，可能带来某些隐患。

4 处理国外电子资源授权许可协议法律适用问题的建议

目前图书馆引进的电子资源来源于不同国家、不同数据库商，各国在知识产权法律适用问题方面的立法原则、法律规范各不相同，各数据库商对法律适用问题的要求也不相同。在当事人意思自治的基本原则之下，对法律适用问题只能采取个案研究，较难形成统一解决方案，图书馆在工作实务中应注意以下几方面的问题。

4.1 应明确表达适用中国法律的要求

当事人意思自治是解决法律适用问题的基本原则，对准据法的选择应当是双方当事人在平等自愿、充分协商基础上的一致的意思表示，任何一方都有权充分表达自己的要求。在电子资源授权许可关系中，许可人大多来自美、英等发达国家，这些国家对知识产权保护的标准和强度都高于中国，由其事先制定的合同条款必然最大程度地保护其自身利益。如果适用这些国家的法律，一旦发生争议国内用户必然处于不利地位；另一方面，合同的缔结、生效、履行等主要发生在中国境内，中国是与合同的履行关系最直接、最本质、最能体现合同特征的地方，国内用户要求适用中国法律合情合理，故应充分、明确地表达自己的要求。

4.2 对于涉及不同法律关系的争议可分割适用法律

法律的分割适用是国际私法的发展趋势，在平等主体之间的民商事活动中，绝对地无条件地适用某一方当事人国家的法律，都会引起另一方对法律适用的公平性和安全性的担忧[7]。这是目前在电子资源授权许可协议法律适用问题上大量选择第三国（地）仲裁的主要原因。为了保护双方当事人的合法权益，同时促成国际知识产权贸易合作，对不同性质的法律关系进行分割，有区别地适用不同法律，不失为一种兼顾公平与效率的选择。一份授权许可协议往往涉及对多种权利的约定，可以依据一定的原则将这些权利按照一定的属性进行划分，分别适用不同国家的法律。如针对知识产权权利本体，适用被请求保护地法；针对授权许可合同，适用当事人意思自治原则或涉外合同法的有关规定；涉外合同中也有不同的分割适用原则，如对当事人缔约能力适用当事人属人法，对合同的形式适用缔结地法律，对合同的履行适用履行地法律等。这些原则在处理电子资源授权许可协议法律适用问题时可以作为参考依据，由双方灵活掌握。需注意的是，法律的分割适用应建立在公平、公正的基础上，是双方当事人善意、合法的选择，不应通过分割适用导致在重大事项上规避一方当事人国家法律的适用，损害对方利益，同时不应与国家法律的强制性规定相抵触，或危害社会公共利益。

4.3 慎用国际仲裁

国际仲裁成本高昂，一裁终局，一旦做出不利的裁决，如果没有法定事由，双方当事人不可再对同一争议提起诉讼，失去了最后的救济手段。而且国际仲裁要面临的法律适用问题远比国际诉讼复杂，除了当事人的合意选择之外，仲裁庭有很大的自由裁量权，可以依风俗习惯、贸易习惯、国际惯例、国际公约等选择实体法，这给最终实体法的适用带来了更多的不确定性。对于图书馆而言，如果要选择仲裁应优先选择中国的仲裁机构，且对仲裁条款做出详细明确的规定。以 NATURE 出版社的授权许可协议为例："本协议的有效性、意义及效果应按照中华人民共和国法律决定。……如果在 90 天内无法通过协商解决，应按照中国国际经济贸易委员会（CIETAC）的规则，通过其仲裁裁决解决有关争端、冲突或索赔；CIETAC 的裁决为终局决定，对许可人和被许可人双方均有约束力。仲裁应由 3 位仲裁人主持，一位由许可人选择，一位由被许可人选择，第三位由获选的两位仲裁人选出。如果两位仲裁人无法就第三位仲裁人的选择达成一致，则应由 CIETAC 秘书长指定第三位仲裁人。仲裁将以中文和英语进行，仲裁地点为北京或经双方书面同意的其他司法辖区。双方不可撤销地放弃争辩或异议的权利，也不得以仲裁协议无效或CIETAC 欠缺解决此争端的权利或司法权为理由，抗拒承认和执行 CIETAC 在任何诉讼所做的裁决。仲裁败诉方应承担所有的合理仲裁费以及仲裁所引起的任何成本和费用；但是，如果 CIETAC 判定双方都有过失，则仲裁人应按照判定的双方相对责任比例，在双方之间分配这些成本和费用"。该仲裁条款对实体法的选择、提起仲裁的时效、裁决的效力、仲裁人的选择、仲裁语言、仲裁地、仲裁费用的承担等均做出了明确的规定，是较为完备的仲裁条款。

4.4 选择中国法院管辖

"管辖权冲突和法律冲突是法院面对涉外民商事案件时所必须解决的两个有先后顺序的问题。管辖权的选择在先，法律的选择在后"[8]。选择中国法院管辖，适用中国法律无疑是最好的方式，即使适用外国法律，本国法院也会尽力维护本国人的利益，因此明确选择中国法院管辖更为重要。以德国Springer 出版社授权许可协议为例："对许可协议及双方在此之下的权利义务的解释、释义和确定都应当遵守中华人民共和国的法律。合同双方在此认可并同意，在法律允许范围内，对任何因许可协议产生的纠纷仅应由中华人民共和国北京市第一中级人民法院裁决或管辖"。该条款既明确由中国法院管辖又明确适用中国法律，在争议发生时具有可操作性，是真正意义上的适用中国法律。

5 总 结

法律适用条款的约定要有理、有利、有节，既不能使其成为影响知识产权贸易合作的障碍，也不能在争议发生后使双方莫衷一是、缠讼其中。在宏观层面，双方当事人基于公平、平等基础上的意思自治是解决法律适用问题的基本原则。根据最密切联系原则，中国是与授权许可协议缔结和履行联系最为密切的地方，适用中国法律的基本诉求合情、合理、合法，应受到尊重。在微观层面需要注意的是：① 优先选择中国法院管辖比选择适用法律更为重要；② 为了促成合作，在双方分歧较大时，根据不同法律关系分割适用法律也不失为一种有效的方法，但必须在公平、合法的基础之上，不能因此排除对方国家的法律，损害对方利益；③ 国际仲裁费用高昂，其在实体法和程序法的选择方面的复杂程度远高于国际诉讼，应谨慎采用；④ 法律适用应排除对冲突规则的选择；⑤ 法律适用条款的规定应当用词准确、指向明确、具有可操作性。总之，电子资源许可使用涉及的法律适用问题复杂多变，难以尽述，对图书馆而言，一方面要提高相关馆员的法律素养，另一方面在遇到具体问题时应聘请专业律师对授权许可协议文本进行审核和把关，以保障法律适用的准确、合法，切实维护图书馆的合法权益。

参考文献：

[1] 朱景文．法理学［M］．北京：中国人民大学出版社，2008：410 – 411.

[2] 程文艳，孙坦，黄国彬．电子资源许可协议典型研究项目的分析与启示［J］．情报资料工作，2008（5）：47 – 50.

[3] 高校图书馆数字资源采购联盟工作规范（草案）［EB/OL］．［2014 – 05 – 08］ht-tp：//www. libconsortia. edu. cn/Spage/view. action? pagecode = glgf_ 2.

[4] 许军珂．当事人意思自治原则对法院适用国际条约的影响［J］．法学，2014（2）：39 – 47.

[5] 杨良宜．关于国际商事仲裁费用问题的讲座（一）［J］．北京仲裁，2007（2）：98 – 115.

[6] 吴文灵，朱理．涉外知识产权关系的法律适用［J］．人民司法，2012（9）：55 – 62.

[7] 丁伟，朱淑娣．涉外商事合同属性及其法律的分割适用［J］．政治与法律，2005（3）：75 – 79.

[8] 黎黎．涉外知识产权司法管辖问题研究［D］．长春：吉林大学，2007.

[作者简介]

张静，西安交通大学图书馆采编部主任，副研究馆员，E-mail：zhangj@mail. xjtu. edu. cn。

图书馆合理使用的比较研究

——以海峡两岸著作权法为对象

　　建立图书馆合理使用制度是国际社会的通行做法，它既是维护著作权与图书馆权利之间利益平衡的重要手段，也是在文化强国战略中完善图书馆公共文化服务设施功能，保障人民更好地享有基本文化权益的法制基础。实践中，网络信息技术的普及不仅改变了作品的传统表现形式与传播途径，也对图书馆文献采编、信息服务、馆际互借等工作带来新的挑战，而如何在新的网络环境中规范图书馆合理使用行为，重构作者与图书馆和读者之间、著作权与图书馆权之间的利益平衡机制就成为学界广泛关注的焦点问题之一。同时，随着人们认识的不断深入，图书馆合理使用中的适用目的、适用主体、适用对象、适用空间、适用方式、技术手段等一系列问题都引起了很多新的思考与争议。显然，在中国大陆正在进行的第三次修改《中华人民共和国著作权法》（以下简称《著作权法》）的背景下，有必要认真反思图书馆合理使用中存在的问题和改善之策。海峡两岸同根同源，均属中华法系之一脉，通过比较著作权合理使用制度的相关规定，对于加强两岸著作权法制建设与图书馆界的交流无疑具有重要的现实意义。

1　两岸图书馆合理使用的立法沿革

　　所谓合理使用，是指法律允许特定主体"在特定条件下自由使用著作权作品而不必征得著作权人同意，也不必向著作权人支付报酬的情形"[1]。作为英国普通法与衡平法所确立的一项基本法律原则，合理使用制度源于 17 世纪英国法官处理"第二个作者在未经第一个作者同意下，于其本身作品中使用第一个作者作品的问题"所形成之判例[2]，并于 18 世纪"经由美国法律系统演化而成为一项重要的版权制度"[3]。而图书馆合理使用制度则源于 1852 年"美国公立图书馆原则"提出的图书馆免费服务理论[3]，之后，合理使用成为图书馆使用版权作品最为重要的方式之一。但基于经济社会发展环境与知识产权法制建设进程的差异，不同地域关于图书馆合理使用的立法规定并不完全一致，中国大陆与中国台湾地区的著作权法亦是如此。

1.1 大陆地区图书馆合理使用制度的立法沿革

新中国成立以来，大陆地区图书馆合理使用制度最早出现在 1984 年文化部颁布的《图书、期刊版权保护试行条例》中，该条例后来随着 1990 年《中华人民共和国著作权法》的颁布实施而失去效力。但该条例第 15 条显然是大陆地区图书馆合理使用制度的雏形。表 1 显示了两部文件在图书馆合理使用制度上的衔接。

显然，与《图书、期刊版权保护试行条例》相比，《著作权法》关于图书馆合理使用的规定，有两点显著变化：① 在合理使用的目的方面将"为了借阅、存档或为专业人员提供专业资料"修改为"为陈列或者保存版本的需要"，显然缩小了图书馆合理使用的范围，严格了合理使用的条件；② 删去了"不在市场上出售或借此赢利"，其中的缘由也许一方面在于该条第一款已经明确指出了"不得侵犯著作权人依照本法享有的其他权利"，再规定"不在市场上出售或借此赢利"有些累赘，另一方面，有些行为即使符合"不在市场上出售或借此赢利"但也会存在侵犯著作权的情形，比如图书馆将大量复制馆藏作品向社会赠送等行为（见表 1）。之所以会发生上述立法变化，笔者认为与当时中国正积极扩大对外开放的背景分不开：加大对著作权的保护，规范合理使用范围，无疑可以向世界显示中国尊重和保护知识产权的决心以及主动接受国际著作权规则的积极态度，这对于中国当时正准备加入关贸总协定等世界组织具有正面的推动作用。

表 1 《图书、期刊版权保护试行条例》与《中华人民共和国著作权法》
关于图书馆合理使用条款规定的比较

文件名称	关于图书馆合理使用的规定
《图书、期刊版权保护试行条例》	第 15 条 在下列情况下使用他人已经发表的作品，可不经版权所有者同意，不向其支付报酬，但应说明作者姓名、作品名称和出处，并尊重作者依本条例第 5 条规定享有的其他权利： （五）图书馆、档案馆、资料或文献中心，为了借阅、存档或为专业人员提供专业资料，复制本馆或本中心收藏的作品，而不在市场上出售或借此赢利。
《中华人民共和国著作权法》	第 22 条 在下列情况下使用作品，可以不经著作权人许可，不向其支付报酬，但应当指明作者姓名、作品名称，并且不得侵犯著作权人依照本法享有的其他权利： （八）图书馆、档案馆、纪念馆、博物馆、美术馆等为陈列或者保存版本的需要，复制本馆收藏的作品。

2001 年与 2010 年，大陆地区又进行了两次著作权法的修订，其中有对媒体新闻报道中合理使用情形的修改，但对于图书馆合理使用的内容一直未作修订。也即是说，自 1990 年至今大陆地区著作权法中没有对图书馆合理使用制度做过任何修改。但这并非说大陆地区图书馆合理使用制度没有任何发展，事实上，2006 年制定的《信息网络传播权保护条例》就对网络环境中图书馆合理使用以及为盲人提供文献信息服务中所涉及的合理使用问题作了规定。此外，国务院《著作权法实施条例》对合理使用的限制性条款作了明确规定，即合理使用"不得影响该作品的正常使用，也不得不合理地损害著作权人的合法利益"[4]。

1.2 台湾地区图书馆合理使用制度的立法沿革

相较而言，台湾地区著作权立法时间较为久远，其第一部"著作权法"可追溯至 1928 年，而最早明确规定图书馆合理使用制度的是 1985 年台湾地区著作权法[5]。与大陆地区保持相对稳定的立法情形不同，台湾地区著作权法修正频次较高，迄今已达 17 次之多，修改内容变化较大，其中有关图书馆合理使用制度的修改情况如表 2 所示：

表 2　台湾地区著作权法关于图书馆合理使用制度的历次修改情况[6]

修正时间	修正内容
1985 年	第 32 条　供公众使用之图书馆、博物馆、历史馆、科学馆、艺术馆，于左列情形之一，得就其收藏之著作重制之： 一、应阅览人之要求，供个人之研究，影印已发行著作之一部分或揭载于期刊之整篇著作。但每人以一份为限。 二、基于保存资料之必要者。 三、应同性质机构之要求者。 前项第二、三款之重制，以该著作绝版或者无法购得为限。
1992 年	第 48 条　供公众使用之图书馆、博物馆、历史馆、科学馆、艺术馆或其他文教机构，于左列情形之一，得就其收藏之著作重制之： 一、应阅览人供个人之研究之要求，影印已公开发表著作之一部分或期刊中之单篇著作，每人以一份为限。 二、基于保存资料之必要者。 三、就绝版或者难以购得之著作，应同性质机构之要求者。 第 51 条　供个人或家庭为非营利之目的，在合理范围内，得利用图书馆及非供公众使用之机器重制已公开发表之著作。

修正时间	修正内容
1993 年	第 87 条之一"二、为供非营利之学术、教育或宗教机构保存资料之目的而输入视听著作原件或者一定数量重制物，或为其图书馆借阅或保存资料之目的而输入视听资料著作以外之其他著作原件或一定数量重制物，并应依第 48 条规定利用之。"
1998 年	第 48 条 供公众使用之图书馆、博物馆、历史馆、科学馆、艺术馆或其他文教机构，于左列情形之一，得就其收藏之著作重制之： 一、应阅览人供个人之研究之要求，重制已公开发表著作之一部分或期刊或已公开发表之研讨会论文集之单篇著作，每人以一份为限。 二、基于保存资料之必要者。 三、就绝版或者难以购得之著作，应同性质机构之要求者。 第 48 条之一"中央"或地方机关、依法设立之教育机构或供公众使用之图书馆，得复制下列已公开发表之著作所附之摘要： 一、依"学位授予法"撰写之硕士、博士论文，著作人已取得学位者； 二、刊载于期刊中之学术论文； 三、已公开发表之研讨会论文集或研究报告。

1.3 两岸图书馆合理使用制度立法沿革的比较

为了表达得更为清楚，表 3 从"首次规定图书馆合理使用的时间"、"图书馆合理使用制度的修改次数"以及"修改方式"等三个方面将两岸图书馆合理使用制度立法沿革方面的差异予以直观展示。

表 3 两岸图书馆合理使用制度立法情况对照

地区	首次规定图书馆合理使用的立法时间	有关图书馆合理使用制度的修改次数	修改方式	
			仅修改表述的条款	新增条款
大陆地区	1990 年	1 次	0	2
台湾地区	1985 年	3 次	2	5

可以看出，就图书馆合理使用制度的立法情况而言，台湾地区立法早、变动大，修订频次较高。究其主要原因，笔者认为有以下方面：

其一，台湾地区著作权法制延续历史较久，社会公众著作权意识较强，立法技术相对成熟，所以，对图书馆合理使用的认识更加深入，规定更加细致与完备。

其二，台湾地区对国际社会的开放较大陆为先，较早受到国际著作权法规则，特别是以美国为首的西方著作权强国相关法律制度的影响，因此，在立法上能更快地吸收一些国际通行规则。

其三，在20世纪80、90年代期间，台湾地区经济发展水平、文化产业状况、图书馆建设程度都优于大陆地区，图书馆等在社会中的影响力逐渐增大，自然面临更大的修订需求。大陆地区同期主要是以经济建设为中心，特别是以发展实体经济为主，文化产业发展滞后，图书馆等公共文化设施体制未理顺、建设滞后，再加之社会对著作权保护意识仍然不强，所以，图书馆合理使用制度的立法进程就相对缓慢一些。当然，我们也应该看到，这些情况正在逐渐发生变化，如大陆地区在2010年第二次修订《著作权法》以后，从2012年就开始酝酿第三次修订，并引发了全社会大讨论，图书馆界也积极参与，并提出相关修法建议[7]，一些学者围绕这一主题撰写文章，引起很多关注[8]。正因如此，比较研究两岸图书馆合理使用制度，具有很强的现实意义。

2 两岸著作权合理使用制度中"使用主体"的比较

2.1 合理使用与图书馆类型

合理使用是对著作权人合法利益的限制，因此国际著作权法中对合理使用有着严格的限制条件和判断标准。1841年美国法官C. Story在Folsom诉Marsh一案中的判决是美国历史上第一次对合理使用原则的系统表达，并提出了判断合理使用的三要素，即使用作品的性质和目的；引用作品的数量和价值；引用对原作市场销售、存在价值的影响程度[1]。这一判断标准已得到广泛认可，并被许多国家和地区运用于著作权立法与司法实践中。《台湾著作权法》第65条对此作了明确规定，将"为商业目的或者非营利性教育目的"作为判断合理使用的标准之一，而合理使用必须是基于"促进科学文化进步并有益于社会公众"[1]。

在很多人看来，"图书馆是以文献作品的收藏、整理和提供服务为宗旨的公益性文化机构"[9]，公益性已成为人们对图书馆的基本判准。但事实上，现代社会中的图书馆类型各异。就大陆地区来说，就有国家图书馆、地方公共图书馆、学校图书馆、社区图书馆、企业图书馆、军队图书馆，特别是随着网络技术的发展，出现了大量数字图书馆。这些图书馆公益性程度不同，除国家图书馆、地方公共图书馆等明显属于公共文化设施因而具有较为鲜明的公共利益属性外，企业内部图书馆、商业性图书馆都与营利性行为密切相关，这些图书馆即使为保存版本需要也不宜以合理使用为名复制馆藏资源。此外，还有类似于学校、医院等事业单位办的图书馆以及社区图书馆等，对于这些图书馆的性质是属于公益性还是盈利性，尚存在争议。这是因为，作为单位的内部机构，其属公益或盈利性质是与其所依附的单位性质密切相关的。就学校而言，既有属于完全公益性质的，如承担全民义务教育职责的中小学，也有纯属商业盈利性的学校，但大多数学校还是介于公益与盈利性质之间。医院的情况大体相似，有公立医院、民营医院、企业医院等。即使是公立医院，也很难说是完全公益性单位。显然，对于不具有公益性或者不完全具有公益性的高校、医院等事业单位而言，其内部图书馆是否享有合理使用的权利，不能一概而论。总之，图书馆类型对合理使用有着重要影响。

2.2 两岸著作权合理使用制度关于"图书馆"的法律规定

大陆地区《著作权法》第 22 条规定，"图书馆可以为陈列或者保存版本的需要，复制本馆收藏的作品"。可见，在大陆地区，在合理使用中对图书馆类型没有限制。

与大陆地区不同，《台湾著作权法》规定，只有"供公众使用之图书馆"才有权享有合理使用。那么，如何界定"供公众使用之图书馆"呢？按照台湾地区《图书馆法》的规定，台湾有 5 种类型图书馆，分别是"国家"图书馆、公共图书馆、大专院校图书馆、中小学图书馆和专门图书馆，并且该《图书馆法》第 7 条明确规定"国家"图书馆合理使用馆藏资源受法律保护。那么剩下的 4 种类型图书馆是否属于"供公众使用之图书馆"而享有合理使用权利呢。这就取决于对"供公众使用"的判断。《台湾著作权法》第 3 条规定："公众：指不特定人或特定之多数人。但家庭及其正常社交之多数人，不在此限"。由此，按照台湾地区学界通行观点，"所谓'供公众使用'，乃指图书馆系供不特定人或特定之多数人使用者而言。因此，研究机构所属各研究所设置之图书馆如已对外开放，即属供公众使用之图书馆"[10]。显然，台湾地区"供公众使用之图书馆"一是指供不特定人或特定之多数人使用的图书馆，二是指向外界开放的专门图书馆[11]。

2.3 对两岸著作权合理使用制度中"使用主体"规定的评析

从上述分析可以看出，大陆地区关于图书馆合理使用主体规定比较简单，而台湾地区著作权法对图书馆合理使用主体的规定更为明确、具体，具有更强的可操作性，但也存在以下不足：

一是没有对图书馆工作人员合理使用与图书馆合理使用间的关系予以界定。一方面，图书馆的合理使用必须通过图书馆工作人员的行为才能得以体现，这时图书馆工作人员的职务行为体现为图书馆合理使用行为；另一方面，图书馆工作人员自身对馆藏资源也享有合理使用权利，但这不属于图书馆合理使用。

二是没有将读者利用图书馆的合理使用行为与图书馆为读者服务的合理使用行为统一起来。按照《台湾著作权法》第51条："供个人或家庭为非营利之目的，在合理范围内，得利用图书馆及非供公众使用之机器重制已公开发表之著作"。所以，读者利用图书馆自行重制已公开发表之著作，与该法第48条规定的图书馆"应阅览人供个人研究之要求，重制已公开发表著作之一部分，或期刊或已公开发表之研讨会论文集之单篇著作，每人以一份为限"是两种不同形式的合理使用，前者是读者利用图书馆的合理使用，而后者是图书馆为读者服务的合理使用，但二者的共同点在于都是读者出于研究需要利用图书馆重制所需要的馆藏资源。可是，该法第48条规定了图书馆为读者重制的数量、篇幅限制，而第51条却没有做相关限制，造成了二者事实上的不统一。其结果必然是，读者完全可以利用图书馆机器自行印制，从而使图书馆合理使用中"应阅览人供个人研究之要求，重制馆藏资源"的规定没有任何现实意义。

三是没有考虑到数字化环境中公共图书馆非营利行为与合理使用的关系。传统环境中，公共图书馆的非营利利用对著作权人侵害较小，一般都会强调公共图书馆的公益性特征而主张其非营利性使用为合理使用。但在数字化时代，"数字技术使许多过去认为是非营利的使用侵害著作权的可能性变大，使著作权的保护网产生很大漏洞"[2]，所以，在数字化环境中，即使是对公共图书馆的非营利性行为，也要慎重考虑其合理使用的正当性与范围限制。至于非公共图书馆，则应有更严格的限制。

3 两岸图书馆合理使用的目的比较

3.1 大陆地区图书馆合理使用的目的

大陆地区《著作权法》规定，图书馆可以"为陈列或者保存版本的需要而复制本馆收藏作品"。故图书馆合理使用的目的只能是"陈列"或者"保存"版本。

图书馆最基本的功能就在于保存文献传承文化和向读者提供查询资料信息服务，因此"陈列"图书文献与"保存"资料信息是图书馆两项最基本的功能。但在实践中，对于珍本、孤本等不宜直接陈列于外的著作，显然只能通过陈列复本的方法向读者提供查阅。还有些资料，除陈列外，还需要另备副本保存，也需要对馆藏资源进行复制。特别是在数字化时代，馆藏资源需要经过数字化处理后被"陈列"在电子显示器前或者"保存"在终端处理器中。

3.2 台湾地区图书馆合理使用的目的

根据《台湾著作权法》的规定，图书馆合理使用目的主要有：

第一，基于供阅览人个人研究之需要而复制相关文献。台湾地区 2007 年著作权法第 48 条第一款规定，"供公众使用之图书馆，得应阅览人供个人研究之要求，重制已公开发表著作之一部分……"。

第二，基于保存资料之需要。《台湾著作权法》第 48 条第二款规定"供公众使用之图书馆，基于保存资料之必要"，可以重制自己馆藏的作品。这一点和大陆《著作权法》的规定比较相似。

其三，基于其他同性质机构要求而重制的需要。该法第 48 条第三款规定："就绝版或难以购得之著作，应同性质机构之要求者，图书馆可以重制其馆藏著作"。

3.3 两岸图书馆合理使用目的的异同

两岸图书馆合理使用目的的相同点体现在：都规定了图书馆有权基于保存资料之所需而复制本馆收藏的作品。

但台湾地区图书馆合理使用目的显然更广泛，除为保存本馆资料之所需外，还可以基于"为读者提供个人研究之需要"、"为其他同性质机构要求而重制的需要"等目的。从图书馆业务范围来说，台湾地区图书馆合理使用除了涉及典藏文献外，还涉及读者服务和馆际互借等领域，这有助于解决图书馆文献服务工作实践中面临的一些难题，也有助于更好地发挥图书馆信息服务的功能。需要注意的是，上述"为读者提供个人研究之需要"、"为其他同性质机构要求而重制的需要"等目的中的"个人研究"、"同性质机构要求"的内涵仍需予以具体确定，如"基于娱乐、趣味、鉴赏目的的重制，就不应视之为研究之所需"[11]。

4 两岸图书馆合理使用的对象比较

4.1 大陆地区图书馆合理使用的对象界定

大陆地区《著作权法》规定，图书馆基于合理使用而复制的对象只能是"本馆馆藏作品"，即图书馆为"陈列或者保存版本的需要，可以复制本馆收藏的作品"。

2006 年颁布生效的中华人民共和国《信息网络传播权保护条例》规定则

有扩大图书馆合理使用对象之嫌。该条例第 7 条规定："图书馆可以不经著作权人许可，通过信息网络向本馆馆舍内服务对象提供本馆收藏的合法出版的数字作品和依法为陈列或者保存版本的需要以数字化形式复制的作品"、"前款规定的为陈列或者保存版本需要以数字化形式复制的作品，应当是已经损毁或者濒临损毁、丢失或者失窃，或者其存储格式已经过时，并且在市场上无法购买或者只能以明显高于标定的价格购买的作品"，显然在数字化相关文献时并非仅针对本馆文献而言。所以，大陆地区图书馆合理使用的对象并不统一。如果是以非数字化方式陈列或保存作品，则只能以本馆文献为合理使用对象；如果是以数字化方式陈列或保存作品，则只要符合"已经损毁或者濒临损毁、丢失或者失窃，或者其存储格式已经过时，并且在市场上无法购买或者只能以明显高于标定的价格购买的作品"这一条件，就可以对馆内外文献进行合理使用，如表 4 所示：

表 4　大陆地区图书馆合理使用的对象及其适用条件

大陆地区图书馆合理使用对象	大陆地区图书馆合理使用对象的适用范围
馆藏资源	陈列或者保存版本的需要、向本馆馆舍内服务对象提供本馆收藏的合法出版的数字作品
馆外资源	需要以数字化形式复制的已经损毁或者濒临损毁、丢失或者失窃，或者其存储格式已经过时，并且在市场上无法购买或者只能以明显高于标定的价格购买的作品

4.2　台湾地区著作权法合理使用的对象

按照台湾地区著作权法的规定，图书馆合理使用的对象包括三个方面：馆藏资源、馆藏资源中已公开发表的著作、馆藏资源中的绝版或难以购得的著作、已公开发表著作所附之摘要。具体规定如表 5 所示：

表 5　台湾地区图书馆合理使用的对象及其适用条件[6]

台湾地区图书馆合理使用对象	台湾地区图书馆合理使用对象的适用范围
馆藏资源	基于保存资料之必要者
馆藏资源中的绝版或难以购得的著作	应同性质机构之要求者
馆藏资源中已公开发表著作	应阅览人供个人研究之要求

台湾地区图书馆合理使用对象	台湾地区图书馆合理使用对象的适用范围
已公开发表著作所附之摘要	一、依学位授予法撰写之硕士、博士论文，著作人已取得学位者； 二、刊载于期刊中之学术论文； 三、已公开发表之研讨会论文集或研究报告。

可见，台湾地区著作权法对图书馆合理使用对象做了非常细致的规定，对于图书馆自身馆藏资源的合理使用分为三个层次，即"为保存资料之必要"、"应同性质机构之要求"、"应阅览人供个人研究之要求"，每个层次的合理使用对象之具体范围有着显著差异。对于馆外资源的合理使用，分为两种情形：① 对"绝版或难以购得的著作"可以合理使用为由向其他图书馆请求复制；② 对"依学位授予法撰写之硕士、博士论文，著作人已取得学位者，刊载于期刊中之学术论文，已公开发表之研讨会论文集或研究报告"之摘要部分，无论是否属于馆藏资源，均可以合理使用为由复制。

需要强调的是，作为图书馆合理使用对象的馆藏作品还有两个特征：① 该馆藏作品具有著作权。因为没有著作权的作品，如处于公共领域的作品可以被无偿使用而不存在合理使用的情形。② 该馆藏作品应该是公开发表的作品。"没有公开发表的作品，不得重制"[11]，否则会涉嫌侵犯作者的发表权。

5 两岸图书馆合理使用的方式比较

5.1 大陆地区图书馆合理使用的方式

大陆地区《著作权法》第 10 条规定，复制是指以印刷、复印、拓印、录音、录像、翻录、翻拍等方式将作品制作一份或者多份。2006 年颁布实施的《信息网络传播权保护条例》第 7 条规定，为陈列或保存版本之需要，可以通过数字化技术复制本馆馆藏作品及馆外作品。

5.2 台湾地区图书馆合理使用的方式

《台湾著作权法》对图书馆合理使用的方式规定为"重制"，其内涵与大陆地区的复制应是同一个意思，但是在具体表现形式上稍有区别。《台湾著作权法》第 3 条规定："重制，是指以印刷、复印、录音、录影、摄影、笔录或者其他方法直接、间接、永久或暂时之重复制作。于剧本、音乐著作或其他类似著作演出或播送时予以录音或录影；或依建筑设计图或建筑模型建造建筑物者，亦属之。"

5.3 两岸图书馆合理使用方式的异同

在合理使用方式中，两岸既有相同的规定，也有不同的规定，如表6所示：

表6 两岸图书馆合理使用方式对照表

相同方式	不同方式	
	大陆地区规定	台湾地区规定
印刷、复印、录音、录像	拓印、翻录、翻拍、数字化	摄影、笔录、依建筑设计图或建筑模型建造建筑物者

可见，"印刷、复印、录音、录像"为两岸图书馆合理使用均采取的方式。如果将大陆地区《著作权法》规定的"翻录、翻拍"以及台湾地区规定的"摄影"均视为与"录像"相似或相同的方式，那么两岸关于图书馆合理使用方式的差异就在于大陆地区还主张图书馆可以采取"拓印、数字化"的方式，而台湾地区则认为图书馆可以采取"笔录、依建筑设计图或建筑模型建造建筑物"的方式。

6 两岸图书馆合理使用的限制比较

合理使用是基于利益平衡的原则对他人智力成果的一种无偿分享，因此必须有一定的限制，不能过分有损著作权人之合法利益，即使对于图书馆这样承载着更多公共利益的主体也不能例外，否则将违背法律之公平原则。

上述关于图书馆合理使用的主体、目的、对象和方式的法律规定都包含了图书馆的限制条件，对此，本文不复赘言。这里仅对使用数量、空间范围等限制性条件进行研究。

6.1 两岸著作权法关于图书馆合理使用限制的规定

从现行法律规定来看，大陆地区对图书馆合理使用的数量限制基本没有规定，在空间上则强调在本馆范围内，而台湾地区则对图书馆合理使用的数量做了明确限制，在空间上对不同情形做了分别规定，如表7所示：

表7　大陆和台湾地区图书馆合理使用的数量、空间限制比较

地区	图书馆合理使用数量限制			图书馆合理使用空间限制		
	著作	期刊	论文集	馆内	馆际	馆外
台湾地区	一部分	单篇论文	单篇论文	保存版本	馆际互借	个人研究
大陆地区	无明确数量规定			本馆内		

6.2　两岸图书馆合理使用数量、空间限制存在差异的原因

之所以出现上述差异，其原因主要有三个方面：其一是台湾地区著作权法制沿革较为久远，制度建设较为完善，相关规定自然就更加缜密、细致入微；其二是由于台湾地区图书馆合理使用范围更加宽泛一些，不仅包括保存版本，还包括了馆际互借与为个人研究之需提供服务，而大陆地区目前主要限于陈列或保存版本以及为馆内读者提供本馆收藏的合法数字资源；其三是由于美国对台湾地区著作权保护施加了很大压力，使得台湾地区不得不加强保护力度，从而在图书馆合理使用的限制条款方面做出更加明确具体的规定。

7　完善大陆地区图书馆合理使用的立法建议

通过上述比较，可以发现台湾地区著作权法关于图书馆合理使用的规定更加明确、具体，这增加了图书馆合理使用在实践中的可操作性，借鉴其中的有益性规定对于完善大陆地区图书馆合理使用制度具有积极意义，也有助于进一步推进图书馆建设，提升图书馆服务社会、服务读者、服务文化事业发展的能力与水平。

7.1　明确图书馆合理使用的主体

合理使用是对著作权人合法权益的限制，因此图书馆的合理使用必须具有正当性依据。这对图书馆而言，首先要明确其机构的公益性及其合理使用行为的非营利性。

自19世纪英美等国先后提出向社会公众提供借阅等信息服务以来，公共图书馆的概念就逐步形成了。此后，图书馆由单纯藏书的角色，转变为集陈列与收藏文献、提供借阅与信息咨询，乃至文献加工与生产等传播知识、推广教育等功能为一体的社会公共文化服务设施。这是图书馆的公益性的价值基础，也是图书馆合理使用的正当性基础之一。实践中，有些学者将图书馆的设立方式与图书馆的性质相联系，认为由政府等公共财政设立的就是公益性的，而由民间或私人财力设立的就是非公益性的。这种观点显然值得商榷。

其实，由公共财政设立的图书馆，既可能是面向社会大众的公共图书馆，也可能是基于特殊目的而面向少数群体的图书馆，即使是面向公众的公共图书馆也可能是收费的营利性图书馆或是不收费的非营利性图书馆。而民间力量办的图书馆也可能是面向社会的公益性图书馆。因此，在判断合理使用行为中图书馆的公益属性不能以该图书馆是否由公共财政设立为标准，而是以该图书馆面向读者提供服务行为的性质而定。

公益性并非判断图书馆公益性的唯一标准，对公共图书馆而言，其合理使用还必须是非营利性的。"合理使用的目的与性质，包括这种使用是商业性质或是为了非营利的教育目的，是整个合理使用界定规则的'灵魂'"[12]。

这就要求一方面在大陆地区著作权法中明确合理使用的主体应该是向社会大众提供非营利性服务的公共图书馆；另一方面需要加快公共图书馆立法进程，对公共图书馆的设立、运营、属性依据予以法律规定。

7.2　适当放宽图书馆合理使用的范围

现代图书馆的性质已非单纯地陈列与保存文献资料的场所，而是已成为向社会公众提供综合信息服务的文化机构，是该区域文化信息资料生产与传播的集散地。可以说，向读者提供文献信息服务已成为图书馆的主要功能，图书馆建设的核心任务就在于增强服务读者的能力。图书馆向读者提供服务的公益性基础决定了服务读者行为中应享有合理使用馆藏及馆际资源文献的权利。所以，图书馆合理使用的范围不应限于陈列与保存版本的需要，还可以扩展到信息咨询、汇编馆藏作品、馆际文献互借等方面，以此加强图书馆公共文化服务能力，推动文化事业的发展。在使用的对象方面，也不应仅以本馆所有为限，而可以考虑在难以取得的情况下，允许向其他图书馆复制一本或者少量资源供读者借阅。此外，应借鉴台湾地区将文献摘要作为合理使用对象的做法，扩大图书馆合理使用的对象范围。

7.3　规范图书馆合理使用的限制

合理使用虽然是基于公益性目的而对著作权所作的限制，但是这种限制并非是无限的，即合理使用也要有一个度。如果没有限制，就会发生借合理使用之名而侵害作者著作权的现象。就大陆地区著作权来说，除应在合理使用主体、使用目的、使用空间、使用手段等方面予以明确规定外，特别要明确图书馆合理使用的数量限制，即对图书馆合理使用文献时可以复制的数量，特别是数字化馆藏资源时复制的数量做出具体规定，以免对著作权人财产性权利造成实质性损害。

8 结 语

从台湾地区著作权法修订的历史沿革可以看出，图书馆合理使用经历过数次重大修改，说明图书馆合理使用问题是著作权法制中的重要内容。对大陆地区图书馆界学人来说，应当认识到图书馆合理使用对于图书馆建设的重要性，应当主动参与著作权立法并就图书馆合理使用的制度完善认真思考、积极建言。本次大陆地区《著作权法》第三次修订中，图书馆界已经发出了可贵声音，提出了有价值的建议。在新的时期，图书馆面临的环境发生了巨大变化，其功能也早从单纯的藏书楼转变为提供公共信息服务的公益性社会机构，承载起传承人类文明的重要职能[13]。我们应当以此为契机，围绕图书馆建设中的新问题、新情况，扎实研究，积极参与，推进图书馆建设的法治化建设进程。比较两岸著作权法对此问题的规定，绝非简单地显现两者间的差异，而是希望在认真思考影响法律制度形成的社会背景之基础上，分析其中有益于两岸著作权法发展的合理成分，互相借鉴，共同进步。

参考文献：

[1] 吴汉东．著作权合理使用制度研究［M］．3 版．北京：中国人民大学出版社，2013．

[2] 赖文智，王文君．数位著作权法［M］．2 版．台北：翰芦图书出版有限公司，2007：155．

[3] 杨福进．图书馆合理使用制度的比较研究［J］．中小学图书情报世界，2008（10）：13 - 15．

[4] 中华人民共和国著作权法实施条例（2013 年修订）［EB/OL］．［2013 - 11 - 18］．http：//www.gov.cn/zwgk/2013 - 02/08/content_ 2330132.htm．

[5] 赖文智．图书馆与著作权法［M］．台北：翰芦图书出版有限公司，2002：91．

[6] 中国人民大学知识产权学院．中国百年著作权法律集成［M］．北京：中国人民大学出版社，2010：308 - 309．

[7] 王自强．《著作权法》第三次修订工作回顾［N］．中国新闻出版报，2012 - 11 - 06（5）．

[8] 肖燕．《著作权法》第三次修订与图书馆界的诉求［J］．山东图书馆季刊，2012（2）：14 - 17．

[9] 黄国斌．著作权例外与图书馆可适用的著作权例外［M］．北京：知识产权出版社，2012：1．

[10] 罗明通．著作权法论（二）［M］．台北：台英国际商务法律事务所，2002：127．

[11] 萧雄淋．著作权法论［M］．5 版．台北：五南图书出版有限公司，2007：194．

[12]　吴汉东．著作权合理使用制度研究［M］．北京：中国政法大学出版社，
2003：200.

[13]　韩淑举．社会环境与我国图书馆立法［J］．中国图书馆学报，2003（1）：23
－26.

作者简介

郑敬蓉，西安财经学院图书馆馆员，硕士，E-mail：jingrong7510
@163.com。

论我国 IR 存取模式及其版权政策体系之完善[*]

  机构知识库（institutional repositories，简称 IR），是收集和保存一个或多个大学知识产出的数字资源集合，也称之为机构典藏。根据 openDOAR 的统计，截至 2012 年 10 月 25 日，全世界共有 2 224 个 IR，其中拥有 IR 数量最多的是美国，达 395 个，其次是英国 208 个、德国 164 个、日本 137 个，我国目前只有 33 个。我国 IR 建设起步晚，就数量而言，远远落后于世界其他主要国家。关于我国 IR 的版权问题，国内已经有较多的学者做过相关的研究，笔者认为已有的研究呈现以下特点：第一，已形成共识，即 IR 的存储与传播受到现有出版版权转让协议的不合理限制，这种限制阻碍了知识的流通与传播，损害了公共利益。但是无限制的自由传播又无法保障作者的正当利益。如何在作者/版权人、机构、公众间确定合理的平衡点，不仅是版权法的任务，机构政策也发挥着至关重要的作用。第二，理论层面的探讨多，实证调查研究少。已有研究更多地集中于对国外机构版权政策的介绍，特别是对于国外较为成熟的美国国立卫生研究院（NIH）、英国惠康基金（Welcome Trust）的机构政策，相关研究基本都会提及，而对于国内 IR 运行状况的系统考察研究则基本没有（对国内 IR 的实证研究都集中于厦门大学机构典藏）。这与我国国内缺乏更多的可供调查研究的 IR 不无关系。第三，分散研究多，系统研究少。国内对于 IR 版权政策的研究较为分散，多围绕具体问题进行研究，例如探讨 IR 收录期刊论文的版权问题、IR 版权利益划分、IR 的开放授权模式等，研究的重点集中于 IR 存储/版权协议。而对于机构版权政策体系进行的系统研究很少，机构版权政策体系以版权政策为核心，但并不仅仅局限于版权政策，版权政策必须与机构的存储与传播政策相结合（包括存储协议，也需要根据不同的存储要求（强制或自愿）制定不同的条款）。同时，国内 IR 研究也已经呈现出如下趋势：第一，开始注重 IR 发展的可持续性。目前的研究已

  * 本文系南京邮电大学人文社会科学研究基金"我国 IR 存取模式及其对版权制度利益衡平的新诉求"（项目编号：NYS212029）研究成果之一。

由过去单纯地关注 IR 的建设数量、速度与规模，开始转变为关注 IR 发展的可持续性，如 IR 内容存储量的可持续增长、IR 内容的使用下载量以及对 IR 内容的管理，包括对 IR 论文的影响力、引用率的变化、出版商版权政策的改变等信息进行及时追踪。机构版权政策体系的作用不仅仅局限于解决 IR 内容存储与传播的版权限制，更大的作用在于促进 IR 持续、有序地发展，因此，机构版权政策体系的内容还包括相应的服务政策。第二，开始倡导版权法上"公有领域"的兴起[1]。与 IR 内容传播相关的"创作共享"、"自由演绎"等观念，正在逐步演化为版权法领域对"公有领域"权益的呼吁与实际支持，以对抗在数字化时代越来越强化的版权"私权"。重新思考"公有领域"对自由文化创造的重要意义，重新审视作者权利的范围与边界。

本文拟从 IR 存取模式的角度研究我国 IR 目前建设运行面临的主要问题，并寻求解决对策。Scholarly Publishing for Academic Resources Coalition（SPARC）的一个研究报告中认为 IR 包含 4 层涵义：机构依附性——不同于学科或专题知识库；学术性——主要收藏学术资源；累积性和长期保存——长久保留本机构的智力资产；开放性和互操作——保证机构内外的用户能方便存取资源，支持不同 IR 的互操作[2]。以此为标准，笔者在研究对象上首先选取我国在 openDOAR 注册的 33 个 IR，其次通过互联网访问了国内"211"院校的图书馆网页，剔除各校的博硕士学位论文库、专题知识库与非数字化的教师文库，共收集到 11 所高校的 12 个 IR，这 12 个 IR 已经初步达到了上述 4 个标准，但因为各种原因还没能在 openDOAR 中注册，笔者认为这 12 个 IR 与已在 openDOAR 注册的 33 个 IR 基本上可以全面反映我国 IR 运行的现状。对于我国 IR 存取政策的研究方法，参照 openDOAR 对于各国 IR 机构政策的获取方式，首先通过该 IR 的 OAI-PMH 来寻找该 IR 对作品存储、使用政策的标准陈述，如果没有 OAI-PMH，则寻找该 IR 的相关网页，如"政策（policy）"或"关于（about）"等链接项，寻找对作品存储、使用政策的说明。

1 我国 IR 存取模式及相关政策之概况

笔者访问了我国在 openDOAR 注册的 33 个 IR 与 11 所"211"院校的 12 个 IR，对这些 IR 的存储模式与开放获取模式及其相关政策分别进行了统计汇总，分别形成了表 1、表 2。需要说明的是，以下全部内容都是根据 IR 及其相关的 Web 页中捕获的信息进行归纳整理的，不排除因机构未公开发布其相关政策或说明而产生遗漏；数据截至 2012 年 10 月 30 日。

表 1　我国在 openDOAR 注册的 33 个 IR 存取模式分析

序号	机构	IR 名称	存储方式	机构存储/提交政策	开放使用政策	存储记录
1 – 25	中国科学院	中国科学院知识机构库网格（包括下属成员单位 25 个机构知识库）	自存储与强制性自存储	提交政策	CC 传播许可	353 783 条
26	厦门大学	厦门大学学术典藏库	自存储与代存储	无	版权申明	13 671 条
27	中国西部环境与生态科学数据中心	中国西部环境与生态科学数据中心	自存储	无	使用条款与免责声明	元数据 743 条，在线数据 469 GB，总数据 3 811GB
28	香港城市大学	香港城市大学机构知识库	代存储	提交与版权说明	无	3 426 条
29	香港教育学院	香港教育学院机构知识库	自存储	提交指引与版权问题说明	无	11 417 条
30	香港理工大学	香港理工大学机构知识库	自存储与强制性自存储	提交与版权说明	无	4 955 条
31	香港大学	香港大学学术库	自存储	开放获取政策	开放获取政策	132 812 条
32	香港科技大学	香港科技大学机构知识库	自存储	提交政策	使用政策	7 113 条
33	澳门大学	澳门大学机构知识库	自存储	无	无	3 148 条

表 2　我国 11 所"211"院校在建运行的 12 个 IR 存储模式分析

序号	机构	IR 名称	存储方式	机构库类型与开放程度	机构存储/提交政策	开放使用政策	存储记录
1	南京师范大学	南师文库	代存储（捐赠）	文摘数据库开放获取	无	无	3 000 余种
2	南京师范大学	南师学人	代存储	全文数据库限校园内访问	无	版权说明	无法获取
3	南京农业大学	南农文库	代存储（捐赠）	书目数据库开放获取	无	无	363 条
4	湖南大学	湖南大学学术论文数据库	代存储	全文数据库限校内用户访问	无	无	无法获取

序号	机构	IR 名称	存储方式	机构库类型与开放程度	机构存储/提交政策	开放使用政策	存储记录
5	中国人民大学	中国人民大学教师成果库	代存储	全文数据库限校内访问	无	无	无法获取
6	武汉理工大学	SCI/EI/ISTP 收录本校教工文库	代存储	文摘数据库开放获取	无	无	13 905 条
7	南开大学	南开大学知名学者电子文库	代存储	书目数据库开放获取	无	无	270 条
8	北京师范大学	京师文库全文库	代存储（捐赠）	全文数据库、本校电子阅览室访问	文库章程	无	5 480 条
9	中国农业大学	中国农业大学知识库－教师文库	代存储	著作文摘、学术论文全文开放获取	无	全文使用的版权提示与免责声明	2 864 条
10	北京科技大学	本校教师著作平台	代存储	全文数据库校园网与VPN 访问	无	无	无法获取
11	暨南大学	暨南大学学术成果数据库	代存储	文摘数据库校园网与VPN 访问	无	无	918 条
12	电子科技大学	电子科技大学学术典藏库	代存储，鼓励自存储	全文数据库校内用户访问	无	版权声明	18 954 条

1.1 我国 IR 存储模式与存储政策分析

机构存储模式目前有自存储、强制性自存储与协议性代存储三种[3]。自存储也称基于自愿的自存储，是作者自愿将自己的成果存储到个人网页、网站、博客或机构知识库或学科知识库。强制性自存储是机构在国家政策、法规许可的范围内，制定机构版权许可协议，要求作者必须存储个人成果或者由机构统一收取作者成果进行存储，并在作者许可的范围内使用。协议性代存储主要应用于学术机构内部，存储管理机构收集到作者的知识成果并与作者直接联系，获得作者的许可后，由机构代为把作者的知识成果传到机构知识库中，或通过存档来进行批量的文档存储，在作者许可的范围内存储和使用相关的知识成果[4]。在笔者访问统计的共 45 个 IR 中，除了在提交政策中明确规定"要求（require）"或"建议（suggest）"自存储，或者在 IR 系统提供了自存储登陆通道的，其余都划归为协议性代存储。但实际上，由于部分 IR 特别是未在 openDOAR 注册的我国 12 个高校 IR 中，机构在收集、录入作者的

42

成果时并没有逐一与作者取得联系并获得许可，有的是通过接受教职工的捐赠，有的是通过宣告方式代为存储，因此笔者在表述上去掉了"协议"两字，命名为"代存储"。

根据表 1 的统计，我国在 openDOAR 注册的 33 个 IR 中只有 1 个即香港城市大学 IR 采用代存储模式，但在其提交说明中表示在不久的将来将支持自存储[5]。其他 32 个 IR 全部支持自存储模式，其中 26 个 IR 同时还采用强制自存储模式。中国科学院知识机构库网格对其下属成员单位 25 个 IR 实行统一的存储管理模式，要求各研究所的员工在其学术成果在各种学术期刊和会议论文集正式发表后，必须在 1 个月内将作品的最终出版版本或定稿版本提交到研究所 OpenIR 中，由研究所资助的课题必须在提交结题报告后 1 个月内将全部课题作品提交至研究所 OpenIR 中[6]。香港理工大学要求教师与研究人员将他们经过同行评议的期刊论文与会议论文的最终版本自论文发表之日起提交到该校知识库以供开放获取[7]。对于向 IR 提交作品时涉及的版权问题，33 个 IR 中有 30 个 IR 分别通过版权问题说明、提交指引或提交政策进行了说明，要求作者在存储作品时授予机构非排他的、免费使用作品的权利，或者要求作者确保存储的作品未受出版者或出资者的版权期限限制等，只有厦门大学机构典藏、中国西部环境与生态科学数据中心和澳门大学机构知识库没有就作品存储涉及的版权问题作出说明。

表 2 统计的我国 11 所"211"院校在建运行的 12 个 IR 已经初步具备了机构知识库的基本性质，但发展与运行仍然不成熟，其存储全部是代存储，只有电子科技大学学术典藏库同时鼓励自存储并设置了自存储的通道。对于作品存储的说明等相关规范则普遍缺失，只有北京师范大学的京师文库全文库发布了《京师文库全文库章程（草案）》，对文库的征集形式、收藏范围作了规定。对于 IR 存储作品涉及的版权问题，11 所高校的 12 个 IR 均未作任何说明。

1.2　我国 IR 开放获取模式与传播政策分析

我国在 openDOAR 注册的 33 个 IR 都是全文数据库，全部实行开放获取。对于公众使用 IR 作品的权利与权限，IR 版权所有者保留的权利等问题，各 IR 有不同的说明。中国科学院知识机构库网格对其下属的 25 个成员所 IR 实行统一传播许可模式，对于规定要公开发布的作品，要求提交者按创作共用协议（Creative Commons License，CC）的"署名 – 非商业性使用 – 禁止演绎"进行传播授权，鼓励提交者按 CC 协议的"署名 – 非商业性使用 – 相同方式共享"进行传播授权，并在 IR 作品下载页面发布了许可声明。厦门大学学术典藏库在其 IR 首页发布了简单的"版权申明",提示"未经允许,不得大量下载或镜像使用",并宣告"版权属于作者或/和资源所有者,用户在使用本库资源时请遵循 OA 和本库约定的相关法律和规定"[8],但具体"OA 和本库约定的相关法律和规定"的内容是什么则未作说明。中国西部环境与生态科学数据中心在其"使用条款与免责声明"宣称该数据中心"采用'完全与开放'(full & open)的数据共享政策,即所有的科学家或研究项目都有权无差别地获得数据中心的数据以及包括数据处理过程等的技术文档",并就数据资料的版权归属、用户的使用权限和义务作了具体规定,声明"一切数据和资料版权归数据和资料原生产单位所有","数据仅供用户用于科研目的,不得用于商业目的,将数据转让给第三方","须明确注明数据来源"[9]。根据这些条款和说明,用户可以明确获知在使用数据资料时享有的权利范围与需要履行的具体义务。

我国 11 所高校的 12 个 IR 在开放获取程度上则显得步履谨慎,根据表 3 的统计,12 个高校 IR 中仅有 6 个是全文数据库,且全都限于校内访问,并没有实现真正意义上的开放共享。面向公众开放使用的 5 个 IR 中有 4 个是书目或文摘数据库,只有 1 个混合数据库,即中国农业大学知识库 – 教师文库,收录的著作文摘与学术论文全文均可以开放使用。由于设置了极其严格的访问限制,加上内容上有限的开放程度,这 12 个高校 IR 极大地降低了版权风险。此外,对于 IR 内容的传播权利也基本没有描述,只有南京师范大学、电子科技大学与中国农业大学分别发布了"版权声明"与"全文使用的版权提示"。

表3 11 所高校 12 个 IR 开放使用的分类统计(单位:个)

数据库类型 数量 开放情况	全文数据库	文摘数据库	书目数据库	混合数据库	合计
数量	6	3	2	1	12
仅限校内访问	6	1	0	0	7
公共开放	0	2	2	1	5

1.3 我国与世界主要国家 IR 存取政策的对比

IR 存取模式的运行受到很多机构因素的制约,张晓林教授曾指出:现行出版版权转让中存在许多不合理性,再加上法律与政策的模糊性与滞后性以及公共机构政策的缺失等,IR 服务中关于谁有什么权利做什么就必然存在模糊区间和激烈博弈。要改变这种状况，首先要准确理解法律精神和条款，明确法律规章授权，确立机构知识成果保存与传播的明确政策[10]。机构政策的缺失是世界各国 IR 普遍存在的问题，这一问题在我国尤显突出。根据 openDOAR 对 IR 政策的列举，完整的机构政策包括：元数据使用政策、全文使用政策、内容政策、存储政策、保存政策，笔者就涉及 IR 存取的元数据使用政策、全文使用政策、存储政策对部分国家进行了对比统计，具体如表 4、表 5、表 6（数据来源：openDOAR：Search or Browse for Repositories）所示：

表 4　部分国家 IR 存储政策等级统计

国 家	IR 总个数	政策等级（policy grade）				
		无 Unknown	不详 Unstated	不明确 Undefined	明确 Defined	表述不清 Unclear
中 国	33			91%	9%	
日 本	137	1%	1%	93%	4%	
澳大利亚	47		2%	62%	36%	
德 国	164	1%	1%	78%	18%	1%
法 国	66	2%	2%	79%	18%	
西班牙	93	1%	5%	88%	5%	
英 国	208	1%		51%	49%	
加拿大	57	2%	7%	67%	25%	
美 国	387	1%	3%	82%	14%	
瑞 士	45	2%		76%	22%	

表 5　部分国家 IR 元数据使用政策等级统计

国 家	IR 总个数	政策等级（policy grade）				
		无 Unknown	不详 Unstated	不明确 Undefined	禁止盈利 Non-Profit	允许商业使用 Commercial
中 国	33	3%		97%		
日 本	137		1%	99%		
澳大利亚	47	2%	2%	66%	21%	9%
德 国	164		1%	88%	7%	4%

国　家	IR 总个数	政策等级（policy grade）				
		无 Unknown	不详 Unstated	不明确 Undefined	禁止盈利 Non-Profit	允许商业使用 Commercial
法　国	66		2%	88%	8%	3%
西班牙	93	1%	5%	89%	3%	1%
英　国	208	1%		59%	30%	10%
加拿大	57	2%	7%	82%	7%	2%
美　国	387	1%	3%	81%	5%	10%
瑞　士	45		91%		4%	4%

在笔者选取的 10 个国家中，IR 存储政策明确（defined）比率排名前三的分别是英国 49%、澳大利亚 36% 与加拿大 25%，我国为 9%，仅高于日本；IR 元数据使用政策不明确（undefined）比率排名最低的三位分别是英国 59%、澳大利亚 66%、美国 81%，加拿大 82% 位列第四，我国 97% 仅低于日本；IR 全文使用政策不明确（undefined）比率排名最低的三位分别是英国 55%、澳大利亚 70%、法国 76%，我国 97%（与日本相同）比率最高。从本项统计中可以得出结论：我国 IR 的存储政策、元数据使用政策、全文使用政策的明确度均排在世界主要国家之后。

2　我国 IR 存取模式存在的问题

基于上文的调查统计分析，笔者将我国 IR 存取模式当前面临的主要问题概括为三点，即存储模式单一；存取政策缺失；回避版权。针对 IR 存取模式构建运行中的这三个问题，笔者认为，在 openDOAR 注册的 33 个 IR 与 11 所"211"院校的 12 个 IR 大体可以划分为三个层级的发展水平：第一层级为中国科学院机构知识库网格下的 25 个 IR，第二层级为在 openDOAR 注册的其他 8 个 IR，第三层级为未在 openDOAR 注册的 11 所"211"院校的 12 个 IR。下文就这三个层级的 IR 在存储模式、存取政策与版权解决方案等方面的发展程度逐一进行评述。

第一层级中国科学院（以下简称"中科院"）知识机构库网格在 openDOAR 注册了 25 个成员所 IR，而实际上，中科院在建的 IR 已经超过 70 个，所有网络成员 IR 遵守中科院统一的存储与传播规定。在存储方式上，针对不

表 6 部分国家 IR 全文使用政策等级统计

国　家	IR 总个数	政策等级（policy grade）									
		无 Unknown	不详 Unstated	不明确 Undefined	表述不清 Unclear	禁止盈利 Non-Profit	允许商业使用 Commercial	禁止自动收割全文 No Robots	权利可变 Variable	禁止使用 No Rights
中国	33	3%		97%						
日本	137		1%	97%		1%			1%	
澳大利亚	47	2%	2%	70%		13%		11%	2%	
德国	164		1%	85%		7%		3%	1%	
法国	66		2%	76%	2%	18%	2%		2%	2%
西班牙	93		5%	89%	1%	2%		1%	2%	
英国	208	1%		55%		15%		8%	19%	
加拿大	57	2%	7%	77%		9%		2%	4%	
美国	387	1%	3%	77%		5%	1%	11%	1%	
瑞士	45	2%		87%		4%		7%		

47

同内容实行不同的存储政策，强制存储与自存储相结合，在 IR 内容传播上采用 CC 创作共用许可方式，制定了初步的机构存取政策并正面处理版权问题，上述方面都已经与国际 IR 的最新发展水平相差无几。在这种复合存储模式与存取政策的保障下，该 IR 网络目前已开放存储学术论文 24 万多篇，2012 年上半年下载量超过 150 万篇次，近 20 篇论文的国外累积下载量超过 100 次，从保存量、开放量和下载量三个指标看，中国科学院机构知识库体系已成为国际科研机构中最大的科研成果开放共享平台[11]。

第二层级为在 openDOAR 注册的其他 8 个 IR（主要以香港地区高校 IR 为代表），这一层级的 IR 基本实现了机构信息资源的开放共享，但在机构存储方式、存储与开放使用政策方面则参差不齐。在存储模式上，以实行自存储单一存储模式为主，只有香港理工大学同时实行强制性自存储。在机构政策方面，更注重存储政策，5 所香港高校的 IR 都制定了不同程度的提交指引或发布了开放获取政策，对提交到 IR 的作品涉及的版权问题做出了明确说明。其他 3 个 IR，即澳门大学机构知识库、厦门大学学术典藏库与中国西部环境与生态科学数据中心则没有任何有关作品存储与提交的规定或指引。对 IR 作品内容的开放使用规定上，则以中国西部环境与生态科学数据中心的规定最为详尽，发布了具体明确的"使用条款"，其他 IR 则仅作出使用的版权提示或没有任何权利义务的提醒说明。

第三层级为大陆地区未在 openDOAR 注册的 11 所"211"院校的 12 个 IR，这 12 个 IR 也代表了我国大陆地区高校 IR 发展的最高水平。首先在存储模式上，这一层级的 IR 还不能支持自存储，只能通过教职工捐赠或机构采集的方式来实现存储，因此也就导致了在开放共享方面的畏首畏尾，只能做到机构范围内的全文共享或世界范围内的文摘或书目共享。同样也因为还不支持自存储，有关作品存储或提交的指引也就更无从谈起，大多只有对 IR 的介绍性描述。在开放使用方面，12 个高校 IR 中只有三个发布了版权提示或说明。

根据上述分析，我国 IR 目前呈现三个层级的发展水平，显然大陆地区高校 IR 在存储模式、存取政策、机构资源开放获取使用方面整体落后，笔者认为这也正是当前制约我国 IR 发展的主要因素。

3　IR 存取的理想模式之构建

3.1　复合型 IR 存储模式

已有研究者提出，自愿式自存储、强制性自存储、协议性代存储等多种存储模式的并行实施，将有利于用户对机构存储模式的认可度和实施效果[4]。笔者认为，这三种存储模式各有利弊，单一的存储模式都难以实现 IR 存储率的最大化，应当建立以自存储为主，强制性存储与机构协议代理存储为辅的复合存储模式。

学者 K. Shearer 在调研康奈尔大学 IR 后指出：资源提供者的自存储行为和机构知识库的利用率是决定机构知识库成功的两个重要因素。而前者，是制约机构知识库发展的关键因素[12]。自存储能够增加知识贡献者对 IR 的认可度，也是开放获取倡导的基本理念的体现，虽然在 IR 建设初期，自存储存在进程缓慢、存储意愿低的弊端，但就 IR 的可持续发展来看，伴随开放获取运动的推进，最终必然以自存储模式为主。

强制性存储能够大幅提升 IR 的存储量，在 IR 存储效率方面具有巨大优势。学者 A. Sale 对比三个澳大利亚机构知识库的存储率后发现，这三个 IR 分属以下三种情况：①只有一个机构知识库；② 有一个机构知识库，并由图书馆员鼓励和帮助存储；③ 有一个机构知识库，有自存储强制政策，并辅之以图书馆员的帮助。结果表明，在采纳了强制存储政策两年内，他们的存储率分别为 15%、30% 和接近 100%[13]。但是强制性存储必须要有法律、法规或政策依据，目前实施强制性存储政策的主要限于公共研究机构对其资助的研究成果要求开放获取，例如公众熟知的 RCUK、Welcome Trust、、NIH 等。其所依据的"纳税人有权获得由纳税人资助产生的科研成果"[14]这一法理也已经深入人心。

协议代存储作为一种合作式存储方式，可以由机构根据合作授权协议代理作者完成存储，可以消除作者因担心自存储过于繁琐而产生的退缩心理，减轻作者的负担，提升存储效率。这种复合型的存储模式弥补了单一存储模式的不足，能够最大程度上地保障 IR 资源内容的获取。

3.2 标准化的开放授权模式

开放授权模式是基于 Copy left 理念构建起来的，以平衡作者权益与公众对信息资源的获取需求之间的矛盾。作者可以在各种各样的许可证上强调作品的归属，使其人身权仍得到保护，但复制、再发布等财产权却通过契约的方式向公众公开，约束公众使用者的各种行为，使用者在受益的同时必须承诺衍生品会按照相同的 Copy left 模式发布，从而形成一个分布式的版权开放网络，由此最大可能地促进知识的共享和增值。目前较为通用的开放共享许可证主要有三种：GNU 自由文档许可证，创作共用协议（Creative Commons，CC），创意典藏授权协议（ Creative Archive License）。我国公众较为熟知的开放授权协议是 CC 创作共用协议，中科院 IR 网格、中国开放教育资源网、科学松鼠会、奇迹文库都采用了这一开放授权模式，相对于其他两种许可证协议，CC 创作共用协议具有条款简洁、协议类型多元化、协议对象无限制等优点，目前使用范围最广泛，已经被越来越多的国家采纳并被翻译成各种语言。

从开放获取倡导的知识共享的理念出发，无论 IR 采取哪一种开放授权许可方式，其标准化与兼容性是未来优化知识生产的发展趋势与必然要求。目前处于多种开放式授权条款并存的自由状态，但各种授权模式之间的兼容性问题将带来衍生作品授权的困难，阻碍自由文化的传播。为此，知识共享组织即将成立由世界各地的授权专家组成的知识共享法律咨询团队（Creative Commons Legal Advisory Board），专门用于确认相似的开放式授权条款间是否能够"兼容"，以促进各组织间的协调合作，降低衍生作品授权的困难程度。如在授权条款中加入兼容性条款，允许内容利用者可藉其他类似或相当的授权条款释出内容等，以促进协议间兼容性纷争的解决[15]。我国 IR 建设还处于起步阶段，特别是大陆地区高校 IR 还不能实现真正意义上的开放共享，已实行开放共享的 IR 也缺乏清晰、规范的授权模式，导致用户对权利义务的认识模糊，在很大程度上对加入开放共享的作者也缺乏适当的尊重。我国可以直接借鉴上述开放授权模式，在 IR 建设初期就实现标准化运作，解决开放共享的兼容问题，提升知识利用与再生产的效率。

4 IR 版权政策体系的完善

版权问题贯穿于 IR 存储与传播的始终，在现有法律框架下，IR 的正常运行需要机构政策的指引。如果说我国的 IR 版权政策体系还处于构建阶段，那么国外 IR 版权政策已经开始走向联盟化，正在探索更为有效的实施方式，并努力上升为国家法案[16]。

4.1 确立 IR 版权政策体系的理论支点

IR 版权政策不仅是为了保障 IR 内容存储与传播的顺利进行，而且最终要以获得国家法律和政策的认可和支持为目标，要实现这一目标，首先要提供充足的理论支撑，也即要回答建立 IR 版权政策体系必要性的问题。

IR 版权政策旨在推动科学研究成果的共用共享，努力践行开放获取运动倡导的理念，虽然开放获取运动 10 年来已经取得了重大的进展，图书馆界、学术界高举"公共利益"的"公权"理念大旗不断向传统版权的"私权"空间发起挑战，但是对于延续了 300 多年的版权"私权"观念及在这种观念下维系的利益分配体系，IR 在实现开放存取方面仍然面临着巨大的阻力。笔者认为，想要打破现有版权制度的利益格局，为 IR 开放共享争取更大的利益空间，需要从根本上质疑现有版权制度所依据的"私权"至上观念，充分肯定"公有领域"作为文化自由创造源泉，在推动文化创新方面的价值。

现有版权制度的起源受到"浪漫主义作者观"、"值得复制就值得保护"、"版权保护必须和复制技术成反比例变化"等观念的影响，，在以上观念的支配下，版权制度过分强调了作者对作品"原创性"的贡献，进而忽视了前人研究的外部资源对创作的价值，这个外部资源就是所谓的"公有领域"。伴随着复制技术的不断更替，当复制的成本接近于无时，版权得到了前所未有的强化保护，也就导致了目前的版权制度凌驾于而不是服务于信息社会之上。作为对以上观念的质疑和挑战，开放存取需要挑起"公有领域"的大旗，肯定"公有领域"对人类自由文化衍生的重要性，任何个人的创作，都是以前人营造的知识公地为基础，个体作者不过是以自己的方式扩展和更新它们。既然作者在创作的过程中利用前人的成果取得了"收益"，那么，当其作品完成后，就有义务为后人合理使用其材提供"支出"，由此有学者提出了"义务公有领域"论——既然"公有领域"对作者是一个义务领域，那么对公众而言就是一种权利地带[17]。"义务公有领域"论的提出，将现有版权制度的核心由权利转向义务，即版权人（作者或出版商）在一味地强化版权权利的同时，还应当履行版权对"公有领域"的义务。基于这一价值判断，支持开放存取的 IR 版权政策就有了充实的理论依据。

4.2 以存取政策明确 IR 各方权利义务关系

IR 的存储与开放使用直接涉及三方的利益，即：作者、机构和用户，机构存取政策之条款、规范这三者之间的权利义务关系无论如何编排、设置，都必须清晰地体现。

• 机构的权利与义务。机构作为 IR 的建设主体，负责组织、管理、整合、保存知识资源并使之惠及公众，实现信息资源的共享共用，是连接作者与用户之间的桥梁，作为机构存取政策的制定者，首先要明确自身的权利义务。参照美国麻省理工学院的 Dspace@ MIT[18] 和香港科技大学的 HKUST Institutional Repository[19] 等国内外高校 IR 的版权政策，笔者认为，机构的权利应当体现在以下几方面：① 形式审查权——对作者自存储作品进行形式上的审查，包括存储主体是否符合要求，作品是否符合 IR 的收录标准，是否符合 IR 的版本要求等。② 免费使用权——基于机构的需要，可以不以盈利为目的地免费使用机构作品。③ 网络传播权——基于非商业性的使用目的，根据提交者的授权范围，通过网络向公众传播作品。④ 版权瑕疵作品的移除权——对于引起版权争议的作品，在版权问题妥善解决之前，机构有权利移除该作品。机构的义务应当包括：① 妥善管理的义务——对于存储内容要妥善保存并维护其正常使用。② 版权提示义务——在传播 IR 内容时，应提供版权提示信息，提醒用户尊重作者的署名权等人身权利。③ 版权争议的通知义务——当 IR 作品在传播使用中出现版权争议时，应当及时地通知存储者本人。

• 存储者的权利与义务。存储者的权利主要包括：① 作品的版权依然属于作者或者由作者与第三方签署的协议确定。② 存储者享有更改或撤销存储所内容或版本的权利（但强制存储的作品只能更改版本，不能撤销）。存储者的义务主要包括：① 保证存储作品版权无瑕疵。这项义务主要提醒作者注意存储的已出版作品是否还处于版权时滞期或处于其他传播权限制状态，作者对此应当有注意义务，避免争议发生。②保证存储作品的真实性与有效性。③ 当存储的作品引发版权争议时，存储者有义务做出说明并承担相应责任。

• 用户的权利与义务。IR 用户享有的权利主要是可以不以盈利为目的免费使用 IR 作品，包括可以免费复制、传播。其义务为：在使用时必须遵守 IR 传播协议的约定，如标示作品的来源、出处，演绎作品必须以同样方式开放使用等。具体条款，IR 需要根据使用的开放授权协议的种类来做出相应的说明。

4.3 以服务政策促进 IR 存储的持续发展

IR 存取政策使作者在存储个人作品时承担了版权瑕疵的排除义务，就权利义务对等的角度来说是不平衡的，而版权义务的附加也会为存储者带来额外的时间成本，势必会影响自存储的积极性。从 IR 存储的可持续性角度来说，机构应当以更加人性化的服务政策来弥补存储者的这种权利与义务的不对等状态所造成的缺陷。笔者认为主要可采取提供版权政策查询服务和提供机构作品的影响力反馈两种方式。

• 提供版权政策的咨询服务。很多时候，存储者也无法确定存储作品的版权状态，机构应当能够提供相应的咨询服务，目前，一些 IR 主页设置了 SHERPA 或 OAK List 的链接，以供查询世界主要出版商的版权与自存储政策。机构还可以设立相应的岗位，负责解答存储者对作品版权问题的咨询。

• 提供机构作品的影响力反馈。开放存储可以提升作者与作品的影响力，这可以作为对存储者承担存储义务的一种价值回馈，机构需要在这方面对作者进行信息反馈，并扩大宣传，以此来鼓励更多的作者将自己的作品自存储到 IR 中。一份研究开放存储影响力的研究报告指出，当学术作品开放共享时，研究成果的可见度、使用量和影响力都得到提升[20]。因为 Google 和其他网络搜索引擎都对开放获取知识库进行了索引，作者的作品会很容易地被其他人发现和检索。上述报告中以 M. Skitmore 教授为例：他在 2004 年开始将他的论文存入昆士兰科技大学知识库，图 1 左图表明他出版论文的数量，并没有逐年增长，右图显示的是：对这些论文的引用量则随着他将论文开放获取后增长了。机构可以定期提供类似的信息反馈，以鼓励作者将个人成果存储到 IR 中。这样，从存储者角度来讲，自存储就不仅仅意味着承担了过多的义务，而是可以从中获得效益。

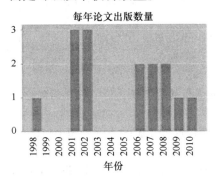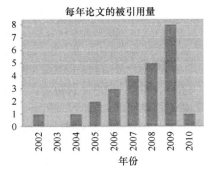

图 1　M. Skitmore 教授的实例[21]

来源：科学网（汤森路透社）　　注：2010 年引文数据不完整。

IR 的建设与完善是一项长期的工作，其中存取模式与版权政策都是影响 IR 运行效率与可持续发展的关键因素。我国 IR 建设刚刚起步，在存取模式与配套政策上应当具有一定的前瞻性，争取能够在建设之初就实现规范化，以更好地促进知识共享，提升知识再生产的效率。

参考文献：

［1］　黄汇. 版权法上公有领域的衰落与兴起［J］. 现代法学，2010（7）：30 - 40.

［2］　赵迎光，曾苏，马建霞. 国内机构知识库发展现状与对策研究［J］. 情报杂志，2011（1）：42 - 46.

［3］　都平平. 机构仓储的自存储和强制存储策略研究［J］. 图书馆杂志，2008（9）：15 - 18.

［4］　都平平，曹作华，黄敏，等. 机构仓储的存储模式分析［J］. 情报理论与实践，2009（11）：65 - 67.

［5］　Submission to the repository［EB/OL］.［2012 - 10 - 17］. http：//dspace. cityu. edu. hk/help/about. htm.

［6］　中国科学院机构知识库网格［EB/OL］.［2012 - 10 - 22］. http：//www. ir-grid. ac. cn/guiter？id＝3.

［7］　PolyU institutional repository ［EB/OL］．［2012－10－22］．http：//www. lib. polyu. edu. hk/collections/ir．

［8］　厦门大学学术典藏库版权申明［EB/OL］．［2012－10－31］．http：//dspace. xmu. edu. cn/dspace/.

［9］　中国西部环境与生态科学数据中心使用条款和免责申明［EB/OL］．［2012－10－31.］http：//westdc. westgis. ac. cn/about/terms.

［10］　张晓林，张冬荣，李麟，等．机构知识库内容保存与传播权利管理［J］．中国图书馆学报，2012（4）：46－54.

［11］　中国在公共资助研究成果开放共享中取得长足进展［EB/OL］．［2012－11－08］．http：//www. open-access. net. cn/20125e745f00653e83　　b753d68fdb5c554e138f91/5f00653e51714eab53d15c558d 8b52bf4e0e653f7b5678147a76.

［12］　乔欢，姜颖．国内外机构知识库内容建设研究进展［J］．图书馆理论与实践，2011（8）：18－22.

［13］　孙坦．2002－2009 年国外机构知识库评价研究述评［J］．图书馆建设，2010（4）：6－9.

［14］　Representatives uurge white house to support public access to federally funded research ［EB/OL］．［2012－10－07］．http：//doyle. house. gov/press-release.

［15］　雷雪．数字资源开放式授权协议研究［J］．情报理论与实践，2012（2）：27－30.

［16］　有关国家科研资助机构的开放共享政策措施［EB/OL］．［2012－11－08］．http：//www. open-access. net. cn/20125e745f00653e83b75　　3d68fdb5c554e138f91/6709517356fd5bb679d17　　8148d4452a9673a678 476845f00653e5171 4eab653f7b5663aa65bd.

［17］　黄汇．版权法上公有领域的衰落与兴起［J］．现代法学，2010（7）：30－40.

［18］　Non-exclusive depositl License ［EB/OL］．［2012－11－20］．http：//libraries. mit. edu/dspace-mit/build/policies/license. html.

［19］　Institutional repository：Policies ［EB/OL］．［2012－11－20］．http：//library. ust. hk/info/db/repository-policy. html.

［20］　Open access impact：A briefing paper for researchers，universities and funders ［EB/OL］．［2012－11－08］．http：//www. openscholarship. org/upload/docs/application/pdf/2010-10/open_ access_ impact. pdf.

作者简介

苑世芬，南京邮电大学图书馆馆员，E-mail：ysf@ njupt. edu. cn。

我国可适用于图书馆的著作权例外规定及其适用障碍剖析[*]

1 引 言

与国外多数国家现行的著作权法律有关图书馆可适用的著作权例外规定相比，我国在这方面的立法相当薄弱，可适用于我国图书馆的著作权例外未能充分给我国图书馆开展资源建设与信息服务带来推动作用。此外，资源许可协议和技术措施对授权使用资源的保护，也进一步让适用于图书馆的著作权例外规定在图书馆资源建设与信息服务等方面的应用受到不利影响。

2 我国图书馆界业务活动涉及的著作权例外

随着开放链接、OAI（open archives initiative）与智能搜索引擎、元数据转换和登记、虚拟资源体系建设等新的处理技术与服务活动的引入与开展，图书馆面临的著作权问题日益复杂。目前，我国各类图书馆开展的资源建设与信息服务已有30项[1]。这些活动项目多数都与复制、信息网络传播有关。对于我国图书馆逐步在开展的数字资源长期保存，技术措施规避更是图书馆界需要面对的一个问题。作为对著作权专有使用权的一种制约，著作权例外为我国图书馆更为便利地开展信息服务创造了有利条件。概括起来，我国图书馆可适用的著作权例外有复制权例外[1]、信息网络传播权例外[2]和技术措施规避例外[3]。在复制权例外方面，图书馆涉及的相关业务活动主要包括：图书馆的到馆复制业务、原文传递、馆藏资源数字化、数字资源复制等。在信息网络传播权例外方面，图书馆涉及的相关业务活动主要包括：在本馆物理建筑内提供有线或无线上网访问包括电子资源在内的各类馆藏资源；基于计算机网络面向馆外用户开展的各类网络服务。在技术措施规避例外方面，

  * 本文系教育部人文社会科学青年基金项目"适用于图书馆的著作权例外及图书馆界的著作权例外立法诉求研究"（项目编号：10YJC870011）和中国博士后科学基金一等资助项目"图书馆可适用的复制权例外及图书馆的应对策略研究"（项目编号：20110490021）研究成果之一。

图书馆涉及的相关业务活动主要包括：数据库资源的长期保存、随书光盘的内容复制等。概括起来，适用于图书馆的技术措施规避例外将对图书馆在版权数字资源利用和数字资源长期保存方面产生重要影响。

3 我国可适用于图书馆的著作权例外的立法现状与不足

3.1 我国现行著作权相关法律有关图书馆可适用的著作权例外规定

著作权例外尤其是可适用于图书馆的著作权例外的存在，为图书馆方便、高效地开展信息资源建设和信息服务提供了坚实的保障，这不仅在前数字时代得到有力证明，在数字化、网络化、智能化环境下更被充分体现。然而，从当前情况分析，我国著作权法律有关图书馆可适用的著作权例外立法规定为图书馆提供的这种有利条件并不充分。在我国现行的著作权法律体系中，可适用于图书馆的著作权例外主要体现为三类：明确规定适用主体为图书馆的著作权例外、明确规定适用主体但图书馆也可适用的著作权例外和只规定目的而没有明确规定适用主体的著作权例外。这三方面的例外主要分布在《中华人民共和国著作权法（2001）》（以下简称《著作权法》）第 22 条的第6 款和第 8 款，《信息网络传播权保护条例（2006）》的第 5 条、第 6 条、第 7 条、第 9 条、第 12 条和第 21 条，《计算机软件保护条例（2001）》的第 16 条、第 17 条和第 30 条以及《最高人民法院关于审理涉及计算机网络著作权纠纷案件适用法律若干问题的解释（2003）》的第 3 条。

3.2 我国有关图书馆可适用的著作权例外立法规定存在的不足

从总体上分析，我国当前著作权法律可适用于图书馆的著作权例外规定仍相当薄弱。比如，我国著作权法律并未有明确可适用于图书馆的著作权例外的主体资格；在可适用于图书馆的合理使用方面，我国著作权法采用列举式立法模式；在法定许可方面，图书馆可适用的情形较为有限。我国现行著作权法律在可适用于图书馆的著作权例外规定方面存在的不足主要体现为以下 4 个方面。

3.2.1 我国现行著作权法律有关例外规定缺乏灵活性

以列举的方式规定著作权例外的适用情形，虽然可以保证适用情形的准确性与专指性，但却缺乏足够的灵活性。比如，我国著作权合理使用制度采纳的立法体例是列举式，即将合理使用情形逐条列出，并没有给出"合理"的判断标准。列举合理使用的具体适用情形固然使实施者能够对号入座地遵守法律，然而因为人的认识能力的局限性，立法者不可能以列举方式穷尽所有可能发生的情况，社会的不断发展也决定了法律必然存在滞后性。这往往会导致本应适用"合理使用"的使用因缺乏明晰的法律规定而不得不停止。著作权例外规定缺少概括和归纳导致适用上的局限，这是我国图书馆享有的著作权例外空间过于窄小的主要原因。

3.2.2 我国现行著作权法并没有适用图书馆的法定许可规定

法定许可保护了版权人适当的经济利益，消除了版权人因为网络条件下可能不合理的信息滥用而对借助数字形式传播数字作品的担忧，有利于数字作品的制作、传播，保证更多的社会公众可以更加方便地使用版权作品。事实上，法定许可有利于平衡版权人、图书馆和社会公众的利益关系。它可以避免单纯的合理使用等例外情形对版权人利益带来的削弱；也可以使图书馆越过海量授权的障碍快速进行资源开发，免去授权许可的复杂性和难于操作性，避免著作权侵权风险；更可以让社会公众获得平等地接触版权作品的机会。可是，我国2001年修订通过的《著作权法》只在第23条、第39条、第42条、第43条规定了法定许可的适用情形，但都跟图书馆无关。因此，目前我国的图书馆和数字图书馆建设者完全不能借助著作权的法定许可开展资源建设与信息服务。

3.2.3 我国著作权法律有关例外规定的缺失使得图书馆享有的著作权例外空间较为狭窄

目前，随着权利信息保护技术被引入著作权保护领域，有关技术措施的相关规定也出现在各国的著作权法律中。比如，在图书馆可适用的技术措施规避例外方面，美国的立法区分了"访问控制措施"和"著作权保护措施"，禁止规避"访问控制"措施，而且对其不设置"合理使用"等例外。欧盟的立法禁止规避任何技术措施，并对"合理使用"的适用加以苛刻的条件。澳大利亚的版权法并没有禁止规避技术措施的行为，力图保留公共"合理使用"的空间。我国《著作权法》第47条第7款规定了应承担责任的侵权行为包括："未经著作权人或者与著作权有关的权利人许可，故意删除或者改变作品、录音录像制品等的权利管理电子信息的，法律、行政法规另有规定的除外"。与国外在此方面的立法相比，我国有关图书馆可适用的著作权例外立法过于简单，未能解决有争议的问题。比如，"访问作品权"是否存在，"合理使用"原则在权利管理信息方面该如何适用等。

3.2.4 著作权法律有关例外规定存在模糊性

法律的不确定性增加了图书馆面临的著作权侵权风险。我国采用成文法制度，但法律总是滞后的。如现行《著作权法》第32条第6款规定，"为学校课堂教学或者科学研究，翻译或者少量复制已经发表的作品，供教学或者科研人员使用，但不得出版发行"，该条款是一种著作权专有使用权的例外，但仍存在诸多问题：只规定适用目的，而未有明确适用主体，即谁可以"翻译或少量复制"，而且进行的复制只能是"少量"，却未对"少量"加以界定。再比如，现行《著作权法》第 22 条第 8 款规定，"图书馆、档案馆、纪念馆、博物馆、美术馆等为陈列或者保存版本的需要，复制本馆收藏的作品"，该条款也是一种著作权例外规定，但是，在数字化环境下，通过该条款仍有多个问题难以得到明朗的答案。比如，当前图书馆电子资源采购多是"订购—访问"而非采用以往"购买—拥有"的模式，这种通过"订购"而获得访问权限的资源，是否可被视为图书馆收藏的作品，通过该条款无法确定；针对目前部分网络资源具有保存价值但又有可能转瞬即逝的情况，图书馆通过网络下载而获得的资源，即"下载而拥有"是否可作为图书馆收藏的一种方式，通过该条款，我们仍很难确定；复制的前提条件也不够严谨，是否需要确认该作品的复制品经过一番努力之后已无法以合理的价格从市场渠道获得才可进行复制，该条款对此未作规定；对于复制数量、复制技术、复制设备等与版权拥有人的利益密切相关的问题也未做出明确规定；最后，该条款只提及"作品"，对作品的发表状态（是否发表）和作品的存现形式（数字化还是印本，或者是其他形式）也未有做出明确规定。

再比如，《网络信息传播保护条例（2006）》第 7 条规定[6]："图书馆、档案馆、纪念馆、博物馆、美术馆等可以不经著作权人许可，通过信息网络向本馆馆舍内服务对象提供本馆收藏的合法出版的数字作品和依法为陈列或者保存版本的需要以数字化形式复制的作品，不向其支付报酬，但不得直接或者间接获得经济利益。当事人另有约定的除外"。

前款规定的为陈列或者保存版本需要以数字化形式复制的作品，应当是已经损毁或者濒临损毁、丢失或者失窃，或者其存储格式已经过时，并且在市场上无法购买或者只能以明显高于标定的价格购买的作品。

该款明确规定接受网络服务的对象只能是到馆用户，而且可提供服务的作品为"本馆收藏的合法出版的数字作品"和"依法为陈列或者保存版本的需要以数字化形式复制的作品"。尽管如此，该条款后续限制只涉及被数字化后的作品的使用限制，即"已经损毁或者濒临损毁、丢失或者失窃，或者其存储格式已经过时，并且在市场上无法购买或者只能以明显高于标定的价格购买的作品"。但是，该款规定并没有明确阐明对作品进行数字化的前提条件、数字化复制的数量、可以进行数字化制作的作品类型等。

4 图书馆界对著作权例外的知晓程度不高

法律的真正价值在于执行落实。我国现行著作权法律适用于图书馆的著作权例外在图书馆应用的充分程度，与图书馆界从业人士对这方面的规定的知晓程度和认可程度密切相关。为了了解国内各类型图书馆对适用于图书馆的著作权例外的知晓程度、图书馆在著作权例外方面遇到的障碍、图书馆界对著作权例外的立法诉求以及图书馆界认为扩展可适用于图书馆的著作权例外的可行性渠道等问题，笔者通过调查问卷与专家访谈的方式开展调研。

4.1 问卷调查的结论——对国内外著作权规范的知晓程度

在国内现行著作权法律的了解程度方面，调查结果为：241 位调查者的选择总数为 609，其中，选择了解《著作权法》的调查对象共有 181 人，占受调查总人数的 75.1%。在所有调查者了解的所有著作权法律之中，《著作权法》的被知晓程度为 29.72%（详见表 1）。《实施国际著作权条约的规定（1992）》的被知晓程度最低，只有 1.64%。

表 1　对国内现行著作权法律的了解程度

编号	内　　容	人次	比例（%）
A	《中华人民共和国著作权法》（1990 年制定，2001 年修订）	181	29.72
B	《中华人民共和国著作权法实施条例》（1991 年制定，2002 年修订）	152	24.96
C	《中华人民共和国信息网络传播权保护条例》（自 2006 年 7 月 1 日起实行）	67	11
D	《计算机软件保护条例》（1991 年制定，2001 年修订）	37	6.08
E	《实施国际著作权条约的规定》（1992 年）	10	1.64
F	《著作权集体管理条例》（2001 年制定，2004 年修订）	12	1.97
G	《关于审理涉及计算机网络知识产权问题的司法解释》	37	6.08
H	《最高人民法院关于审理涉及计算机网络著作权纠纷案件适用法律若干问题的解释》（2000 年）	22	3.61
I	《最高人民法院关于审理著作权民事纠纷案件适用法律若干问题的解释》（2002 年）	27	4.43
J	《最高人民法院关于审理涉及计算机网络著作权纠纷案件适用法律若干问题的解释》（2003 年）	31	5.09

编号	内　　容	人次	比例（%）
K	《最高人民法院关于审理涉及计算机网络著作权纠纷案件适用法律若干问题的解释》（2006年）	22	3.61
L	其他	11	1.81

在可适用于图书馆的著作权例外情形的了解程度方面，主要调研对合理使用、法定许可、强制许可、默认许可、权利穷竭、法定免费使用、公共秩序保留、由合同协议约定的情形等可适用于图书馆的著作权例外的了解。采用对多项选择题的第一种统计方法（选择该项的问卷数除以全部有效问卷数）进行统计可知，认为图书馆可适用的著作权例外应该包括合理使用和法定许可的受调查者分别占到受调查者的90.04%和78.42%；而有48.55%的受调查者认为图书馆可适用的著作权例外应该包括由合同协议约定的例外情形，如图1所示：

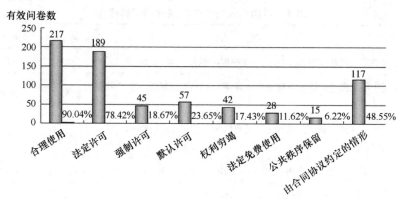

图1　可适用于图书馆的著作权例外的主要类型

4.2　专家访谈的主要见解

虽然调查问卷能在一定程度上揭示我国图书馆从业人员对适用于图书馆的著作权例外的知晓程度以及期望的适用于图书馆著作权例外立法改善的方向与途径，但考虑到本研究主题专业性较强，为确保反映的现实问题更具有效度，笔者采用半结构化的专家访谈法，选择来自法律界和图书馆业界的14位专家进行访谈。问题：著作权法关于图书馆可适用的例外规定的缺失、模糊、狭窄给图书馆的业务开展带来了什么不利影响？受访的多数专家认为，由于我国可适用于图书馆的著作权例外立法规定存在不足，图书馆采购人员在资源采购时，面对资源提供商提出的格式合同，在复制和信息网络传播方面，多处于被动接受地位。由于著作权法律规定的缺失与模糊，部分图书馆馆长认为，只要最大限度加强著作权侵权意识，在信息服务的过程中不超越法律边界即可，尽管这种不超越法律边界的做法，有时甚至是以读者的合法权益受到挤压或者图书馆的某项信息服务被停止为代价，也是可以接受的，即让图书馆在著作权许可的最小范围内开展活动并提供服务，即使因此导致服务效率不高也是可以的。

4.3 问卷调查与专家访谈反映的主要问题

通过问卷调查和专家访谈，可以揭示出我国可适用于图书馆的著作权例外在图书馆应用方面存在的问题，主要体现为两方面。

4.3.1 绝大多数从业人员对适用于图书馆的著作权例外了解不充分

从问卷调查与深度访谈的结果来看，图书馆员乃至馆长对国际、双边、多边乃至国内著作权法律知之极少。这种现象在国内图书馆界已经成为一个需要警惕的问题。无论是身处京、沪、沿海发达城市等地区的图书馆从业人员，还是在相对不发达的国内其他城市的图书馆从业人员，对著作权法律知之不多，甚至是完全不了解的现象相当突出。另据大英图书馆一项有 320 位读者参与的版权调查[5]，只有12.5%的受调查者相当熟悉著作权例外与限制。这在一定程度上表明，无论是发达国家的图书馆读者，还是我国的图书馆从业人员，多数人并未能充分了解著作权法律有关著作权例外的规定。

4.3.2 图书馆界对充分利用可适用于图书馆的著作权例外意识不够

我国当前几乎所有图书馆都没有设置专门的用于处理著作权纠纷或者专门从事著作权研究的岗位。根据不完全统计，国内图书馆已经或拟设立从事知识产权研究岗位的极少，虽然有包括中国科学院国家科学图书馆在内的一些大型图书馆已经对此方面加以重视，但多数国内图书馆因对著作权保护或遵守意识的薄弱或资金不足等原因，对图书馆如何合理合法利用著作权赋予自身的例外规定而最大限度地开展资源建设、提供信息服务未给予足够的重视。

5 结 语

本文主要讨论我国著作权法律有关图书馆可适用的著作权例外规定，其适用对象主要是我国版权作品。在这方面，我国尚且存在规定不足、了解不全、应用薄弱等问题。而从总体上分析，图书馆处理的版权作品包括本国的版权作品和国外的版权作品。由于图书馆收藏的外国版权作品来自多个国家，这导致处理国外版权作品所涉及的著作权法律依据也较为复杂。而仅就本国作品的情况而言，其涉及的著作权问题可借助于我国现行的著作权法律加以处理。但是，从笔者开展的法规调研、问卷调查、专家访谈等结果可知，我国图书馆界在可适用于著作权例外规定的利用方面，法律规定缺乏、模糊，同时，图书馆界自身对相关法律规定了解不清、利用意识不够，这些都在很大程度上影响可适用于图书馆的著作权例外在我国图书馆界的应用。

参考文献：

［1］ 黄国彬. 适用于图书馆的复制权例外的基本问题研究［J］. 图书馆杂志，2011（1）：20 – 25.

［2］ 黄国彬. 适用于图书馆的信息网络传播权例外的基本问题研究［J］. 大学图书馆学报，2011（1）：16 – 20.

［3］ 黄国彬. 适用于图书馆的技术措施规避例外的基本问题研究［J］. 情报理论与实践，2011（8）：15 – 19.

［4］ 中华人民共和国国家版权局. 信息网络传播权保护条例（2006）［EB/OL］.［2009 – 03 – 03］. http：//www. ncac. gov. cn/GalaxyPortal/inner/bqj/include/detail. jsp？articleid = 9400&boardpid = 175&boardid = 11501010111602.

［5］ British Library. Results of the British Library copyright questionnaire［EB/OL］.［2011 – 08 – 17］. http：//www. bl. uk/ip/pdf/resultscopyrightquestionnaire. pdf.

作者简介

黄国彬，男，1979 年生，讲师，博士后，硕士生导师，发表论文 90 余篇、译文 11 篇，编译著作 5 部。

数字图书馆新媒体阅读服务著作权侵权风险分析与控制[*]

三网融合、云计算、卫星传播、物联网、3G 等新技术，对那些仅对图书馆传统服务功能进行简单延伸的数字图书馆具有颠覆性与破坏性，正是这些颠覆性技术构建了一个新兴的市场，夺走了部分图书馆的读者。故数字图书馆利用这些新媒体技术，延伸服务功能，调整服务的模式，力图重构自己在信息服务中的核心地位[1]。移动数字图书馆、数字电视图书馆乃至手机电视台的运行，为数字图书馆新媒体阅读服务提供了良好的平台支撑。利用这些新平台，向读者提供知识点阅读、互动式、融合式阅读服务，必将成为数字图书馆服务的流行模式。在新媒体阅读服务中，数字图书馆的作品使用方式与著作权侵权形式都发生了新的变化。因此，对数字图书馆新媒体阅读服务中存在的著作权侵权风险进行恰当分析，将有利于数字图书馆控制侵权行为的发生，合理分享著作权利益。

1 数字图书馆新媒体阅读服务模式的变革

1.1 数字图书馆的新媒体阅读服务

新网络读者群的阅读方式与传统阅读方式不同：强调知识点阅读和融合式阅读，并注重在线交流互动。信息环境已然发生了重大变化，数字图书馆不能游离于信息环境之外，必须迎合读者新的阅读需求，向读者提供新媒体阅读服务产品。

模拟时期，由于技术的限制，读者仅能够按一定需求对文献内容进行检索，有选择性地进行获取，通常只能检索到以整册、整章或整节为单位存在的知识点，却难以检索到以字、词、句、片段等为单位存在的知识点。为了获取某一知识点，读者必须阅读整册、整章或整节的文献作品，浪费了大量

---

　* 本文系教育部人文社会科学研究青年基金项目"基于三网融合的数字图书馆著作权豁免诉求研究"（项目编号：12YJC870010）研究成果之一。

的时间与精力，增大了阅读成本。随着网络技术、检索技术以及各种语义自动识别技术的发展，使用搜索引擎、检索系统来直接搜集、阅读知识点成为可能，也日益成为读者喜欢的阅读方式之一[2]。例如，2001年1月，维基百科开发全球性多语言的知识点阅读系统，现已拥有登记用户2 650多万人。图书馆是存储知识、提供知识服务的门户机构，以知识点阅读服务为核心的知识咨询将是图书馆服务的新选择。因此，陈传夫教授大力倡导在三网融合的技术环境下，利用数字电视图书馆、移动数字图书馆等新服务模式，扩大图书馆的服务对象，扩大服务范围，延伸与调整数字图书馆服务，开展诸如知识大讲堂、电视点播、知识点阅读等服务[3]。

信息技术驱动读者阅读方式不断变化，读者的阅读形式在知识点阅读的基础上又前进了一大步：从单一文字信息阅读发展到以文字信息为基础的多种形态信息相融合的阅读。现代多媒体传播技术的发展，使得读者可按某一主题在数字图书馆检索到包括文字、声音、图像等多种形态的、多学科的知识，提供交互性、综合性、动态性的融合式阅读服务成为可能。美国伊利诺斯大学的史蒂芬·威特（S. Witt）教授指出，各个学科领域不断地细化，带来各学科之间在知识结构、模式、交流等方面的差异，形成学科知识的碎片化与割裂化，从而使得读者无法完全知晓自己学科以外的知识，并且难以与其他学科的知识群体交流。数字图书馆的馆员可以发挥知识管理与服务的功能，为不同的阅读群体提供融合式知识阅读服务，充当他们之间的纽带。数字图书馆提供的不仅是内容的检索，而且是多个不同学科的知识结构的集成、整合与匹配[4]。美国宾夕法利亚大学的杰弗里·纳普（J. Knapp）教授进一步指出，知识的剧增和学术问题的复杂性，使得阅读和研究交叉学科与复杂问题的读者，越来越需要知识的联系者来帮助他们发现、关联、转换、重组不同领域的、多形态的知识。图书馆员长期从事知识组织工作，他们发掘知识对象及其关系，可以把不同学科知识组织到一个逻辑或应用体系，支持知识的关联与转换，利用多媒体传播平台来传播知识群组，吸引不同领域的读者来分享、学习不同学科的知识[5]。张晓林教授也指出，数字图书馆融合式阅读服务是以知识的搜寻、组织、分析、重组能力为基础，根据读者的问题和环境，融入读者解决问题的过程之中，提供能够有效支持知识应用和知识创新的服务[6]。由于数字图书馆的资源类型和传播手段日趋完善，知识点阅读和融合式阅读服务将成为数字图书馆服务的主流模式。

1.2 数字图书馆新媒体阅读服务中作品使用的形式

与以往不同，数字图书馆新媒体阅读服务中作品使用的形式，不再以向读者提供整部作品为主。在知识点阅读服务中，数字图书馆提供的阅读服务产品可能是某一部作品中的字、词、句、片段。在融合式阅读服务中，主要是使用不同作品的多个片段按照一定的逻辑编辑知识产品融合体。在融合式阅读服务中，数字图书馆融入问题环境，嵌入问题过程，随时随地为读者提供到其身边、桌面的服务[7]，从而推动了读者的学习和知识的创造。其实，数字图书馆在提供融合式阅读服务过程中产生了新知识，并通过新知识为读者创造价值。这里所谓的新知识，不只是数字图书馆从著作权作品中收集、整理和加工读者所需作品片段的融合体，也不只是对客观知识在形态上有所改变或者是在内容上有所重排，而是在很大程度上提出了新观点、新理论、新方法或者新的解决方案。从某种意义上来说，数字图书馆提供的知识融合体，是知识的关联与组合，尽管独创性较弱，但是也属于一部新作品。创作不是凭空产生的，往往离不开对他人作品的重构、选择和重新组合。每一项创新都建立在先前的思想基础之上，新作品是对他人原创性表达的重新包装的过程。数字图书馆提供融合式阅读服务，侧重的是服务，服务的产品是提供独创性较弱的知识融合体；而读者侧重的是接受服务的产品，并对所需的知识融合体进行再创造，形成基于研究目标的成果。虽然数字图书馆提供的知识融合体与读者的最终研究成果存在一定的资料联系，但是，因为读者获取的可能是来自多个数字图书馆的提供的多个知识融合体，然后，读者在阅读多个知识融合体的基础上，以个人专业知识进行研究或者创造新作品，因此数字图书馆提供的知识融合体与读者基于研究目标的最终成果存在较大的差异，一般不会产生著作权权属纠纷。在这一知识创造或研究学习的过程中，数字图书馆提供知识增值服务，体现出来的是服务于作品创造的价值；读者利用数字图书馆提供的知识融合体进行作品创造，体现出来的是奉献社会的价值。尽管数字图书馆制作新媒体阅读服务产品时，对著作权作品的片段进行了重构、组合和编辑，但实质上仍属于对作品片段的复制与传播，在作品片段复制和传播过程中，都存在较大的侵权隐患。

2 数字图书馆新媒体阅读服务著作权侵权分析

2.1 侵权风险分析

数字图书馆向读者提供某一知识点，而某一知识点可能存在于某一篇文章，也可能存在于某一文章或图书的某些字、词、句子或者某一片段中；可能是视频，也有可能图片，还有可能是摄影作品等。当数字图书馆提供的知识点是由一个字或者是一个词构成时，数字图书馆复制与传播行为不会侵权，因为对于作品中的字、词，作者不可能拥有著作权。当数字图书馆提供的知识点或者知识融合体来自于多形态的某一作品或多部作品的某一句子或片段（由于"句子"与"片段"本质区别不大，下文以"片段"涵盖"句子"）时，判定是否侵权则要具体问题具体分析。当片段只占整部作品的少部分时，则不存在侵权风险。我国现行《著作权法》第22条规定，少量使用已经发表的作品，供教学、科研或个人学习使用则属于合理使用。但是，我国法律对于何为"少量"的标准没有规定，而依据澳大利亚《版权修正案（数字备忘录)》规定的标准，复制和传播一部作品或文章的10%就属于少量，这也可以作为认定数字图书馆使用作品是否侵权的参照。当数字图书馆复制、传播的某一作品片段构成作品的大部分或作品的精华部分时，就有可能侵犯作者的复制权与传播权。根据美国的有关判例，如果使用作品的精华部分，对著作权作品的潜在市场或价值产生负面影响，不能视为合理使用。由于作品的片段是整部作品的有机组成部分，整部作品的著作权自然延及作品的片段，著作权人之外的任何人都负有未经同意不得使用作品的法定义务，因此，数字图书馆大量复制与传播作品或作品的片段，存在较大的侵权风险。

2.2　侵权的认定

有观点认为，因为作品片段较短，占整部作品的篇幅不大，不可能取代整部作品的目标市场，而且还有可能对整部作品起到宣传作用，有利于作品的广泛传播，为著作权人创造更多的利益，所以没有侵害著作权人的利益。这种观点是否成立，主要看对作品片段的传播是否存在对著作权人的损害事实。一般来说，损害事实必须具备侵害客体和利益损害这两个要素；而对于著作权利益的侵害，则又包括财产权受到侵害、财产利益受到损失这两个要素。在作品的片段未经权利人同意的情况下，数字图书馆传播给不特定的读者，权利人对作品片段享有的信息网络传播权显然受到了侵害。但是，权利人的财产利益是否受到了损失，往往难以确定。利益损失包括直接损失和间接损失。直接利益损失表现为权利人现有财产的减少，由于著作权具有无形性，通常是不会发生消耗的，因此，未经权利人同意，数字图书馆传播作品的片段并不会导致权利人现有财产的损失，所以直接损失似乎没有发生。间接损失是权利人可得利益的丧失，即本应该得到的利益因侵害行为而没有得到、本应该增加的财产因侵害行为而没有增加[8]。作品权利人的利益获取，一般是通过与他人签订许可协议，收取他人支付的使用费用来实现。为了平衡著作权人与数字图书馆等使用者之间的利益，各国著作权法都通过设置合理使用和法定许可等著作权限制制度，来保障图书馆等公益性机构分享著作权利益，但是，对于数字图书馆传播作品行为却进行了严格的限制，即不允许突破馆舍。例如，我国《信息网络传播保护条例》第 7 条规定："图书馆、档案馆、纪念馆、博物馆、美术馆等可以不经著作权人许可，通过信息网络向本馆馆舍内服务对象提供本馆收藏的合法出版的数字作品和依法为陈列或者保存版本的需要以数字化形式复制的作品，不向其支付报酬，但不得直接或者间接获得经济利益。当事人另有约定的除外。"除此之外，数字图书馆对于作品或者作品的片段的传播，必须以取得权利人的许可为前提。但是数字图书馆没有在合理使用的条件下，也没有在支付费用的情况下向不特定的公众传播作品的片段，将导致权利人的间接利益减少或者受损。另外，数字图书馆未经权利人同意传播作品片段，虽然数字图书馆自己没有获利，但为其提供传播平台的网络服务提供商可能在传播作品片段时，在网站自动插播广告而获取利润，这里的利润应该有作品权利人的一部分。再者，由于 P2P 等技术的发展，权利人对于作品的复制与传播难以控制，读者可以通过技术手段来整合数字图书馆传播过来的作品片段，实现整部作品的浏览，从而挤占作品市场，使著作权人的既得利益受损。

3 数字图书馆新媒体阅读服务著作权侵权的控制

数字图书馆新媒体阅读服务属于数字参考咨询的业务范畴，而对馆外读者或异地读者提供服务产品，则类似于数字图书馆的文献传递。依据《IFLA 数字环境下的版权立场》和《国际借阅与文献传递：原则与程序方针》，数字图书馆必须在许可使用和合理使用的范围内，对新媒体阅读服务中的复制与传播侵权行为进行控制[9]。

3.1 关于复制侵权的控制

网络环境中，如果著作权法对数字图书馆复制作品片段进行严格限制，就会压制社会创新活动，甚至导致人们的学习、研究、言论自由等基本人权的危机，也不利于人类的文学艺术和科学技术的繁荣和发展[10]。因此，在数字图书馆新媒体阅读服务过程中，"适当"地复制或引用他人作品是可行的，这也被《伯尔尼公约》和 WIPO 条约所认可。所以，数字图书馆在复制作品片段或编辑知识融合体时，浏览开放获取的作品或作品的片段、使用已出版的物理形式的电子材料、在线或远程阅读公开的作品、为满足读者阅读或研究需要由图书馆复制电子作品中的合理部分，都属于合理使用行为向网络延伸范畴。而依据美国《著作权法》第 107 条合理使用的规定，数字图书馆有效控制复制侵权行为必须遵守以下规则：① 清楚复制的目的和性质。如果复制有商业性质则属于非合理使用；如果是为了非营利的教育目的则属于合理使用。数字图书馆是公益性机构，对读者提供新媒体阅读服务是免费的，不具有商业性质；反之，则具有非营利的教育目的。因此，其复制作品片段的行为具有正当性。② 明确著作权作品的性质。数字图书馆复制的作品，一般都享有著作权，因此数字图书馆必须尊重著作权人，维护著作权人的利益。③ 界定同整个著作权作品相比所复制的片段的数量和内容的实质性。在这方面有一个误区，即数字图书馆或读者认为，既然图书馆付费获取了作品的使用权，就可以无限量地复制作品或作品的片段。其实这个"无限量"只能用于"浏览"方面。数字图书馆对于复制权利的行使，必须做的到适量复制或适量引用，从而保持有限复制的非实质性使用，更不能以剽窃取代引用，且在引用作品片段时，都要标明出处。④ 判断复制对著作权作品的潜在市场或价值所产生的影响。公益性特质保证数字图书馆复制作品的片段出于善意和非竞争性，一般不会对著作权作品产生损害，更不会以知识融合体取代原作品的使用。图书馆这种复制作品的善意心态，必须不懈地保持，稍有懈怠即可能导致对著作权作品的潜在市场或价值产生负面影响，从而侵犯著作权人的核心利益。因此，合理使用的四要素，构成了数字图书馆控制复制侵权的行为标准，数字图书馆必须恪守。

3.2 关于传播侵权的控制

为扩大服务对象，数字图书馆新媒体阅读服务，可以设计开放式的界面，与公众进行在线互动交流，了解其问题环境与阅读需求，再根据读者的阅读需求，来提供相应的服务产品（作品的片段或知识融合体）。但必须采取"适当"的措施，防止向不特定的公众进行开放式的传播，同时，还要防止读者对作品或作品片段的再次传播。笔者建议，可以采取以下措施来控制传播侵权：① 数字图书馆与著作权人订立作品传播许可协议。对于数字图书馆来说，无传播就无权利，更谈不上服务，因此，数字图书馆采购电子资源时，不仅要与著作权人订立复制许可协议，还要考虑订立作品的传播许可协议。② 可以利用信箱来传递服务产品。"读秀"数据库开发商通过许可协议获取作品的使用权，并依靠信箱向异地读者传递文献，以避免著作权人利益受损。借鉴"读秀"模式，数字图书馆可以通过读者信箱向其提供服务产品，以防止知识服务成果向不特定的公众泄露。③ 使用 IP 通，向社会公众或者异地读者提供远程阅读服务。IP 通利用虚拟专用网络（VPN），依靠隧道技术、加解密技术、密钥管理技术和使用者与设备身份认证技术，使得利用架构在公用网络平台上的逻辑网络的资源不会外逸。目前天津市各高校已开通 IP 通远程访问系统，读者可以通过外网访问天津数字图书馆提供的中外文电子资源。作为借鉴，数字图书馆可以依据异地公众读者的阅读申请，临时分配给读者 IP 地址，开放内网资源，向其提供新媒体服务，等到服务结束后再予以撤销。④ 依靠各级各类的数字图书馆联盟，开展新媒体阅读服务。例如，河南省数字图书馆通过与数据库开发商达成许可协议，将资源向河南省其他市、县图书馆开放，现已基本形成覆盖河南省的数字图书馆联盟。因为当前我国各类数字图书馆联盟都以办卡的形式向读者提供服务，数字图书馆在联盟内提供新媒体阅读服务产品，仍没有突破向不特定公众传播的界限，所以不会侵犯传播权。⑤ 数字图书馆与读者之间签订著作权声明。数字图书馆可以参照大不列颠图书馆的做法，向以研究、学习和阅读为目的的公众提供"特免复制与传播服务"，但用户必须签署著作权声明：仅将数字图书馆提供的作品片段用于非商业目的的研究、学习和阅读，并且不向他人传播此服务成果的复制品。⑥ 与读者订立著作权合同。数字图书馆提供服务产品前，可以向读者提供简单的格式合同，以不能复制和再次传播为义务来约束读者，如有违背，则追究其责任。在我国现实国情和现有的技术条件下，上述措施的组合利用，不失为较好的控制传播侵权的方法。

目前，进行多馆协作，建立参考咨询集成管理系统，来解决数字图书馆咨询、阅读服务涉及的作品传播问题，成为欧美的流行模式。借鉴此经验，我国数字图书馆可以以数字图书馆推广工程为基础，来构建自己的数字参考咨询系统，并选择公益性、非赢利性服务模式，对读者进行新媒体阅读服务。具体地说，所有参与协作的数字图书馆，通过许可协议、支付"适当"的费用，获取作品的协作范围内的传播权；通过参考咨询系统对本馆或协作馆的读者提供新媒体阅读服务；在提供服务产品时，依靠技术控制措施，对其他读者实行"屏蔽"，以防止作品向不特定公众传播。同时，对每一位读者使用服务产品的情况进行跟踪记录，以提示读者恰当地使用作品，防止再次传播行为的发生[11]。

参考文献：

[1] 张晓林. 颠覆数字图书馆的大趋势［J］. 中国图书馆学报，2011（9）：4－12.

[2] 沈水荣. 新媒体新技术下的阅读新变革［J］. 出版参考，2011（27）：15－16.

[3] 陈传夫. 图书馆资源公益性增值利用的优势、挑战与开发定位［J］. 图书与情报，2012（2）：54－60.

[4] Witt S. Knowledge management for social science information：Organizational and technical solutions to bridging disciplinary structures ［EB/OL］. ［2012－10－25］. http：//con-

ference. ifla. org/sites/default/files/files/papers/ifla77/142 – witt – en. pdf.

[5]　Knapp J. Plugging the whole：Librarians as interdisciplinary facilitators ［EB/OL］.
　　［2012 – 10 – 28］. http：//conference. ifla. org/sites/default/files/files/papers/ifla77/
　　142 – knapp – en. pdf.

[6]　张晓林. 重新认识知识过程和知识服务 ［J］. 图书情报工作, 2009, 53 (1)：6
　　– 8.

[7]　初景利, 吴冬曼. 论图书馆服务的泛在化——以用户为中心重构图书馆服务模式
　　［J］. 图书馆建设, 2008 (4)：62 – 65.

[8]　徐卓斌. 未经许可传播影视作品片段的侵权构成 ［EB/OL］. ［2012 – 10 – 20］. ht-
　　tp：//www. law – lib. com/lw/lw_ view. asp? no = 20839.

[9]　陈传夫, 曾明, 谢莹. 文献传递版权风险与规避策略 ［EB/OL］. ［2013 – 02 –
　　25］. http：//www. chinalibs. net.

[10]　Jacqueline L. Copyright versus fair use ［J］. New Teacher Advocate, 2012 (4)：4 – 5.

[11]　刘耀. 网络传播技术控制的直接控制模式研究 ［J］. 情报科学, 2009 (9)：1322
　　– 1327.

作者简介

吉宇宽, 河南大学文献信息研究所副教授, E-mail：yukuanji@ henu. edu. cn。

网络信息资源共享的著作权利益补偿机制研究

1 引 言

21 世纪，网络信息资源日益成为人们获取信息的主要来源。由于网络信息资源具有巨大的传播能力，网络信息资源共享能带来正外部性经济效应[1]，因此，在网络信息资源共享过程中，如果没有给予著作权人合理的、必要的权益补偿，将严重损害著作权人的利益，导致著作权人与使用者之间利益的严重失衡。因此，构建网络信息资源共享的著作权利益补偿机制，对著作权人利益给予合理的经济补偿，不仅是平衡著作权人、网络服务提供者和使用者三方利益的重心，更是促进网络信息资源共享可持续发展的有效途径。

著作权制度的核心是通过保护作者依法享有的经济权利与精神权利，平衡著作权人利益与社会公众利益之间的关系[2]。网络信息资源共享利用过程中，为了实现著作权利益的相对均衡，对著作权人给予利益补偿是一种行之有效的方式。在实际运作过程中，一些网络服务提供者进行了著作权利益补偿的探索，提出了网络信息资源著作权利益补偿的不同方案。例如：① 超星公司著作权问题解决方案[3]。如果作者同意将作品授权超星数字图书馆，数字图书馆即向作者赠送 10 年期读书卡，或者数字图书馆事先支付作者每本图书 60～300 元。② 百度文库等著作权问题解决方案。网络信息资源共享网站百度文库、豆丁网等，对著作权人给予积分或者虚拟财富值作为报酬，著作权人可以利用所获得的积分或者虚拟财富值，浏览和下载该网站中对应价值的信息资源。这些补偿方案对著作权人的利益补偿做出了有益尝试，产生了一定的实践效果，但是，虚拟的读书卡或者财富积分尽管能提供给著作权人交换获取其他信息资源的权利，却无法满足著作权人获取直接经济收益的愿望，更何况著作权人如果不需要通过该网络信息资源共享网站来查找其他信息资源，则虚拟读书卡或者财富积分就没有意义了。而简单的付费金额标准，不仅无法区分不同著作权作品的价值差异，而且难以有效体现著作权作品所带来的未来收益，因此，单一机械式的补偿标准难以被广大的著作权人所接受。

由此可见，上述补偿方案仍存在一定的局限性，更无法从理论上形成比较完整和系统的著作权利益补偿机制。本文分析了网络信息资源著作权利益补偿主体之间的内在关系，通过建立数学分析模型，提出网络服务提供者与著作权人之间利益补偿的期望效用和约束条件，并从理论上提出网络信息资源著作权利益补偿的运行机理与交易流程，建立一套可持续发展的著作权利益补偿机制。同时，提出著作权价值量化评估的运作模型，为著作权利益补偿标准提供参考依据。

2　网络信息资源著作权利益补偿主体之间的关系

网络信息资源著作权（也称网络信息资源版权），是指著作权人对受著作权法保护的作品在网络环境下所享有的精神权利和财产权利。传统信息资源著作权保护主要涉及著作权人与社会公众之间的利益平衡，网络信息资源著作权保护则涉及著作权人、网络服务提供者及社会公众三者之间的利益平衡，网络服务提供者成为利益衡量的重要环节。

2.1　网络服务提供者与著作权人的关系

由于网络信息资源具有易复制性和传播便利性等特点，公众通过利用网络信息资源，可以大大节省信息获取成本和获取时间，因此，网络信息资源具有被商业化利用的价值。然而，这种价值不是因为创作就自然存在或出现，而是需要借助网络信息资源复制性传播，提供给社会消费和利用，才能发挥出其价值。如：音乐或者影视企业都希望通过音像作品的网络有偿利用，实现著作权作品经济利益的最大化[4]。网络信息资源共享过程中，尽管著作权人可以自己上传、传播和向公众有偿提供作品，但是，面对海量的网络信息资源的传播和利用需求，单独的著作权人与使用者的直接交易方式将产生较大的交易成本和较低的配置效率，这种单一的直接交易在网络环境下是不现实的。然而，网络服务提供者凭借其强大的网络管理和技术优势，通过建立信息资源共享平台，集中开展宣传和营销服务，最终带来网络信息资源使用和消费的经济回报与高额收益。所以，著作权人可以将著作权作品授权许可给网络服务提供者代理传播和销售，网络服务提供者根据著作权作品的收益要素，对著作权价值进行资产评估，并支付相应的货币补偿，从而实现著作权经济利益的平衡。

2.2　使用者与网络服务提供者的关系

网络信息资源具有信息量大、种类丰富和获取快捷等特点，人们越来越倾向于从网络上获取信息资源，使用者对网络信息资源的需求呈现出与日俱增的态势，而在使用过程中不可避免地会发生侵犯著作权的行为。但是，著作权人在制止商业侵权和个人侵权的行为时，更应该考虑网络信息资源共享可以促进著作权人的著作权利益在得到补偿后带来的利益增值[5]。由于著作权作为一种专有权利，具有明显的垄断排他性特征，著作权人不会轻易允许使用者免费使用网络信息资源，而使用者单独去寻求各个著作权人的授权许可也是不可能的，他们往往更愿意通过网络服务提供者的信息资源共享平台寻求自己所需的网络信息资源，并根据有偿使用的原则，对网络服务提供者支付报酬，作为经济补偿。所以，网络服务提供者可以充当著作权人和使用者之间著作权利益平衡的桥梁，通过自己的技术优势和努力，收集和提供大量经过著作权人授权许可的网络信息资源，在满足使用者利用需求的基础上，获取使用者支付的经济报酬。

3 网络信息资源著作权利益补偿的运行机理与交易流程

网络信息资源的著作财产权，是著作权人依照著作权法及相关法律，通过各种合法形式传播和利用其信息资源作品，并获得报酬的权利。从经济利益角度考虑，网络信息资源著作权具有排他性，著作权人可以通过对信息资源作品的独占获得最大的财产专有权，从而获得最大的经济收益[6]。鉴于网络信息资源种类繁多、内容庞杂，在进行网络信息资源著作权补偿的时候，要合理鉴别该网络信息资源是否处于著作权保护范围之内，对于受著作权保护的网络信息资源，应当给予相应的补偿；对于超过著作权保护期限或者不受著作权保护的网络信息资源，可以自由利用而无需补偿。

3.1 网络信息资源著作权利益补偿的运行机理

著作权制度赋予网络信息资源著作权人使用其创造的信息资源作品的独占权，使著作权人能够通过市场交易得到足够的经济利益回报。网络信息资源的有偿共享，本质上是著作权人对网络信息资源所拥有的著作财产权的许可使用，是著作权人与网络服务提供者、使用者之间的一种以网络信息资源著作财产权作为标的的商品交换关系。著作权利益补偿具体表现为：著作权人采用合同契约的形式，授权使用者以一定的方式使用网络信息资源，并从中获得著作财产权的经济报酬；使用者或者公众为了满足个体的信息资源需求，自愿付费使用网络信息资源，借助网络服务提供者作为中介和桥梁，通过网络信息资源的著作权利益补偿机制，让著作权人的著作财产权得到合理的经济补偿；网络服务提供者不仅作为著作权利益补偿的桥梁和中介，而且在著作权利益补偿过程中，网络服务提供者还要兼顾著作权人和使用者双方的利益需求，不断选择和调整著作权利益补偿方式和标准，在选择、调整和转移的过程中，使得著作权人、网络服务提供者和使用者三方利益达到相对均衡。网络信息资源著作权利益补偿的运行机理见图1。

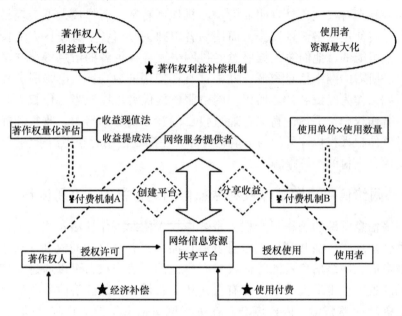

图1　网络信息资源著作权利益补偿的运行机理

3.2　网络信息资源著作权利益补偿的交易流程

网络信息资源著作权的财富性和商品性，意味着著作权利益分配和交易的必然性；网络信息资源的传播性和实用性，则体现了交易的可行性。网络信息资源著作权凝聚着著作权人的脑力劳动，是著作权人智慧成果在法律层面上的体现，因此，著作权人享有通过著作权获得物质利益或者经济利益的权利，网络信息资源著作权利益补偿的交易流程应该以经济效益为核心。网络信息资源共享中著作权利益补偿的交易流程包括权利流程和资金流程[7]。权利流程是指著作权人通过与网络服务提供者签订委托代理的契约关系，将网络信息资源著作权授权许可网络服务提供者进行商业化利用，网络服务提供者通过网络信息资源共享平台，将经过授权许可的网络信息资源有偿提供给使用者利用；资金流程是指使用者根据自己对网络信息资源的使用量，从第三方支付平台将资金费用支付给网络服务提供者，网络服务提供者再从销

74

售收入中提取与著作权人约定的分配金额，通过一次性支付、分期支付和提成式支付等方式，给予著作权人相应的经济补偿。著作权利益补偿的交易流程如图2所示：

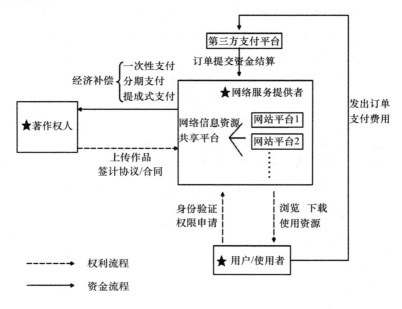

图2　网络信息资源著作权利益补偿的交易流程

4　网络信息资源著作权利益补偿的委托代理模型

从著作权利益补偿的运行机理和交易流程可以发现，使用者根据自己对网络信息资源的使用数量，自愿按照"使用单价×使用数量"的付费方式，实现对网络信息资源著作权的利益补偿，这种方式在网络环境下是简便可行的。然而，网络服务提供者与著作权人的利益补偿涉及复杂的风险分担、价值评估和利益分享等关系，他们在签订授权许可的契约关系下，形成了一种委托代理关系，可以从双方委托—代理的利益关系出发构建数学分析模型。

4.1　模型假设条件

（1）著作权人 M 和网络服务提供者 R 都是独立的利益主体，参与委托代理的双方的行为都是理性的，其目标都是追求自身利益最大化。假设著作权人是风险中性，网络服务提供者具有风险规避特征。

（2）著作权人不能完全准确地观测到网络服务提供者的努力程度，但可以通过信息资源的使用价格和使用者的点击下载量观测网络服务提供者的销售业绩。假设网络服务提供者的收益为线性函数，表示为 $\prod = \alpha + \beta pq$，其中，$\alpha$ 为著作权人在网络服务提供者网站平台的注册费用，β 为网络服务提供者的收益分成，p 为网络信息资源的销售价格，q 为网络信息资源的销售数量。

（3）网络信息资源的销售数量 q 不仅与信息资源类型、质量、价格等有关，还与著作权人的网络影响力水平和网络服务提供者的销售努力程度有关。网络信息资源销售数量表达式可写成：$q = -tp + Ae_1 + Be_2 + \delta\theta$。t 表示使用者对价格的敏感程度（t > 0），$\theta$ 表示市场随机因素，假设该随机变量分布服从 N（0，σ^2），δ 为市场随机因素对网络信息资源销售量的影响系数，A 为著作权人网络影响力水平的变化系数，B 为网站平台服务水平的产出系数，e_1、e_2 分别代表著作权人和网络服务提供者的努力程度。

（4）假设著作权人网络影响力的努力成本和网络服务提供者的努力成本分别为 C_1、C_2，它们与努力程度 e_i 之间的函数关系可表示为：$C_i = \dfrac{1}{2}c_i e_i^2$（i =1，2）[8]，$c_i$ 为常数且 $c_i > 0$，代表成本系数，即付出努力带来的负效用，成本系数越大，则付出的努力成本越大。假设著作权人和网络服务提供者的成本系数是不同的。

4.2 模型的建立

模型参数说明：

w_M—著作权人的收入；

w_R—网络服务提供者的收入；

f_M—著作权人的期望效用；

f_R—网络服务提供者的期望效用；

h —单位信息资源的边际成本；

d —单位信息资源的交易成本；

p —信息资源的销售价格；

μ—网络服务提供者的保留收益（机会成本）。

（1）著作权人的期望效用。著作权人 M 的期望收益为：

$$w_M = (p-h-d)(-tp+Ae_1+Be_2+\delta\theta) - [\alpha+\beta p(-tp+Ae_1+Be_2+\delta\theta)] - \frac{1}{2}c_1 e_1^2$$

由于假设著作权人是风险中性，其期望效用等于期望收益，即：

$$f_M = E(w_M) = (p-h-d)(-tp+Ae_1+Be_2) - [\alpha+\beta p(-tp+Ae_1+Be_2)] - \frac{1}{2}c_1 e_1^2$$

（2）网络服务提供者的期望效用。网络服务提供者 R 的期望收益为：

$$w_R = \alpha + \beta p \ (\ -tp + Ae_1 + Be_2 + \delta\theta\ ) \ -\frac{1}{2}c_2e_2^2$$

由于网络服务提供者是风险规避者，假定网络服务提供者的效用函数具有不变绝对风险规避特征，即 $v = -e^{-\rho w_R}$[9]，ρ 为绝对风险规避度，ρ 越大表示越害怕风险，W_R 为网络服务提供者的实际货币收入，则网络服务提供者的期望效用为：

$$Ev\ (W_R) \ = E\ (\ -e^{-\rho w_R}) \ = -\exp{-\rho}\ [\alpha + \beta p\ (\ -tp + Ae_1 + Be_2 + \delta\theta) \ -$$
$$\frac{1}{2}c_2e_2^2 - \frac{1}{2}\rho\beta^2p^2\delta^2\sigma^2\ ]$$

网络服务提供者的最大化期望效用等价于下面的确定性等价收益：

$$f_R = \alpha + \beta p\ (\ -tp + Ae_1 + Be_2) \ -\frac{1}{2}c_2e_2^2 - \frac{1}{2}\rho\beta^2p^2\delta^2\sigma^2$$

（3）非对称信息下的委托代理模型。在信息非对称情况下，著作权人的目标是最大化其期望收益，而网络服务提供者的目标是最大化其确定性等价收益。由于著作权人无法观测到网络服务提供者的努力程度，这时个人理性约束（IR）和激励相容约束（IC）都起作用。因此，信息非对称情况下著作权人与网络服务提供者的委托代理模型为[10-11]：

$$\max_{\alpha,\beta,e_1}f_M = \ (p - h - d) \ (\ -tp + Ae_1 + Be_2) \ -\ [\alpha + \beta p\ (\ -tp + Ae_1 + Be_2)\ ]$$
$$-\frac{1}{2}c_1e_1^2$$

$s.t.$

$$\max_{e_2}f_R = \alpha + \beta p\ (\ -tp + Ae_1 + Be_2) \ -\frac{1}{2}c_2e_2^2 - \frac{1}{2}\rho\beta^2p^2\delta^2\sigma^2 \quad (\text{IC})$$

$$f_R = \alpha + \beta p\ (\ -tp + Ae_1 + Be_2) \ -\frac{1}{2}c_2e_2^2 - \frac{1}{2}\rho\beta^2p^2\delta^2\sigma^2 \geq \mu \quad (\text{IR})$$

该模型等价于：

$$\max_{\alpha,\beta,e_1}f_M = \ (p - h - d) \ (\ -tp + Ae_1 + Be_2) \ -\ [\alpha + \beta p\ (\ -tp + Ae_1 + Be_2)\ ]$$
$$-\frac{1}{2}c_1e_1^2$$

$s.t.$

$$e_2 = \frac{pB\beta}{C_2} \quad (\text{IC})$$

$$f_R = \alpha + \beta p\ (\ -tp + Ae_1 + Be_2) \ -\frac{1}{2}c_2e_2^2 - \frac{1}{2}\rho\beta^2p^2\delta^2\sigma^2 = \mu \ (\text{IR})$$

解得：

$$\beta = \frac{B^2 \ (p - h - d)}{p \ (B^2 + c_2 \rho \delta^2 \sigma^2)}, \quad e_1 = \frac{A \ (p - h - d)}{c_1}, \quad e_2 = \frac{B^3 \ (p - h - d)}{c_2 \ (B^2 + c_2 \rho \delta^2 \sigma^2)}$$

将 β、e_1、e_2 代入目标函数，则著作权人的期望效用为：

$$f_M = -tp \ (p - h - d) \ + \frac{1}{2}(p - h - d)^2 \left[\frac{A^2}{c_1} + \frac{B^4}{c_2 \ (B^2 + c_2 \rho \delta^2 \sigma^2)} \right] - \mu$$

4.3 模型结果分析

在信息不对称的情况下，网络服务提供者的努力程度 e_2 与 β、P、B 正相关，与 C_2 负相关。即当网络服务提供者收益分成 β 越高，网络服务提供者的努力程度系数越大时，网络服务提供者越努力工作，著作权人获得利益也就越大。由此可以得出结论一：著作权人应努力保证网络服务提供者的保留收益，确定合理的激励报酬机制，并且尽量降低边际成本和交易成本，促进网络服务提供者提高其努力程度。

在确定收益分成系数 β 时，β 与 B 正相关，与 ρ、δ 负相关。即当网络服务提供者的服务水平产出系数越大时，网络服务提供者的收益分成越大，而当网络服务提供者的绝对风险规避度 ρ 越大时，外界不确定性影响因素 δ 越大，则网络服务提供者的收益分成越小。从中可以得出结论二：网络服务提供者应提高自身的努力程度，加强与著作权人之间的信息披露，降低著作权人与网络服务提供者之间的信息不对称程度，并改善外界不确定性因素的负面影响，从而促进自身收益分成的增加。

从著作权人的期望效用目标函数 f_M 与 β、e_1、e_2 相关可以得出结论三：必须在著作权人的努力程度（网络信息资源作品的著作权资产价值）和网络服务提供者的努力程度（网络平台服务和商业运作水平）之间进行综合考量和评估，兼顾著作权人与网络服务提供者双方的利益需求，建立激励相容的报酬机制或者收益分配机制，以提高著作权人利益补偿的经济回报。

5 网络信息资源著作权利益补偿机制的实现要素

数字与网络环境下，信息资源在线共享的著作权保护，应当建立综合的著作权保护体系和合理的补偿机制[12]。而相对于限制信息资源下载的政策，更重要的是选择一种适当的补偿尺度来讨论政策的合理性和潜在影响[13]。所以，网络信息资源共享的著作权利益补偿机制的建立，其目标是寻求网络信息资源著作权利益平衡的"量化"最优，而这种经济利益的"量化补偿"，必须通过构建著作权利益补偿交易的实现要素，并在一定的交易环境下操作才能实现。著作权人与网络服务提供者利益补偿的操作流程，如图3所示：

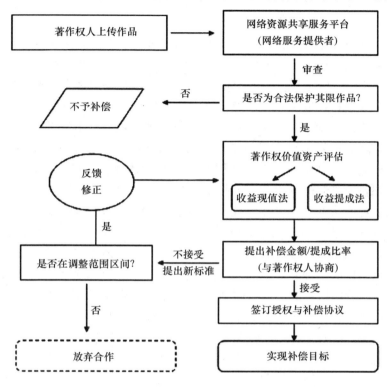

图3　著作权人与网络服务提供者利益补偿的操作流程

5.1　建立交易系统平台

网络服务提供者建立科学、简便的资源共享和交易平台，是著作权人和使用者进行著作权许可使用市场交易的前提，也是顺利完成著作权利益补偿和经济回报的基础。该平台包括：① 身份注册和资源上传平台。由于网络具有显著的虚拟性特征，为了避免著作权人身份的虚假上传，要求著作权人实名注册与虚拟用户名对应的真实信息，并借利益补偿交易需要著作权人提供真实银行账户信息的机会，对著作权人身份信息与银行账户信息进行比对核实，之后方能进行著作权利益补偿交易。② 信息资源发布和利用平台。网络信息资源发布以后，可以采取片段式的浏览方法，如：文档类资源可以允许使用者浏览部分页面，视听类资源可以允许使用者观看或收听部分内容，当需要全部浏览或下载时，系统提示要完成付费才能继续。③ 交易资金运行管理平台。可以参考电子商务的交易模式，委托第三方支付平台如支付宝或网上银行交易等完成使用者付费和著作权补偿的在线交易。

5.2 著作权的资产评估

通过网络信息资源著作权资产评估确定著作权人的合理收益，为著作权利益的补偿标准提供参考依据，是实现网络信息资源著作权利益补偿的重要环节。网络信息资源著作权的价值评估，必须综合考虑著作权价值的经济效益、社会效益和数字化效益，构建科学的评价指标体系和评估模型。可以使用两种方法：① 修正收益现值法[14]。首先，根据收益现值法求得初评值，并考虑网络环境对著作权价值的影响，构建著作权价值的影响因素指标体系；其次，根据层次分析法，确定各因素指标在总体评估中的权重系数；再次，根据模糊评价法进行双权数综合评价，得出纠偏系数；最后，根据纠偏系数调整收益现值法的评估初值，得出著作权的公允价值。② 收益提成率分成法[15]。首先，根据网络信息资源环境下著作权的新特点，确定影响超额收益的相关因素；其次，通过 AHP 方法构建评估因素指标体系，并计算各指标因素的权重；再次，综合运用模糊数学评价方法，确定收益提成率 β；最后，根据公式：著作权价值＝收益提成率 β×著作权销售收入，著作权销售收入＝销售价格×销售数量，得出著作权的分配价值。但是，由于著作权价值影响因素的复杂性和不确定性以及专家所拥有的知识和经验的局限，笔者认为，与传统的模糊评价法相比，可以引入集值统计的方法，专家打分时只给出一个区间估计值而不给出精确分值，方便集中多种不同的意见，减少专家判断中的随机误差，使著作权价值评估值更为科学和合理。

5.3 规范交易合同文本

网络信息资源的著作权委托代理合同，是著作权人对网络服务提供者许可使用其著作权的主要方式，也是网络服务提供者支付著作权人经济报酬的重要依据。一般包括下列条款[16]：① 许可使用的权利种类。合同必须明确许可使用著作财产权中具体的权能，如复制权、信息网络传播权等；明确许可使用权利是专有使用权或者非专有使用权，即著作权人在约定期限内能否再将著作权许可给第三方使用。② 许可使用的范围和期间。明确网络服务提供者传播著作权人信息资源的使用范围以及信息资源作品许可使用期限，如果许可使用期限届满又未续订，则许可使用合同效力终止，但许可使用的期限不得超过作品著作权的保护期限。③ 付酬标准和办法。付酬标准取决于网络信息资源作品的类型、质量和使用范围，主要通过对著作权价值进行资产评估，然后由著作权人与网络服务提供者约定完成。付酬办法一般由当事人议定，可以采取一次性支付、分期支付或者提成式支付等方式。④ 违约责任。

除法律规定可以免责之外，任何一方违约，违约方均应承担相应的法律责任和支付违约金，给对方造成损失的，还应承担赔偿的责任。

5.4 强化监督管理制度

在网络信息资源著作权交易体系相对薄弱的情况下，对网络服务提供者的中介责任实施监管，是挑战网络信息资源非法共享的有力措施[17]。在著作权交易具体付酬细节上，网络服务提供者应该在网络上公布信息资源作品的使用情况查询系统，如：信息资源的使用价格，使用者的点击量、浏览量和下载量，供著作权人查询作品被使用情况和使用付费情况，并监督网络服务提供者及时向著作权人进行使用费用的补偿和转付。同时，还要建立网络信息资源著作权交易登记中心，对已许可使用的著作权进行登记，当出现其他类似的网络侵权纠纷行为时，可以作为对抗第三人是否合理许可使用的证据，并出台相关的监管措施，保证数据的真实性、实时性和规范性。

6 结 语

网络信息资源共享的著作权利益补偿机制是减少网络信息资源著作权侵权纠纷的重要手段，也是解决网络信息资源长期共享和可持续发展困境的有效途径。本文通过分析网络信息资源著作权利益补偿主体之间的关系，提出网络信息资源著作权利益补偿的运行机理与交易流程，在理论上建立了一套可循环发展的著作权利益补偿机制。同时，以著作权人与网络服务提供者利益补偿的委托代理模型为基点，提出网络信息资源著作权利益补偿机制的实现要素，从经济效益、社会效益和数字化效益等方面，综合考虑著作权的未来收益因素，对网络信息资源著作权价值进行资产量化评估，进一步修正了原有单一标准的补偿方案，从而使得著作权利益补偿机制的实现过程更具可行性和合理性。网络信息资源共享的著作权利益补偿机制的实施，可以兼顾著作权人、网络服务提供者和使用者三方的利益需求，有效解决困扰网络信息资源共享的著作权利益平衡问题，引导著作权人努力提供更多的信息资源给社会公众利用，最终实现著作权人、网络服务提供者和使用者"多方共赢"的局面。但是，本研究也还存在一些不足：研究还处于理论层面，仍有待于开展更深入的数据分析和实证研究，并对补偿机制加以调整和完善；对于著作权价值评估的有效性检验，还需要更加全面、系统的研究和论证。

参考文献：

［1］ 陈伟斌，张文德．基于利益平衡的网络信息资源著作权补偿原理研究［J］．图书馆学研究，2013（19）：92－96.

［2］ 杨小兰．网络著作权研究［M］．北京：知识产权出版社，2012：179.

［3］ 超星数字图书馆作者授权方案［EB/OL］．［2013－11－20］．http：//sshtm. chaoxing. com/author/index. aspx.

［4］ Kemp D J. Peer to peer file sharing，copyright and grokster［J］．Journal of Legal，Ethical and Regulatory Issues，2007，10（2）：81－89.

［5］ Tunca T I，Wu Qiong. Fighting fire with fire：Commercial piracy and the role of file sharing on copyright protection policy for digital goods［J］．Information System Research，2013，24（2）：436－453.

［6］ 易成．网络出版物著作权侵权纠纷及其救济新探——基于经济学的分析视角［J］．武汉大学学报（人文科学版），2007（4）：559－564.

［7］ 宋娇．基于双重委托代理的我国数字图书馆版权交易机制研究［D］．哈尔滨：黑龙江大学，2012：34－40.

［8］ 吕培培．基于委托代理的在线代理商收益分配问题研究［D］．青岛：青岛大学，2012：18.

［9］ 史永东．金融经济学［M］．大连：东北财经大学出版社，2012：43－45.

［10］ Mirrlees J. The optimal structure of authority and incenlives within an organization［J］．Bell Journal of Economics，1976，7（1）：105－131.

［11］ Holmstrom B. Moral hazard in team［J］．Bell Journal of Economics，1982，13（2）：324－340.

［12］ Huang Xianrong，Li xiao. Exploring copyright solutions to online－sharing of scientific literature［J］．Library Hi Tech，2010，28，（3）：478－488.

［13］ Pavlov O V. Dynamic analysis of an institutional conflict：Copyright owners against online file sharing［J］．Journal of Economic Issues，2005，39（3）：633－663.

［14］ 曾丽霞，张文德．数字图书馆环境下的著作权评估方法新探［J］．图书情报工作，2007，51（3）：80－83，112.

［15］ 康云萍，张文德．利用收益提成率法评估数字图书馆著作权的价值［J］．图书情报工作，2008，52（7）：91－93，147.

［16］ 来小鹏．版权交易制度研究［M］．北京：中国政法大学出版社，2009：341－343.

［17］ Swartout C M. Toward a regulatory model of internet intermediary liability：File-sharing and copyright enforcement［J］．Northwestern Journal of International Law & Business，2011，31（2）：499－534.

作者简介

陈伟斌，福州大学信息管理研究所副研究馆员，博士研究生，E-mail：weiky1980@163.com；

张文德，福州大学信息管理研究所教授，博士生导师。

个体读者借阅权保障策略分析

借阅权是读者权利的集中体现，是指读者平等自由地利用图书馆各类文献信息的权利，包括文献信息知情权、文献信息选择权、文献信息使用权等。借阅权的实质是信息自由获取权，是一种基本人权。平等性和个体性是借阅权的显著特性。读者享有平等借阅图书馆各类文献信息的权利，而读者的借阅需求呈现出明显的个体差异——"没有一件事情比阅读更能显示人的个体差异"[1]。借阅权的主体是每一个具体的个体而不是抽象的整体，不同个体的相同借阅需求构成共性化的整体需求。不同个体的不同借阅需求即为个性化的个体需求，图书馆应改变注重共性化的整体需求而忽视个性化的个体需求的传统思维方式，认真平等地对待每一个个体读者的借阅需求——既包括共性化的整体需求，也包括个性化的个体需求，才能真正最大限度地保障读者的平等借阅权，体现图书馆以人为本的服务理念。最大限度地保障个体读者的平等借阅权应成为统摄图书馆服务的核心理念和改革方向。本文拟从制度建设和资源建设的角度，对个体读者借阅权的保障策略做粗浅分析。

1 改革现行借阅制度

有调查结果显示，只有三成读者认为目前的借阅权限可以满足需求[2]；个别高校图书馆每年滞还图书占所有归还图书的25%[3]；高达60%的被调查读者曾有过超期借阅行为[4]；"借阅规则不合理"被读者认为是造成超期还书的最主要原因[5]。虽然这些数据是针对个别图书馆的统计结果，但充分说明了现行借阅制度不能完全适应读者的需求。我国现行借阅制度按读者类型对借阅册数和借阅期限进行统一设定，既有借阅权形式上的不平等，又因为忽视了借阅权的个体性特征，易造成借阅权被过度限制，从而造成借阅权实际上的不平等。这样的借阅制度难以保障具有个性化借阅需求的个体读者的平等借阅权，因此，借阅制度的改革势在必行。

借阅制度的构建应当对读者借阅权的个体性有充分的考虑，最大限度地保障每一个"个体"读者的借阅权，既包括"多数"中的每一个读者的权利，也包括"少数"中每一个读者的权利，如此，才能真正保障借阅权从应然到实然的平等。改革现行借阅制度的基本思路是根据读者需求个性化地设定借阅权限（主要指借阅册数和借阅期限），从而最大限度地满足读者的借阅需求。

1.1 借阅册数的设置

1.1.1 增加借阅册数

如何才能最大限度地满足个体读者的借阅需求？从理论上讲，唯有放开借阅册数的限制才能实现。借阅册数不设限制在一些西方国家早已开始实行，如美国普林斯顿大学各图书馆对各种类型的读者均不限制借阅册数[6]，康奈尔大学图书馆的校内读者亦可以不受借阅册数的限制[7]。实践中，高校图书馆拥有丰富的文献信息资源可供读者利用，而许多高校图书馆规定的借阅册数普遍偏少，增加借阅册数以满足更多读者的借阅需求是现阶段切实可行的方法。厦门大学图书馆就此做了成功尝试：2005 年 9 月，厦门大学图书馆将借阅量调整至本科生可普通外借 40 册加短期外借 5 册图书，教师、研究生可普通外借 40 册加短期外借 10 册图书，不仅使本科生与教师、研究生普通外借的册数一样，同时大幅度增加了读者可借阅册数。统计分析显示，厦门大学图书馆新借阅制度的实施，有效地提高了文献信息资源的利用率和读者需求满足率[8]，是切实可行、值得提倡的。

1.1.2 根据读者利用文献情况确定借阅册数

根据读者利用文献情况确定借阅册数[9]是另一种可操作的设定方法。方法是：首先对所有读者设置同样的初始借阅册数，然后每学期对读者的文献利用情况进行统计分析，通过定量分析方法，运用布拉德福定律确定核心读者，结合读者个人文献使用能力、专业、性别、受教育程度等因素来设置借阅册数，增加核心读者的借阅册数，减少非核心读者的借阅册数，但给予最低借阅册数的保障，即动态化、差异化地设置读者的借阅册数，以满足不同读者的借阅需求。

1.2 借阅期限的设置

改变固定借阅期限，设置弹性借阅期限，是借阅期限设置改革的主流方向。较有影响且切实可行的设定方法主要有两种：一种是根据其他读者的借阅需求来确定借阅期限[7]；另一种是根据不同文献的价值时效、读者利用情况来设置不同的借阅期限[9]。

1.2.1 根据其他读者的借阅需求来确定借阅期限

基本思路是：将其他读者的借阅需求作为还书的要件，同时通过最短借阅期限保障先借阅者的借阅权，因此借阅期限不是固定不变的，而是根据其他读者的借阅需求弹性变化的，其他读者的借阅需求通常通过外借图书被预约来认定。这种设置方法已被一些图书馆采用，例如清华大学图书馆和复旦大学图书馆的预约催还制度，就具有借阅期限弹性化的性质，借出的图书若被预约，系统将重新计算还书日期[10]。实施弹性借阅期限制度的关键是要做好读者个性化信息传递工作，只有及时、准确地传递文献的预约、借阅等信息给读者，才能为每一位读者的借阅权提供保障。

1.2.2 根据不同文献的价值时效、读者利用情况来设置不同的借阅期限

基本思路是：根据读者的利用率将文献分成不同的区域，综合考虑读者需求和文献的时效性、专业性、学科和专业设置情况等因素对借阅期限进行设置，对于利用率低的文献适当放宽借阅期限，对于利用率高的文献则缩短借阅期限，这样随时根据读者的需求和文献利用率对借阅期限进行动态调整，以达到最大限度地满足个体读者需求和提高文献利用率的目的。

2 制定满足读者需求的采购策略

提供满足读者需求的文献资源是保障读者借阅权的关键。在经费有限的情况下，必须对出版物进行有选择地购买，然而长期以来将读者排除在外、揣测读者需求的购书实践导致大量的馆藏文献无人问津，我国图书馆平均70%左右的文献处于库存闲置状态[11]，美国大学图书馆普遍50%以上的图书平均10年用到一次[12]，而读者却常常感叹图书馆无书可借，需求得不到满足，借阅权得不到保障。为了解决馆藏与读者需求不一致的问题，需要将读者的真实需求纳入采购实践，制定以满足读者需求为目标的采购策略。

2.1 分析读者需求的采购策略

2.1.1 基于学科馆员制度的采购策略

当前，国内外许多图书馆建立了学科馆员制度，通过学科馆员加强与各学院学科专家的沟通，掌握学科建设的现状和发展规划，了解分析该学科专业的文献信息需求，指导采购工作的实践，以使采购的文献满足学科发展的规划和读者教学科研需求。

国外的经验表明，学科馆员应是选书主体。学科馆员的多学科优势和强

烈的服务意识能有效提高所选购文献的利用率和读者参与的积极性，从而提高读者需求满足率。选购文献的利用率和读者参与状况往往取决于相关学科馆员的专业素质和服务水平，因此学科馆员应不断加强相关专业知识的学习，了解学科发展的最新动态，同时要增强服务意识，加强与读者的沟通，了解读者的需求，以做好文献选购工作。

2.1.2 基于数据分析的采购策略

图书馆应充分利用各类统计数据，综合分析馆藏结构、馆藏的使用情况和读者需求情况，制定相应的采购策略，以满足更多读者的需求。要定期开展馆藏的分析统计工作，了解现有的馆藏结构；统计分析流通记录及读者反馈信息，了解读者对馆藏文献的使用和需求情况。如定期查询图书借阅率，统计分析高借阅率和零借阅率的图书，及时了解各类图书的需求情况，每年对馆藏利用率进行全面评价，形成分析报告，每月对电子资源的使用和下载情况进行统计，每年进行汇总分析，等等，而后根据这些统计数据和分析报告，制定和调整采购策略。例如根据各类图书的平均价格和各类图书流通次数的统计数据等因素，制定合理的采购经费分配方案[13]；为满足学生读者的阅读需求，既要注重学术性文献的采购，也要及时购买一些畅销书；对于读者需求量大、利用率高的教学参考用书和重要著作，可适当增加图书副本，或购买电子资源，或数字化纸质文献，以满足师生需求；时效性强的计算机类、考试类图书，一旦过时，利用率会直线下降，故应控制这类图书的纸质文献复本量，以电子资源作为补充[14]。

2.2 读者参与的采购策略

通过统计分析得出的读者需求并非一定是读者的真实需求，每个个体读者的需求只有读者自己最为清楚，唯有读者参与采购实践才能真正有效地解决馆藏与读者需求不一致的问题，因此，此处所指的读者参与的采购是指个体读者根据自己的需求选购图书，而不是指让少数读者（如图书馆组织的少数专家学者）代理的选购行为。读者参与的采购策略主要包括读者荐购和读者决策采购两种。

2.2.1 读者荐购

读者推荐购书在图书馆由来已久，而且一直受到图书馆的高度重视，是读者直接参与馆藏建设的一种传统模式。目前，许多高校图书馆构建了功能完善的网络荐购平台，期望读者能够积极参与藏书建设。读者参与网络荐购，可以按照自己的个性需求推荐图书，需要填写所推荐图书的相关信息，也可以通过图书馆在网站上公布的征订目录信息推荐自己需要的图书，此时无需填写图书信息。读者推荐成功后，推荐信息会被同步发送到采访系统，由采访人员负责处理。对于确认订购的图书，系统会通过 E-mail 通知荐购人，对于已有馆藏、无采购渠道或不符合本馆采购要求的图书，给出不订购的回复。推荐图书到馆、完成分编进入流通后，推荐者有优先借阅权。

多年的实践表明，读者参与荐购的情况并不乐观，没有取得理想中的效果，其中时滞性是一个主要原因。从推荐到获得图书的等待时间太长，影响了读者荐购的积极性。图书被荐购后通常需要经历寻求购书渠道、获准订购、订购、验收、分编、典藏等诸多环节才能进入流通、到达荐购人手中，而经过漫长的等待，荐购人往往已不再需要该书了。如何减少中间环节，减少从推荐到获得图书的时间差，是做好荐购工作应该重点思考的问题。

2.2.2　读者决策采购

读者决策采购（patron-driven acquisition，简称 PDA）是近年来在美国兴起的一种基于 Web 2.0 环境、由读者直接参与的全新采购模式。它是根据读者的实际需求与使用情况，由图书馆根据一定的标准或参数确定购入文献的馆藏建设新模式。读者决策采购的基本流程是：由图书馆与书商确定符合藏书发展政策的预设文档之后，书商提供符合预设文档要求的图书 MARC 记录，图书馆把 MARC 记录导入图书馆的自动化管理系统中，读者通过 OPAC 查询到书目记录后，或点击链接直接阅读电子书，或要求提供印刷本，由图书馆统一付费购买。各图书馆与书商谈判的租用或购买的标准各不相同，一般根据读者点击浏览次数和时间决定[15]。

读者决策采购使每个个体读者都能真正参与到馆藏建设的实践中来，根据自己的需要选购图书，并且使用和购买同步进行[16]，没有时滞性，因而不同于读者荐购。与传统的馆员采购模式不同，PDA 购买的文献缘于读者的真实需求，因而从根本上解决了馆藏与读者需求不一致的问题，改变了馆藏文献利用率低的现状，有效提高了读者需求满足率，得到读者的广泛响应和积极参与。这种模式也被越来越多的图书馆所采纳，一些学术图书馆的 PDA 采购经费已超过总采购经费的 50%，例如亚利桑那（Arizona）大学图书馆 80% 的购书经费用于 PDA 采购[17]，表明 PDA 日益成为一种重要的采购模式。从国外的实践经验来看，读者决策采购是一种馆藏建设的成功模式，这种基于个体读者直接参与采购的图书馆馆藏建设模式将在馆藏建设中发挥越来越重要的作用，值得推广应用。

3　加大电子资源建设力度

由于经费限制和纸质图书本身的缺点，纸质图书在满足读者需求时存在

88

诸多问题，如，经费紧张使采购的纸质图书难以满足读者的借阅需求，高借阅率图书复本量不够而导致读者的借阅权冲突，纸质图书的获取受物理空间和开馆时间的限制，从而增加了读者借阅的成本，等等。相对纸质图书而言，电子资源具有共享性强和获取便利的优点，可供多个用户同时使用而无需购置复本，不会导致借阅权冲突，而且其利用不受空间和时间的限制。ATO 咨询公司的一项调查表明，电子图书的生命周期成本较纸质图书低 31%，而利用率高于纸质图书的 6 倍[18]，因而，在经费紧张的情况下，要解决纸质图书在满足读者需求上存在的不足，加大电子资源建设力度是最有效的办法。

3.1 电子资源建设应以读者需求为导向

近年来电子资源发展迅速，图书馆电子资源采购经费也逐年增加，电子资源逐渐成为图书馆重要的馆藏形式。图书馆电子资源的建设应从读者的实际需求出发[19]，密切跟踪分析读者需求和电子资源利用情况，合理分配经费，配置资源。对于新增数据库的采购要严格把关，分析数据库试用期间的利用率，多途径收集读者试用的反馈信息和评价，综合考量，慎重决定是否新增订购；对于已购数据库，需要高度关注其利用情况，定期统计、严格监测电子资源的月使用情况、月下载情况，认真分析各项利用数据，形成分析报告，同时结合读者的反馈意见，决定是否续订。

3.2 加强纸质文献的数字化建设

为了提高纸质文献的利用率和读者需求满足率，实现资源共享，方便读者获取利用，最有效的方式是在知识产权法允许的范围内，将纸质文献数字化[20]，以使其具有共享性和获取便利性。如，针对本馆的特色资源、珍贵文献、古籍善本、孤本、损毁严重的文献、读者需求量大的文献、学位论文等，可以进行数字化加工，将其转化为电子版本，通过网络提供服务，同时满足多个读者的需求，从而避免借阅权冲突。

3.3 整合馆藏文献资源

为了方便读者进行检索利用，有必要对馆藏文献资源进行整合。图书馆应通过集成技术将图书馆购买的各类数据库及自建数据库、馆藏目录等资源进行加工和整合，构建一站式检索平台，实现跨库检索，同时建立馆藏纸质书目与电子图书之间的链接，以方便读者获取文献，提高文献资源利用率和读者需求满足率。

另外，积极开展协调采购、馆际互借、联机编目、网络公共查询等电子资源的共建共享工作，也是提高读者信息需求满足率的有效举措。

纸质资源与电子资源各有优劣，在购置经费有限的情况下，如何分配购置经费，不同的图书馆有不同的做法。从国内外高校图书馆的比较结果来看，国内电子资源占总购置经费的比例一直比国外低，而且近年来，国内电子资源增幅减缓，而国外增幅加大[21]，主要原因既有传统观念的约束，也受到《普通高等学校基本办学条件指标（试行）》中关于生均图书和生均年进书量两项指标对纸质购书量的制约。在处理纸质资源与电子资源两者的采购关系时，各馆应根据本馆的实际情况，结合需求导向原则、协调互补原则、成本效益原则等[22]，逐步优化馆藏结构，使纸质资源与电子资源实现优势互补，以更好地满足读者需求，保障读者借阅权。

4 提高信息公开程度 增强管理系统功能

4.1 提高信息公开程度

了解图书馆馆藏文献资源是读者选择和获取文献资源的前提，图书馆应进一步做好信息公开工作，提高信息公开程度，让读者充分了解图书馆的各类文献信息资源，确保读者的文献信息知情权。为方便读者了解馆藏信息，图书馆应开展信息推送服务，如通过 E – mail、QQ 等通讯方式及时发布新书信息，让读者了解最新馆藏；对于电子资源，应当对其情况做详细说明，包括是自建的数据库还是购买的数据库、是试用还是已购买、电子资源包括的内容、形式以及更新频率、使用方法等，同时电子资源的安装及更新情况都应在网络上发布，方便读者了解相关信息。在了解馆藏信息后，读者需要知道自己所需的文献能否即时可得，如纸质文献是否处于可借状态，电子资源是否可使用，因此，对于纸质文献，其在图书馆的整个生命周期中的具体状态都应清晰地呈现给读者，包括从征订、订购、验收、编目、典藏、流通、下架修补、丢失到注销的各个阶段，使读者可通过馆藏查询获知该文献是否可借阅以及可获得的时间；对于电子资源，由于其使用不受时间和空间的限制，因此要做好日常维护工作，以确保电子资源随时处于可用状态。

4.2 增强管理系统功能

随着信息技术的不断发展，各类图书馆管理系统的功能不断完善，读者利用更加方便，信息沟通更加便捷，能够实现网上预约、续借、荐购、订阅、评价等各种功能，并且做到信息同步发送。然而，图书馆管理系统缺少一个重要功能，即提供读者之间的直接沟通交流的渠道。如果图书馆管理系统能为读者开辟直接的信息沟通渠道，将为读者带来更多的便利。就图书预约而言，读者之间的沟通，能够使预约者了解图书归还的大致时间和图书内容的相关信息，在很大程度上能缩短自己等待的时间，因为图书借阅者往往会由于另一读者的等待而加快阅读进度，看完后会及时归还，这样不仅预约者的需求能够更快得到满足，也加快了图书流通速度，提高了图书利用率。读者之间的沟通也能使图书借阅者受益，图书借阅者可请求预约者取消预约，使自己有更多的阅读时间。由此可见，功能完善的管理系统能更好地保障读者的借阅权。

参考文献：

[1] 单大明．组织行为学［M］．北京：机械工业出版社，2004：112.

[2] 黄雪雄．高校图书馆读者借阅权限满意度调查与分析——以华南农业大学图书馆为例［J］．图书馆论坛，2013，33（2）：82－86.

[3] 高红阳，殷丽，朱雪刚．高校图书馆图书滞还现象的博弈分析［J］．图书馆建设，2005（5）：85－87.

[4] 张国峰，边秀玲．对高校图书馆读者借阅超期问题的思考——以北京外国语大学图书馆为例［J］．科技情报开发与经济，2011（28）：14－16.

[5] 袁庆东．论超期还书问题的处理——兼谈斯金纳"操作制约"理论在图书馆的运用［J］．图书馆学刊，2011（3）：23－26.

[6] 李冬梅，郭韫丽．美国普林斯顿大学图书馆借阅服务与启示［J］．图书馆学研究（应用版），2011（4）：99－101.

[7] 辛苗．论人性化借阅制度的建立［J］．图书馆论坛，2008，28（4）：17－19.

[8] 戴鹭涛，曾惠颖，陈娟，等．扩大读者借阅量的成功尝试［J］．大学图书馆学报，2007（6）：13－17.

[9] 曾怡．大学图书馆借阅制度动态管理模式研究［D］．重庆：西南大学，2009.

[10] 周洪力．图书馆借阅制度的转变——借阅期弹性化［J］．图书馆杂志，2012，31（5）：41－44.

[11] 周广学．借阅权流转——一种值得关注的借阅制度［J］．大学图书馆学报，2002（6）：53－55.

[12] 刘华．"读者决策采购"在美国大学图书馆的实践及其对我国的启示［J］．大学图书馆学报，2012（1）：45－50.

[13] 谢耀芳．基于馆藏结构分析的中文图书采访评价研究［J］．图书与情报，2011（2）：122－126.

[14] 史艳芳．面向学科化服务的中文图书采购可行性策略——以同济大学图书馆为例［J］．图书馆建设，2010（3）：41－44，48.

[15] 胡小菁．PDA——读者决策采购［J］．中国图书馆学报，2011，37（2）：50.

[16] 张甲，胡小菁．读者决策的图书馆藏书采购——藏书建设2.0版［J］．中国图书馆学报，2011，37（2）：36－39.

[17] 刘华．以读者为主导的文献资源建设——美国学术图书馆读者采购（PDA）研究

［J］．图书情报工作，2012，56（5）：89 – 93，127．

［18］　桂君，杨毅，周迪．高校图书馆电子资源建设过程中的问题分析与探讨［J］．图书馆建设，2010（4）：42 – 45．

［19］　李振华．大学城图书馆电子资源合作建设探究［J］．图书情报工作，2013，57（1）：87 – 90．

［20］　潘家武．高校文献采访的质量控制体系构建［J］．图书情报工作，2010，54（13）：79 – 82．

［21］　程艾军，张兆忠，马路．从连续三年中美高校图书馆电子资源建设经费统计数据看馆藏电子资源建设发展趋势［J］．大学图书馆学报，2012（1）：55 – 58．

［22］　陶蕾．高校图书馆文献资源采访体制变革之路——以上海大学图书馆为例［J］．现代情报，2010，30（9）：101 – 104，107．

作者简介

辛苗，内江师范学院图书馆副研究馆员，副馆长，E-mail：xx76822@163. com。

图书馆著作权作品获取权
的限制与保障[*]

虽然"获取权"（access right）不是一项明文存在于各国著作权法中的权利类型，但是通过赋予社会公众出于学习、研究目的阅读、使用作品的权利而隐藏在各国著作权法之中。在网络和技术保护措施出现以前，获取权一直是公众获取作品、信息的权利，也是一项基本人权。然而，随着技术保护措施成为网络时代著作权法不可或缺的组成部分，获取权的内涵和外延发生了变迁，逐步成为著作权人控制使用者获取作品的权利，这对于肩负着保存与传承人类文明、促进社会文化与教育发展、保障公众信息自由责任的图书馆来说，无疑是严峻的挑战。因此，研究图书馆获取权的法理渊源、获取权受限制缘由及限制措施，将有利于著作权法对图书馆权利合理设计、有效保障图书馆的获取权。

1　图书馆获取权的法理基础

1.1　源于保障公民的知情权

获取知识和信息是现代公民的一项基本权利，如联合国《世界人权宣言》第 19 条规定：人人享有主张和发表意见的自由，此项权利包括持有主张而不受干涉的自由和通过任何媒介和不论国界寻求、接受和传递消息和思想的自由[1]。2002 年 8 月，国际图联在《格拉斯哥宣言》中宣布：不受限制的获取、传递信息是人类的基本权利，全体会员应当遵循《世界人权宣言》精神，支持、捍卫并促进获取知识自由的权利。作为公民的一项基本权利，获取权与宪法的关系非常密切，虽然在各国宪法条文中很难直接找到获取权这一词语，但是获取权在宪法规定的公民各项权利中得以体现，这一点集中表现在宪法对公民知情权的规定。知情权是指公民、法人及其他组织知悉、获取官

---

　* 本文系河南省政府决策研究招标课题"数字图书馆资源共享工程建设与著作权保护的协调研究"（项目编号：2011B223）研究成果之一。

方与非官方作品、信息的自由和权利。这里的信息内容涵盖了一切可以被公众获取的非保密信息，包括政务信息、公益信息和商业信息。知情权包括信息知悉权和信息获取权，信息获取权是指公众中的任何人通过法律授权，免费或以不超过成本价格无障碍地获取所需信息的权利。获取权是知情权的核心内容，公民知情权的实现基础是保证公众自由获取所需的作品和信息，作品和信息的产生、发布、传播都是为公众知悉、获取信息而服务的，获取权在信息社会已逐步成为公民参与社会生活、国家政治生活的一项权利。对公众信息获取权利的保障，就是从知识、信息的角度对建立民主、和谐社会的保障。而图书馆是国家设置的社会公益文化事业单位，是收藏并保存作品、传播知识、提供信息服务的重要机构。图书馆界一直都在积极支持公众有效获取信息的自由和权利。M. Vijayakumar 等人在《信息权利和言论自由》一文中指出："图书馆，特别是公共图书馆，作为信息和文化中心，在维护公众信息权利方面有着重要的责任"[2]。可以说，图书馆是保障公众知情权的重要服务机构，赋予图书馆作品、信息获取权，就是基于维护知情权这项宪法规定公民的基本权利的目的，因此，图书馆的获取权有着坚实的宪法基础。

1.2 源于保障公民的文化教育、表达自由权

文化教育权是宪法赋予公民的基本权利，是人人享有参加社会的文化活动、享有艺术和分享科学进步及其产生的福利的权利；同时人人对自己所创作的科学、文学或艺术作品而产生的精神和物质利益，享有受保护的权利。这是文化权利密切相连的两个方面：学习的权利与创作成果的受保护，两者是完全一致的。著作权法也确认并保护作者对作品的专有权，同时承认作者专有权的某些限制。参加文化活动、享有艺术、分享科学进步所带来的福利的权利既是开展科学研究和文化艺术创作不可缺少的先决条件，也是促进社会进步和个人发展的基本条件。对作者权利的保护是公众实现文化自由及获得科学进步的前提，尊重作者的权利，将保证公众获得更为重要丰富的智力成果[3]。文化教育权两个方面的内容分别通过宪法转化成为宪法上的基本权利，以及著作权法加以具体化形成制度上的法定权利及其限制性条件。

美国宪法第 1 条第 8 款明确规定：为了促进科学的发展，国会有权保障作者在一定期限内就其作品享有的专有权利。此项知识产权条款被概括为著作权保护的三项政策：① 促进知识传播的政策，即著作权的首要目的在于促进知识传播和文化发展；② 公共领域保留的政策，即著作权被限制在一定的时间和范围之内；③ 保护作者的政策，即宪法赋予作者对其作品的专有权。

学者认为，上述三项政策中还隐含着第四项获取权政策，即个人有权使

94

用著作权作品。基于授予著作权的直接目的，作者出版作品的专有权不应排斥此类使用。著作权法涉及社会、政治、经济、教育和艺术各个方面，但它不能专注于作者权利的保护，而应顾及公众使用者的利益。正因如此，美国宪法出于促进知识传播的需要授予作者出版作品的专有权，这一规定为社会公众预设了使用作品的权利，即使用者权。而传播者权既是实现作者权的手段，也是使用者权得以实现的前提条件，因而是连接作者权与使用者权的纽带。在这三种权利中，使用者权是人们了解最少因而常常被忽视的权利。事实上，著作权法并非仅仅出于保证作者和传播者获得利益的目的而存在，根据著作权法，作品的使用者也享有权利。使用者权既可以理解为获取权，也可以表现为学习权、受教育权、表达自由权。否认个人的使用权将会导致以著作权控制社会公众的行为，从而出现为少数人谋取所谓经济利益的结果。著作权法若要服务于公共利益，必须包容两种时常冲突的私人权利，即创作者向公众传播其作品的经济回报权与使用者因利用著作权作品而提高其知识水平的学习权[4]。

图书馆具有调节著作权人和公众利益的中介组织的特性，是公众利益的代表机构，允许公益性图书馆自由获取某些作品，在制度层面上完整体现了文化教育权所包括的两个方面的内容。一方面，图书馆通过采购支付对价，有偿获取著作权作品、信息，从而实现著作权人个人利益；另一方面，还依据著作权限制制度，而无偿获取作品（合理使用作品），保障公众利益。值得注意的是，图书馆获取作品的目的都是供公众使用，也都是对公民文化教育权、表达自由权的最有效的保障。因此，权利穷竭原则、合理使用、法定许可制度、强制许可等著作权限制制度适用于服务公众的图书馆，让图书馆拥有获取著作权作品的权利在环境发生变化时也不会过时。另外，在交易成本过高以致市场机制难以正常运行并涉及教育、学习和研究目的、言论自由等情况下，著作权人获得收益的权利只能让位于图书馆及公众的获取权，此时图书馆及公众可以免费或以低于市场的价格获取作品。这样，通过市场机制的有偿获取、按照优惠政策的获取和免费获取等多种途径，就能够最大限度地确保图书馆及公众及时、充分地获取作品，从而实现著作权法促进知识传播和文化进步的立法宗旨。

2 图书馆获取权的限制

在数字网络环境中，复制作品质量高、传播速度快，又几乎不发生任何费用，每个公众都可以成为传统意义上的出版商和发行商，致使著作权人难以行使其权利。为应对数字困境，世界知识产权组织于 1996 年通过了因特网条约，要求各缔约方赋予著作权人公众传播权，并对著作权人采取的技术措施提供适当的法律保护和有效的法律救济，从而使得图书馆及公众的获取权受到限制。

2.1　限制图书馆获取权的技术措施

按照美国《数字千年版权法》（DMCA）数字作品的技术保护措施的分类标准，限制作品获取权的技术措施，可分为两大类，即限制接触作品的技术措施和限制使用作品的技术措施：

2.1.1　限制图书馆接触作品的技术措施

是指在未经著作权人授权同意的情况下，阻止图书馆及公众接触某一作品的技术措施。图书馆的读者只有得到正确的口令或信用卡似的身份验证，才能接触到该作品。限制接触作品的技术措施主要包括口令技术措施和问题化技术措施两种。口令技术又分为三种情况：无法接近、可接近但不能看、只能在一定的时间或内容量的限定下浏览或者下载；问题化技术措施主要通过改变作品在非法使用者的显示器上表现的形式，使其问题化，导致该作品根本无法读懂。

2.1.2　限制图书馆使用作品的技术措施

是指未经著作权人授权的情况下，阻止图书馆使用作品的技术措施。该措施可以分为4种情形：① 限制单纯的使用作品的技术措施。防止作品未经许可被复制、打印，这是著作权人最关心的。限制单纯的使用作品的技术措施就是与之针锋相对的。当作者在网络中贴上文章时，如果不想让文章的传播失去控制，就可以选择"防止拷贝"功能，使图书馆及读者只能阅读而不能保存、复制、打印其文章。② 保证支付报酬的技术措施。作为间接限制使用作品的技术措施，它不直接限制图书馆接触或使用作品，但可以计算出图书馆接触或使用作品的次数或频率，从而保证著作权人依据计算出的次数或频率收取报酬。现在网上免费下载的共享软件，普遍具有控制使用次数、使用方式的措施。③ 识别非授权作品的技术措施。它隐蔽在数字化作品中，以识别作品及版权人，鉴定作品的真伪，为司法救济提供侵权的证据，如消除作品中的电子水印将影响作品的质量。"打水印"技术，可以在音频、视频、图像或文档数据上附加一个几乎是抹不掉的印记，如果其遭破坏，数据也会受到损失。④ 制裁非授权使用的技术措施。它一般通过在著作权作品内暗藏一定的执行程序，当其自检到对作品的非授权使用时，就会启动该程序运行，妨碍使用者对作品的使用，甚至对使用者的计算机硬件设备产生影响[5]。

2.2 限制图书馆获取作品的危害

2.2.1 抹杀了非法使用与合理使用的界限

为促进知识传播，著作权法对版权的行使有所限制，合理使用则为主要制度。合理使用制度的目的在于确保图书馆、学校等公益性机构、公众对于社会作品、信息的获取权。"合理使用实质上是一种权益的分享，以至于美国学者将现代著作权法描述为协调创作者、传播者、使用者权利的平衡法"[6]。然而技术措施的广泛应用，破坏了既有的利益平衡状态。虽然版权人的技术措施并不是直接针对图书馆及公众等合理使用者的，但它提供的保护是一刀切，无法区分是法律所允许的合理使用还是应当禁止的非法使用，这就必然出现在阻止非法使用的同时也限制了合理使用的结果。技术措施阻止了非法入侵，保护了权利人的应得收益，也可能取消或削弱法定的权利限制，让合理使用成为权利扩张的牺牲品，令权利人获得不应得的利益，同时图书馆接触作品的机会丧失殆尽，合理使用变得日益困难，也将降低互联网的使用价值。

2.2.2 加剧作品供应商与图书馆的信息不对称

限制接触作品的技术措施，可能对图书馆网络作品、信息的采购造成重大影响。在版权交易中，图书馆因为限制访问的技术措施的阻隔，可能无法检视到所需的作品、信息，从而无法得到据以判断、评价、选择、购买该作品的必要信息，加剧了经营者与图书馆之间的信息不对称，致使图书馆的知悉权、选择权、安全权、公平交易权等权益陷入危险状态。导致的结果是，图书馆使用纳税人有限的文献购置经费，获取的是与图书馆意愿大相径庭的作品、信息资料，既浪费了资金，又降低了读者的信息满意度。

2.2.3 减损了图书馆自由获取作品的领域

确定版权人的权利范围与公有领域的界限是版权法的一个重要内容。威恩蒂·戈登主张：一个强大的公共领域对于国家科学和文化的健康发展很重要，没有丰富的公有作品的保障，私权作品的产权最终会失去合理性基础。在知识产权领域，拥有强大的公有领域的必要性在于：一是为了使新的作者增多，他们必须具有从不被私人占有的、以前的创造物中获取营养的权利。作者创作新的作品需要从过去的作品中吸收不被保护的成分；二是设置公有领域是确保"代际"平等的需要。从文化科学的传承性看，作为创造者的后辈需要自由地利用先辈留存下来的东西。这种利用如果不是自由的，就会严重影响文化科学的继承和发展[7]。图书馆作为国家政策选择的意义在于，自由使用公有领域作品（文献获取重要途径之一），服务于读者，促进人类科学技术、文学、艺术的进步，提高社会生产力。但是技术措施有可能让某些版权人打着版权保护的旗帜进入公有领域，对作品进行侵占，使图书馆自由获取作品的区域日益减损。版权人一般采用两种方法对公有领域进行侵占：一是将超过保护期的作品继续加以独占，纵然不承认其再享有版权，但通过技术手段予以实际控制，也达到行使版权之目的，妨碍了图书馆自由使用；二是将从来都不受版权保护的内容不恰当地予以控制。对此，美国著名学者保罗·戈尔茨坦曾对《世界知识产权组织著作权条约》（WCT）第 11 条以及有关的实施该条的立法所存在的不公正性提出了批评："该条将对版权客体的解密行为规定为非法行为，但却没有将对不受版权保护的客体的加密行为规定为非法行为，意味着对公有领域非法侵占的纵容"[8]。

3　图书馆获取权的保障策略

如何平衡技术措施适当应用保障著作权人利益与技术措施滥用妨碍公众利益的问题，逐渐引起各国法律界的重视。例如，美国 1998 年 DMCA 法案第 1201 条，在权衡了版权人与使用者之间的利益关系后，认识到并非所有规避技术措施的行为都是非法的，从而明文规定了 7 项禁止规避的例外：① 非营利性图书馆、档案馆和教育机构的免责。规定图书馆等在无法以其他手段获得同样作品的复制件的情况下，可以接触商业开发的版权作品。② 反向工程的例外。允许软件开发商规避合法获得的计算机程序的技术保护措施，以识别必要的成分，从而使一个独立创作的计算机程序与其他程序兼容。但条件是为达到兼容效果而有必要识别的成分不易获得。③ 加密研究的例外。考虑到有必要提高和改善版权人防范盗窃的能力，以增进加密技术领域的现行知识，帮助开发加密产品，在一定条件下，可以允许在善意的加密研究过程中进行规避。④ 执法、情报和其他政府活动的例外。规定联邦、州或州政府部门的工作人员或与其有协议的人进行任何经合法授权的调查、保护、信息安全或情报活动，规避技术措施享有豁免权。⑤ 关于未成年人例外。允许生产包含产品中的用于规避目的的部件，其唯一目的是帮助父母阻止未成年人接触互联网上的色情或有害内容。⑥ 个人鉴别信息的保护。使用者在没有得到个人信息要被收集的通知和没有其他能力防止这种收集的情况下，可以规避那些收集、散布有关接触作品的使用者在网上活动的个人信息的技术保护措施。⑦ 安全测试的例外。允许在安全测试过程中进行规避。所谓安全测试，是指经适当授权，接触计算机、计算机系统或计算机网络，唯一的目的是测试、调查或更正潜在的或实际发生的安全缺陷或执行步骤中的问题。

这 7 项例外对于减弱技术措施对公众利益的妨碍产生了有效作用。其中第①、②、③三款有利于阻止技术措施对合理使用的限制，第④、⑤两款有利于阻止技术措施对公共秩序的威胁，第⑥款有利于阻止技术措施对个人隐私权的侵扰，第⑦款则有利于阻止技术措施对消费者权益的损害[9]。2006 年 7 月，我国实施的《信息网络传播权保护条例》第 12 条规定了教学、科研、弱势群体、公务与安全测试的规避技术措施的例外。而我国的《著作权法》关于权利人技术措施以及规避技术措施的例外，没有任何规定，因此，面对目前我国已经普遍使用技术措施保护网络著作权的现状，图书馆的作品获取权受到较大的影响。对于即将开始的新一轮著作权法修改，图书馆界提议法律设立适当的规避技术措施的例外，以有利于保障图书馆的作品获取权。

另外，法律还要采取因应之策，针对技术措施无法区分合理使用还是非法使用，导致权利人堵死图书馆合理使用通道的情形，规定权利人在设置数字权利管理系统时，增设一道工序，对于偶然的、一次性浏览作品的申请，权利管理机构可以许可无偿使用，但要以技术来控制大量复制。这就可避免与著作权法允许为个人学习、研究、欣赏目的而使用作品的规定的冲突。

针对权利人对互联网上采取控制接触的作品行为，法律可以要求权利人提供作品的部分内容、功能介绍、价格及作者姓名等信息，比如文章的内容摘要、某些章节或者部分画面，版权人的 E - mail、电话、传真等。这样可以保障图书馆在文献选购时，获得作品的部分信息，有利于提高文献采购的准确性，也可确保图书馆的知悉权、选择权和公平交易权。针对以技术措施把公有领域作品变成私人产品的行为，法律在准许对这些公有信息加上控制接触的保护措施的同时，不能控制这些公有信息的使用与传播，否则技术保护措施的广泛运用，可能会在事实上产生新的信息垄断现象。对于版权人对自己超过保护期的作品，通过技术手段仍然进行控制的行为，也要以法律进行规制，让原版权人解除技术控制，使已过保护期作品回归到公有领域，以确保图书馆及公众的自由获取。

参考文献：

[1] 董云虎. 世界人权约法总览. 成都：四川人民出版社, 1990：960 - 964.

[2] 范并思. 信息获取权利：政府信息公开的法理基础. 图书情报工作, 2008, 52 (6)：36 - 38.

[3] 张今. 数字环境下恢复著作权利益平衡的思路. 科技与法律, 2004 (4)：52 - 58.

[4] 彭学龙. 论著作权语境下的获取权. 法商研究, 2010 (4)：116 - 124.

[5] 朱玲娣. 论我国版权技术体系保护制度的完善. 科技与法律, 2004 (4)：78 - 84.

[6]　Patterson L, Lindberg S. The nature of copyright: A law of users' right. Journal of Academic Librarianship, 1993 (1): 40.

[7]　Gordon W. A property right in self-expression: Equality and Individualism in the natural law of intellectual property right. Yale Law Journal, 1993 (7): 1533 – 1609.

[8]　Goldstein P. Copyright and its substitutes. Electronic Intellectual Property, 1999 (6): 13 – 15.

[9]　袁真富. 版权保护中的技术措施对公众利益的妨碍及其对策. 中国专利与商标, 2002 (3): 28 – 33.

作者简介

吉宇宽，男，1972 年生，副教授、法律硕士，发表论文 46 篇，参编著作 1 部。

实践篇

美国大学图书馆版权服务调查及启示[*]

随着近几年 MOOC 的兴起，图书馆员在 MOOC 中的角色成了图书馆界的一个热门话题。虽然各自的表达不尽相同，但是在多数关于图书馆与 MOOC 的讨论中，都离不开版权问题。如大学与研究图书馆协会（The Association of College & Research Libraries，简称 ACRL）在 2013 年 2 月 17 日提出的"MOOCs & Librarians"讨论，就尤为关注信息素养和为教师提供高质量课程资源以及版权方面的问题[1]。斯坦福大学图书馆的 M. Calter 在国际图联 2013 年年会上提交的论文中提出斯坦福大学图书馆主要从版权、媒体、学习管理系统和培训 4 个方面参与 MOOC[2]。查看美国大学图书馆的网页，能找到许多有关版权服务的内容，可见版权服务在美国大学图书馆中已非常普遍。本文以"copyright office"和"university library"作为关键词，将两者的布尔逻辑关系设为"与"，在 Google 搜索引擎中进行检索，在对大量的检索结果进行筛选后，选择了 10 所设有独立版权服务部门且版权服务工作开展得比较完善的美国大学图书馆的网站，对其提供的版权服务内容进行分析和总结。以下是对这 10 所美国大学图书馆版权服务调查的具体情况。

1 图书馆开展版权服务的目的

版权和知识产权问题作为科研和学术交流非常重要的组成部分，直接影响到教师、学生的日常工作，因此对版权法的了解十分必要。

以德克萨斯州立大学为例，为了应对高校教育中日益增长且日益复杂的版权问题，该校于 2012 年成立了版权办公室。该办公室是图书馆的一部分，也是处理所有与版权有关的事务的中心，同时还承担学术交流、信息提供、协助出版及推动开放获取的任务。该办公室的主要目标有：① 支持德克萨斯州立大学的使命和目标，特别是教学、科研和学术方面；② 提供版权法及其实践发展的最新信息；③ 鼓励了解和利用公共领域的资源；④ 以指南、小册

＊ 本文系"福州地区大学新校区第二批文献信息资源共享与服务"项目"MOOC 环境下高校图书馆的在线信息素养教育"（项目编号：JAS14960）研究成果之一。

子、通讯、社会媒体、课堂教学及个人讨论组的形式开展版权教育；⑤ 为使用受版权保护的材料提供许可请求的服务[3]。再如斯坦福大学图书馆，也充当着校园版权信息和教育资源中心的角色，每年都会给全校师生发送版权提醒（copyright reminder），普及校园中常见的版权问题及美国版权法的基础知识，让全校师生意识到版权问题的重要性[2]。

但需要说明的是，图书馆的版权服务仅仅是出于信息的目的，提供与版权和知识产权问题相关的材料和资源，而不是以提供法律咨询或建议为目的，师生们如要寻求法律咨询还是需要联系版权和知识产权方面的律师或顾问[4]。

2 图书馆开展版权服务的内容

经调查，各大学图书馆网站上有关版权服务的内容虽各有差异，但是大体可以归纳为以下5个方面：① 版权信息（咨询）——普及与宣传版权基础知识；② 资源推荐——为读者推荐有价值的免费开放的电子资源；③ 版权教育——以研讨会或课堂教学等形式对师生进行版权知识与应用的教育；④ 版权清理——为师生提供版权咨询，必要时帮助其获取版权授权；⑤ 鼓励开放存取，促进学术交流。除此之外，还有为数不多的图书馆涉及作品发表的相关问题及与图书馆相关的版权问题等内容。具体情况如表1所示：

表1 美国大学图书馆版权服务调查结果

序号	校名	部门设置	版权服务内容
1	杜克大学图书馆（Duke University Libraries）	版权和学术交流办公室（Office of Copyright and Scholarly Communications）	①版权信息（咨询）；②版权清理；③开放存取与学术交流；
2	德克萨斯州立大学 Albert B. Alkek 图书馆（Albert B. Alkek Library）	版权办公室（University Copyright Office）	①版权信息（咨询）；②资源推荐；③版权教育；④版权清理；⑤作品发表的相关问题
3	纽约大学图书馆（（New York University Libraries））	图书馆版权办公室（The Library Copyright Office）	①版权信息（咨询）；②资源推荐；③版权清理；④开放存取与学术交流
4	乔治敦大学图书馆（Georgetown University Library）	版权和学术交流部（Copyright and Scholarly Communication）	①版权信息（咨询）；②图书馆图片使用规定；③学术交流

序号	校名	部门设置	版权服务内容
5	哥伦比亚大学图书馆（Columbia University Libraries）	版权咨询办公室（Copyright Advisory Office）	①版权信息（咨询）；②资源推荐；③版权清理
6	密歇根大学图书馆（Michigan University Library）	版权办公室（Copyright Office）	①版权信息（咨询）；②资源推荐；③版权教育；④版权清理；⑤作品发表的相关问题
7	俄亥俄州立大学图书馆（The Ohio State University Libraries）	版权资源中心（Copyright Resources Center）	①版权信息（咨询）；②资源推荐；③版权教育；④版权清理；⑤图书馆相关的版权问题
8	福尔曼大学 James B. Duke 图书馆（Furman James B. Duke Library）	版权资源办公室（Copyright Resource Office）	①版权信息（咨询）；②资源推荐；③版权教育；④版权清理
9	斯坦福大学图书馆（Stanford University Libraries）	图书馆未设独立的版权服务部门，但与学校的版权合理使用中心（Copyright and Fair Use Center）有密切合作	①版权信息（咨询）；②版权教育
10	宾夕法尼亚大学图书馆（Penn Libraries）	图书馆未设独立的版权服务部门	①版权信息（咨询）；②资源推荐；③版权清理；④发表作品的相关问题

2.1 版权信息咨询

版权信息咨询的内容主要有两个方面：① 有关版权基础知识的咨询，提供有关版权法及其与学术交流活动（如研究、教学和出版）的关系的信息和资源。② 为本校师生利用版权资源提供咨询。在教学和科研的过程中，不可避免地会涉及版权作品的利用，很多教师和学生还不清楚自己的行为是否会侵权，为其提供版权咨询十分必要。德克萨斯州大学图书馆版权办公室所提供的服务中就有两项十分明确：① 回答关于德克萨斯州立大学系统或德克萨斯州立大学的版权政策和程序问题，包括这些政策与联邦和州法律的关联；② 提供研究服务和资源，包括回答关于版权问题的常见问题[5]。

2.2 版权教育

版权教育的主要内容包括版权基础知识的普及与师生如何利用版权资源和保护自己的版权利益，主要通过以下几种方式进行：

2.2.1 分发版权材料

斯坦福大学图书馆每年都会发送版权提醒，其内容概述了美国版权法与斯坦福大学社区最相关的内容，突出常见校园版权问题，以使斯坦福大学师生们长期保持高度的版权[6]。

2.2.2 开办版权方面的研讨会或课堂教学

如密歇根大学图书馆版权办公室工作人员所组织的关于版权基础知识、知识共享、开放存取、数据分享和学术交流方面的研讨学习活动，既有定期开办的与版权有关的不同主题的研讨会，也有应读者要求常年灵活举办的各种不同的研讨活动[7]。

2.2.3 录制版权相关视频

制作关于版权基础和教学中利用版权材料的视频，便于师生不受空间和时间限制地在线学习。

2.2.4 在学校策划和组织活动

增强对现行版权法的了解，鼓励读者利用开放存取和共享信息以及公共领域的资源作为研究或其他用途的资源来源。

2.3 资源推荐

版权作品的合理使用受到各种条件的限制，使用不当还容易承担版权风险，为版权作品——寻求授权又是一个漫长而昂贵的过程，而充分利用开放、免费的资源会容易和便宜得多。图书馆资源存储的功能正好为其进行资源推荐提供了天然的优势，推荐的资源主要包括公共领域的资源、知识共享授权的资源及开放存取的资源3种。

2.3.1 公共领域的资源

公共领域的资源是一些不受版权保护的作品，这些作品可以未经作者的允许被免费地使用和改编。需要注意的是，虽然这些作品不受版权限制，但出于学术诚信，必须注明其出处。进入公共领域的资源分几种情况：版权保护到期、版权所有手续不符合、美国政府工作文件、奉献给公共领域的作品及版权法保护范围之外的作品。如乔治敦大学图书馆推荐的公共领域的图书资源包含：古登堡计划（Project Gutenberg）的45 000多本免费电子书和联邦数字系统（Federal Digital System）的官方出版物。其推荐的图像、音频及视频资源有：①互联网档案馆进入公共领域和开放获取的文本、音频、图像、软件及归档的网页；②国会图书馆的数字馆藏与服务（Library of Congress Digital Collections & Services）中的画报及视听集；③维基共享（Wikimedia Commons）的图片、音频及视频资源；④欧洲数字图书馆（Europeana）中数百万来自欧洲博物馆、图书馆和档案馆数字化项目中公共领域和开放存取的作品；⑤美国和欧洲大量的在线档案中的图片、图书、音频和电影[8]。

2.3.2　知识共享许可的资源

知识共享（Creative Commons，CC）是一个促进创意作品的共享和利用的非营利性性组织。它提供了一系列可以使用的许可协议和工具，以便创作者和许可人能够使用更为灵活的许可协议条款对其作品进行授权使用。知识共享许可协议总共有 6 种方式，按照从最宽松到最严格的顺序排列，分别是 CC BY-Attribution（署名）；CC BY-SA-Share Alike（署名 – 相同方式共享）；CC BY-ND-No Derivatives（署名 – 禁止演绎）；CC BY-NC-Non-Commercial（署名 – 非商业性使用）；CC-BY NC-SA-Non-Commercial、Share Alike（署名 – 非商业性使用 – 相同方式共享）；CC-BY-NC-ND - Non-Commercial，No Derivatives（署名 – 非商业性使用 – 禁止演绎）。其中，BY-NC、BY-NC-ND、BY-NC-SA 3 种方式禁止商业利用，BY-ND、BY-NC-ND 禁止传播改编材料，BY-SA。BY-NC-SA 要求改编材料要有与原作品相同的授权，6 种方式都要求署名[9]。

宾夕法尼亚大学图书馆在推荐的资源中，首先对知识共享的网站进行链接（对许可协议的说明还进行单独链接），让师生了解知识共享许可协议是做什么的，明白其原理及其 6 种许可协议的详细情况，包括查看 6 种协议的普通文本与法律文本。此外，还按资源类型，分别推荐知识共享中相应的文本、图像及视频资源。如文本类型的资源方面，推荐了维基百科中 2 200 多种知识共享许可的期刊[10]。

2.3.3　开放存取的资源

开放存取（Open Access，OA）是通过网络提供不受限制的经过同行评议的学术研究成果的一种实践。它在学术期刊论文中应用最普遍，同时也越来越多地提供学位论文、学术专著或者书籍的章节[11]。开放存取的实现途径包括开放存取期刊（open-access journals）和自存档（self-archiving）两种形式[12]。前者是在开放存取的期刊上发表文章，以使用户能够自由地获取这些资源。后者是指作者将论文资料的副本存储在机构知识库、学科知识库或者个人网站上，供用户自由使用的开放形式，如乔治敦大学图书馆的"Digital-Georgetown"（简称 DG）。

DG 是乔治敦大学图书馆的一个在线机构知识库，乔治敦大学成千上万的学院出版物、报告、学位论文、论文以及其他学术作品都可以通过 DG 在线获取，所有乔治敦大学的科研人员都可以利用这个知识库来支持自己的学术研究。DG 目前已成为乔治敦大学研究人员利用开放存取资源最便捷的平台，每个月都有数以千计的访问者，图书馆也成立了一支专门的队伍来为其发展提供支持。同时，乔治敦大学图书馆还与法律图书馆、生物伦理学研究图书馆以及乔治敦大学出版社合作，每年都参加"Open Access Week"这样全球性的开放存取活动[13]。

2.4 版权清理

版权清理是图书馆版权服务工作的重点，也是难点，在所调查的 10 所大学图书馆中有 8 所涉及版权清理的相关内容。其中，德克萨斯州大学图书馆版权办公室所列举的有关版权清理的内容相对比较完善：① 协助查找公共领域的、免费的、不限使用的资源；② 判断图像、文本或音乐作品是否受版权保护；③ 协助获取许可，将受版权保护的作品用于教材或其他教学用途，包括电影、打印材料、音乐作品、照片和其他图片；④ 依据 TEACH 协议，协助职工检查可以被用于或授权在远程教育课程中使用的材料[5]。

根据版权清理的这些内容，大体可以将版权清理工作分为 3 步：① 协助师生判断所使用的作品（包括图像、文本或音乐作品等）是否受版权保护，如果受版权保护，他们的使用方式是否侵犯了这些作品的版权；② 如果侵犯了所使用作品的版权，就要为他们寻找替代资源，如公共领域、知识共享许可或者开放存取的资源，减轻他们的侵权风险；③ 如果确实没有适合的替代资源，只能协助他们获取所需资源的使用许可。

2.5 鼓励开放存取，促进学术交流

根据 ACRL 的定义，学术交流是这样一个系统：通过这个系统，学术研究和其他学术创作被创建，被质量评估，被传播到学术社区，并被保存以供将来使用。学术交流系统的原则就是知识的开放存取，为已发表的学术研究和其他学术创作提供最广泛的获取通道[14]。

现在已有越来越多的大学提倡并加入到这个队伍中。像杜克大学制定的一个重要使命就是要让知识为社会服务，这意味着要尽可能广泛地提供杜克大学的研究成果，不仅仅能让杜克大学的研究人员通过进入本校图书馆获取，而且要让任何人都能从他们正在进行的学术研究中获益。2010 年 3 月，杜克大学学术学术委员会通过了一项适用于所有杜克大学职工的开放存取政策，即除非个人作者选择退出开放存取，杜克大学有权通过杜克大学图书馆机构库，即著名的 DukeSpace 免费提供杜克大学职工所撰写的学术文章。杜克大学图书馆的工作人员 H. Walton 就是专门负责在校园内扩展和倡导学术交流的。她与教师、学生、研究人员还有图书馆工作人员合作，支持大学里的开

放存取出版、开放数据以及其他开放学术活动，协助杜克大学中的人员将他们的研究通过 DukeSpace 机构库免费提供给全球的读者使用[15]。

3 美国大学图书馆版权服务对我国大学图书馆的启示

版权意识的重要性不言而喻，尤其是在版权作品密集的大学。但是，目前我国大学中的版权教育工作还比较欠缺，师生们的版权意识也比较薄弱。我国的大学图书馆完全可以借鉴美国大学图书馆版权服务的经验，在这方面有所作为：

3.1 加强版权的宣传教育工作

据一项以广州大学城的大学生作为样本对象的调查显示，对"有没有接受版权意识的宣传教育"这个问题，43%的大学生选择"没有这方面的专门教育宣传"，27%的大学生选择"这方面的教育较少（大学期间不多于2次）"，30%的大学生选择"没有这方面的专门的教育宣传"；而对该大学城研究生的调查表明，有38%的研究生没有接受过版权意识宣传教育[16]。虽说高学历者接受版权教育的机会相对多一些，但总体而言，我国大学校园中版权意识的宣传教育还不够。

图书馆开展版权宣传教育可以采取讲座、发放宣传材料或者网络公开课等形式。我国许多大学图书馆每年都会举办新生教育和读书月活动（有的还常年举办各种主题的讲座），还有不少图书馆开设了文献检索课程，或者录制相关的教学视频供师生在线学习。在这些教学活动中，完全可以将有关版权知识普及的内容结合进去，作为一种常态化的教育，提高师生的版权意识，让他们在日常的学术研究中做到既尊重他人的版权，也懂得保护自己的版权不受侵犯。具体内容可包括：①我国版权法的介绍，如版权法的基础知识、版权方面的最新动态、版权法与校园生活的关联等；②师生在日常工作中常见的版权问题及相应的解决对策，如教师在课堂教学中如何使用受版权保护的材料，规避版权风险，师生在论文写作中如何遵守学术规范等。

3.2 收集、推荐公共领域的或开放存取的有价值的免费资源

通过一——获取版权许可来利用版权作品的做法不仅需要大量的时间和精力，而且版权许可请求未必会得到版权所有者的回应。因此，在教学科研中，公共领域的资源、免费的开放存取资源和知识共享系统中的资源应该是首选。我国很多大学图书馆或多或少都对一些免费资源进行了链接，但是资源比较零散，宣传力度也不够。如果能认真地根据自己学校的需求，将相关的免费资源进行收集和链接，并向师生积极宣传推荐，不仅可减少版权风险，也可

以使图书馆有限的经费得到更合理的分配。

3.3　提供版权咨询与版权清理服务

教师们在日常的教学和科研工作中，不可避免地会利用到版权作品。图书馆相关的工作人员可以与教师充分沟通，让他们仔细考虑这些资源是否是教学中所必须的，是否可以寻找到免费的替代资源来实现同样的教学目标。如果教师们认为这些资源是必不可少的，图书馆工作人员可以指导他们将资源控制在合理使用的范围内，或者帮助他们寻求版权许可[17]。谈判的对象必须是版权所有者，通常就是作者或者出版商。作者可能经常联系不上或者没响应，这时也可以联系出版商，有时联系出版商谈判还是更好的选择，因为他们出于营销的目的，可能会允许免费使用书籍和课本中节选的一小部分。

目前，设置专门的法务馆员进行版权咨询和版权清理工作对绝大多数图书馆来说还比较困难，但图书馆可以聘请主修知识产权方面的实习生，或者与学校相关部门的专家学者合作，还可以加强与版权中介的联系，借助这些专业人士的力量来为图书馆开展深入的版权清理服务[18]。

3.4　鼓励开放存取，促进学术交流

开放存取是学术领域的大势所趋，越来越多的图书馆都已加入到这个队伍中。我国也有一些大学图书馆在创建自己的机构知识库，我们应该提高对知识库建设的重视程度，积极参与各种相关的国际会议，同时借鉴国外大学图书馆的成功经验，努力为学术交流提供一条顺畅的通道。

3.5　与嵌入式的学科服务相结合

嵌入式的学科服务在我国图书馆已不是什么新鲜事，版权服务也可以完美结合到其中。如帮助教师收集、推荐课程所需的资源，鼓励教师使用免费开放的作品，为教师在教学和科研中提供版权咨询或者版权清理等。在版权意识还比较薄弱的大环境中，如果我们能够上门为教师们普及版权知识，并提供比较专业的版权服务，应该会取得良好的效果[19]。

总之，版权意识的重要性决定了我国大学开展版权教育与服务的必要性，虽然开展版权服务的专业性要求比较高，但是对我国大学图书馆而言，应该充分发挥自身的优势，从基础的版权信息服务做起，由易入难，在发展到条件成熟时再开展深入的版权清理。

参考文献：

[1]　Bohle S. Librarians and the era of the MOOC［EB/OL］.［2015－06－25］. http：//www. scilogs. com/scientific ＿ and ＿ medical ＿ libraries/librarians-and-the-era-of-the-

mooc/.

［2］ CALTER M. MOOCs and the library：Engaging with evolving pedagogy ［C］//Proceed-
ings of the IFLA WLIC 2013. Singapore，2013.

［3］ Mission and goals statement ［EB/OL］. ［2015 – 06 – 25］. http：//
www. library. txstate. edu/about/divisions/research-learning/copyright. html.

［4］ Legal disclaimer ［EB/OL］. ［2015 – 06 – 25］. http：//www. library. txstate. edu/a-
bout/divisions/research-learning/copyright. html.

［5］ Services provided by the University Copyright Office ［EB/OL］. ［2015 – 06 – 20］. ht-
tp：//www. library. txstate. edu/about/divisions/research-learning/copyright. html.

［6］ Copyright reminder ［EB/OL］. ［2015 – 06 – 26］. http：//library. stanford. edu/using/
copyright-reminder/copyright-law-overview/dmca-and-access-control.

［7］ Copyright workshops ［EB/OL］. ［2015 – 06 – 23］. http：//www. lib. umich. edu/
copyright/presentations.

［8］ Public domain ［EB/OL］. ［2015 – 06 – 27］. http：//www. library. georgetown. edu/
copyright/public-domain.

［9］ Creative commons ［EB/OL］. ［2015 – 06 – 27］. http：//www. library. georgetown.
edu/copyright/creative-commons.

［10］ Copyright resources to support publishing and teaching：Coursera and moocs ［EB/OL］.
［2015 – 06 – 26］. http：//guides. library. upenn. edu/content. php? pid = 244413&sid
= 3375306.

［11］ What is open access ? ［EB/OL］. ［2015 – 06 – 27］. http：//library. duke. edu/re-
search/openaccess/.

［12］ 陈东韵，黄如花. 开放存取信息资源的知识产权保护现状 ［J］. 图书情报工作，
2008，52 （12）：17 – 19，58.

［13］ Open access initiatives at Georgetown ［EB/OL］. ［2015 – 06 – 17］. http：//www.
library. georgetown. edu/open-access.

［14］ Principles and strategies for the reform of scholarly communication 1 ［EB/OL］. ［2015
– 06 – 22］. http：//www. ala. org/acrl/publications/whitepapers/principlesstrategies.

［15］ Open access policy for faculty scholarship ［EB/OL］. ［2015 – 06 – 05］. http：//li-
brary. duke. edu/research/openaccess/.

［16］ 王群，邓世豹. 大学生版权意识现状研究 ［J］. 当代青年研究，2013 （1）：125
– 128，57.

［17］ 张云丽. 美国高校图书馆开展 MOOC 版权服务的实践及启示——以杜克大学图书
馆为例 ［J］. 山东图书馆学刊，2014 （6）：95 – 100.

［18］ 郝瑞芳. 大学图书馆版权管理和版权服务的新视点 ［J］. 图书馆工作与研究，
2015 （4）：46 – 50.

［19］ 杨杰. 美国高校图书馆开展 MOOC 服务的实践及启示 ［J］. 图书馆学研究，2014

(19)：85 - 89，30.

作者简介

叶秀明（0000 - 0002 - 1072 - 8842），馆员，硕士，E-mail：yxm19860628 @ 126. com。

大学图书馆参与 MOOC 版权服务的实践及启示[*]

——以杜克大学图书馆为例

大规模开放在线课程（Massive Open Online Course，MOOC，中文译作"慕课"）是近年来高等教育领域出现的一个热点问题。大学图书馆作为高校教学与科研的重要支持者，对这一领域也予以了高度关注。2013 年 3 月 18 日，OCLC 举办了"MOOC 和图书馆：众多的机会还是巨大的挑战？"的专题研讨会，会议吸引了 125 名与会者和 400 多名在线参会者[1]。

与会者从各个角度对 MOOC 与图书馆的关系进行了全面分析，包括 MOOC 环境中图书馆面临的机遇与风险；图书馆员在 MOOC 中的角色定位及职业前景；MOOC 给图书馆带来的法律问题等。

对于图书馆在 MOOC 中的地位，学界存在不同观点。有人认为图书馆参与 MOOC 为时过早，时机尚不成熟；有人认为由于 MOOC 平台的限制（特别是 Udacity 平台），图书馆员很难真正参与；但是大部分学者认为图书馆应当积极参与 MOOC，并将发挥不可或缺的作用[1]。图书馆业界也在以不同方式积极参与 MOOC 实践活动。例如，斯坦福大学图书馆通过学术计算团队为 MOOC 制作提供视频支持服务；加利福尼亚大学伯克利分校图书馆成立 MOOC 项目工作小组，为本校的 MOOC 课程提供内容支持及检索技能培训；一些图书馆甚至尝试独立制作 MOOC 课程，如纽约图书馆的"汉学 101"、洛杉矶市图书馆的"缝纫与烹饪"技能培训课程[1]。图书馆参与 MOOC 的形式多种多样，但是许多学者认为，版权服务将是图书馆，特别是大学图书馆参与其中的最重要、最有效的方式之一。

1　大学图书馆参与 MOOC 版权服务的研究综述

美国研究图书馆协会（Association of Research Libraries，ARL）于 2012 年

＊　本文系湖南省哲学社会科学基金项目"主动嵌入高校教学质量与创新过程的区域数字图书馆新模式研究"（项目编号：12YBB173）研究成果之一。

10 月出版白皮书，从 5 个方面探讨 MOOC 将给大学图书馆带来的法律问题：①MOOC 课程中引用的资料是否符合"合理使用"原则；②课外阅读材料的版权界定问题；③MOOC 课程本身的版权归属问题；④数字千年版权法案相关条款的适用性问题；⑤残障学生的课程可获得性问题。ARL 认为合理使用依然是图书馆及读者的核心权力，必须充分利用；学术图书馆必须支持并扩展开放获取政策；确保 MOOC 中素材的获取途径直接嵌入内容之中[2]。

Wu Kerry 建议图书馆主要可以从 3 个方面参与 MOOC：①版权清理和寻找免费资源；②课程制作；③版权政策的推进。他认为，在这些角色中，版权清理是图书馆在 MOOC 中扮演的最重要的角色[3]。H. Gore 认为，MOOC 将会面临复杂的版权问题，大学图书馆必须对以下问题有所考虑：MOOC 课程本身及课堂资料的版权归属问题；课程学习者创造的资料的版权归属问题；MOOC 中引用材料的版权申请问题[4]。G. Creed-Dikeogu 等认为，虽然大学图书馆拥有丰富的版权知识及版权处理经验，但是如何处理 MOOC 中的版权问题却是一个全新的挑战。对于合理使用原则，图书馆必须谨慎对待。他建议图书馆对 MOOC 中的每一个引用资料进行合法性及合理性审查，确保没有违反许可协议或触犯版权法律[5]。C. Kendrick 等认为：MOOC 时代，大学图书馆应该对现有的版权归属政策进行思考，并推动适合 MOOC 的版权政策的改进[6]。

国内图书馆界对于 MOOC 的研究尚处于起步阶段，2014 年第 2 期的《中国图书馆学报》上，秦鸿探讨了 MOOC 中图书馆应该扮演的系列角色，其中，版权顾问排在首位。他认为这是图书馆参与 MOOC 最有效、最积极的方式[1]。

2　杜克大学图书馆的 MOOC 版权支持服务

杜克大学于 2012 年开始参与 MOOC 课程制作，图书馆反应迅速，率先开展针对 MOOC 的版权支持服务，内容丰富，手段多样，建立了一套完整的版权服务支持体系，并且将其纳入日常工作的范畴，由专人来负责，为本校师生参与 MOOC 提供强而有力的版权支持。在 OCLC 的专题会议上，作为典型案例的杜克大学图书馆介绍了版权服务的经验，受到同行的广泛关注，并在相关论文中被频繁引用。

2.1　版权服务的背景及准备工作

杜克大学于 2012 年春天加入 Coursera 平台，制作和发布相关的 MOOC 课程。在这一过程中，教师们发现在课堂中习惯引用的各种资料，在 MOOC 中却受到种种限制。Coursera 平台，对于第三方版权资料的引用也有着十分严格的规定，若违反这些规定，课程将面临被 Coursera 卸载的风险[7]。这些规定严重打击了教师在制作课程时引用第三方资源的积极性。为了排除版权带来的困扰，杜克大学的版权与学术交流办公室（Office of Copyright and Scholarly Communication，OCSC）开始尝试探讨如何为在校师生提供 MOOC 环境下的版权支持服务。

OCSC 隶属于学校图书馆，并由馆员凯文·史密斯（K. Smith）担任主管，长期以来为学校师生提供版权咨询及学术交流服务[8]。经过多年的工作积累，该办公室具有丰富的版权处理经验。另外，由于 MOOC 涉及十分复杂的版权问题，版权服务的工作量十分惊人，OCLC 的相关报告曾指出，平均用于一门慕课版权清理的工作时间为 380 小时[9]。预计到这项工作将给图书馆带来巨大的工作负担，2012 年 7 月，学校的教务长办公室出资，为图书馆聘请了一位实习生，每周工作 15 小时，辅助 OCSC 处理相关版权事宜。这名实习生已经获得北卡罗莱纳州立中央大学的图书馆学硕士学位，并且在校期间研修过知识产权的相关课程[10]。

2.2　杜克大学图书馆版权服务的内容

杜克大学图书馆根据 MOOC 可能涉及的版权问题，提供 3 个方面的版权支持服务，分别为："合理使用"的指导及咨询服务；与出版商及作者协商，获得版权许可；寻找可替代的开放获取资源[10]。

2.2.1　"合理使用"的指导与咨询服务

合理使用是适用于传统教学的一项重要的著作权例外。MOOC 环境中，合理使用的原则依然适用，但是相对于课堂教学，其使用将受到诸多限制。与此同时，MOOC 课程虽然从本质上来说是免费提供的（如教学视频），但是其中的一些增值服务，如与身份认证、考试、授予结业证书有关的课件内容等，都是采取有偿服务的形式。例如，Cousera 平台上的"签名踪迹"属于收费项目[11]。盈利的 MOOC 模式中，"合理使用"原则应该如何界定？如何在复杂的 MOOC 版权环境中，充分享受"合理使用"豁免权带来的便利，又有效规避相关的法律风险？这成为 MOOC 参与者们最为关心的问题之一。

每一门 MOOC 课程中，创作者都会引用数量庞大的教学素材，如教材目录、图表、图片、录像片段等，用来充实课程内容。图书馆不可能逐一去检视这些材料。为了提高工作效率，杜克大学图书馆制定了一个规范性的指导文件——"版权指南"，帮助教师判断"合理使用"的范畴[12]。

"版权指南"于 2012 年 8 月发布，10 月进行了更新。指南制定的目的是为了帮助大家在充满不确定性的 MOOC 环境中，合理使用受版权保护的材料。

指南中关于"合理使用"的界定尽可能清晰，以帮助教师作出准确的判断。然而，为了避免不必要的版权纠纷，指南建议，对于教学内容可有可无的第三方版权材料，应尽量予以删除。在细则中，版权指南对文本、图像、音乐、录音、视频等不同的资源类型界定了"合理使用"的范畴，并明确标出引用时的注意事项。这个指南发布之后产生了重大影响，一方面，该指南成为杜克大学师生在参与 MOOC 时的版权参考依据；另一方面，其他大学图书馆也纷纷效仿，制定版权问题的指导性文件。

2.2.2 辅助查找可替代的开放获取资源

对于 MOOC 课程中引用的受版权限制的资源，杜克大学图书馆建议使用并帮助查找可替代的开放获取资源，包括开放获取的期刊、机构库，参与 CC 协议的多媒体资源等。图书馆对常用的 OA 资源进行系统清理，按照学科、资源类型等方式进行分类汇总。同时，鼓励教师将自己的学术成果上传到杜克大学的开放获取仓库——杜克空间，从而使参与课程的学生方便获取[13]。通过对开放获取资源的宣传及推广，图书馆发现教师版权申请的服务需求大大减少。

与此同时，一些 MOOC 开发商开始寻求与出版商合作以获得授权，在平台上提供免费使用的资源，借以提高平台的竞争力。2013 年 5 月，Coursera 宣布与 Chegg 合作，圣智学习出版公司、麦克米兰高等教育出版社、牛津大学出版社、SAGE、WILEY 等 5 家出版机构通过 Chegg 的数字版权管理（Digital Rights Management，DRM）阅读器提供电子教材。教师在课程制作期间，可以免费引用这些教材，而学生在课程开放期间可以免费阅读。课程结束后，学生可以通过出版社购买该电子教材的完整版本或通过 Coursera 购买精简版本[14]。这部分资源已经获得出版社授权，因此使用时无需考虑版权问题和费用问题，图书馆将其作为开放获取资源的重要补充，引导教师予以充分利用。

2.2.3 版权许可申请

对于课程中必须要用到的第三方版权资料，杜克大学图书馆提供版权许可的申请服务。教师向图书馆提交版权申请，然后由图书馆与版权所有者进行沟通和协商，争取获得授权。教师在申请中必须回答以下问题：① 课程中引用这个素材的目的？运用于什么课程？是否加以修改或进行评论？② 是否是素材的作者本人？③ 是否愿意添加一个购买信息的链接？④ 这些素材是否会嵌入到教学视频中？⑤ 这些素材学生是否可以下载？⑥ 是否愿意以超链接的方式引用素材？通过回答这些问题帮助版权所有者判断是否予以授权。同时，为了使申请过程更为快捷，申请人必须提供资料的详细信息，包括题名、作者、日期、URL、页码、视频的时间码等。

版权申请服务刚开始运行时，图书馆没有设定严格的时间期限，后来进行了修正，增加了相关内容。图书馆要求教师必须在课程上线的 10 周前提交申请，以保证工作人员有足够的时间进行处理。如果在课程上线前的 6 周，申请依然没有得到回复，图书馆将建议教师寻找其他替代资源。

从 2012 年 8 月到 2013 年 5 月的 10 个月期间，杜克大学图书馆总共收到 172 条版权申请，其中，教师提交了 52 条，OCSC 的助理人员提交了 120 条。在这些申请中，有 86 条得到了免费许可，34 条为有偿许可，7 条申请被直接拒绝，其余申请没有收到回复。图书馆的工作人员表示，虽然申请的过程十分曲折，遭到拒绝或不回复的情况也让人十分沮丧，但是，申请的成功率以及给教师带来的便利，让他们觉得这项工作付出的时间和精力是值得的[10]。

2.3 对版权服务效果的测评

为了评估服务效果及改进后续服务，2013 年 5 月，图书馆向 15 位教师发放了调查问卷，10 位教师予以反馈。参与调查的大部分教师表示，版权障碍严重影响了 MOOC 课程的质量及进程，图书馆提供的 3 项版权服务令人满意并且很有价值。同时，调查结果也揭露了版权服务中的一些问题。首先，8 位教师反映版权申请中的时间延误问题十分关键，由于处理和反馈不及时，申请被拒绝时，往往导致他们措手不及，没有时间寻找新的替代材料。其次，申请被拒绝的情况时有发生，导致他们不得不改变原有的教学计划。4 位教师表示，由于版权的问题，他们对原始课程计划进行了重大修改，还有 4 位教师表示其对课程做出了细小的修改。个别教师认为，在版权申请服务上，图书馆没有充分代表他们的利益以争取最大权益[10]。

针对调查结果反馈的问题，杜克大学图书馆对相关服务流程进行了改进。首先，对版权申请服务设定更为严格和清晰的时间表，版权申请的流程遵循时间表的安排，并及时反馈处理结果。其次，加强版权申请过程中与老师的互动沟通，而不仅仅是通知处理结果。工作人员将版权申请的最新进展及时向教师通报，并根据时间表给出相关的处理建议。

3 杜克大学图书馆版权服务的启示

3.1 以版权指导、版权教育为主

MOOC 涉及到的版权服务工作，性质十分复杂、工作量十分庞大，杜克大学图书馆由于人员、时间等方面的限制，并没有参与某一门具体 MOOC 课程的版权清理工作，而是以整体的版权指导、版权教育工作为主，辅以具体

的版权咨询、版权许可服务。这种模式让图书馆将精力聚焦在核心问题的解决上（包括宏观指导、整体把关等），而不是琐碎的版权清理工作，值得我们思考和借鉴。国外许多图书馆在刚刚开始提供版权服务时，参与具体的版权清理工作，费时费力，效果并不明显。而且由于在一门课程上花费的时间与精力过于集中，导致服务的覆盖面太小，无法形成规模效应。以斯坦福大学图书馆、宾夕法尼亚大学图书馆为代表的一些馆认识到了这一问题，纷纷学习杜克大学图书馆的"版权指导、版权教育"为主的服务模式，通过版权指南的制定、版权政策的培训等方式，开展版权服务工作。例如，宾夕法尼亚大学图书馆以杜克大学的"版权指南"为模板，在其网站上发布了关于"MOOC 中的常见版权问题"的相关文件，供本校师生参考[15]。斯坦福大学图书馆高度重视师生的版权教育工作，并积极探讨适合 MOOC 的教育手段和教育方法。同时，图书馆在其主页上发布的 2013 与 2014 年度的版权提示中，明确指出了 MOOC 中的版权注意事项[16]。

3.2 对开放获取资源的积极利用与推广

杜克大学的许多教师表示，MOOC 改变了他们对于开放获取的态度及看法，特别是遇到版权障碍的时候，对开放获取资料的需求更为迫切。我们相信，不仅仅是杜克大学，所有 MOOC 运动的参与者，都会越来越清楚地认识到开放获取资源的重要性。因此，图书馆应以 MOOC 为契机，促进开放获取资源的利用及推广。更为重要的是，通过观念的转变，鼓励更多的教师将自己的学术成果向公众开放，从而创造一个更加开放的学术及教学环境。

3.3 推进适合 MOOC 特色的版权政策的制定和发展

版权政策与图书馆息息相关，而长久以来，图书馆在这一领域却鲜有"话语权"。MOOC 的发展壮大会促使教育界、出版界、图书馆界等各个领域的人们对现有版权政策的适用性进行重新思考，改革成为必然。MOOC 环境中，图书馆以版权处理专家及咨询专家的身份出现，丰富的版权服务经验也可使他们在版权政策的制定和改进方面提出更多的合理建议。

参考文献：

[1] 秦鸿. MOOCs 的兴起及图书馆的角色［J］. 中国图书馆学报，2014（2）：19 – 26.

[2] Butler B. Massive open online courses：Legal and policy lssues for research libraries［EB/OL］.［2014 – 02 – 15］. http：//www. arl. org/storage/documents/publications/issue-brief-mooc – 22oct12. pdf.

[3] Wu Kerry. Academic libraries in the age of MOOCs［J］. Reference Services Review，

2013, 41 (3): 576 – 587.

[4] Gore H. Massive open online courses (MOOCs) and their impact on academic library serv-ices: Exploring the issues and challenges [J]. New Review of Academic Librarianship, 2014, 20 (1): 4 – 28.

[5] Creed-Dikeogu G, Clark C. Are You MOOC-ing Yet? A review for academic libraries [J]. College and University Libraries Section (CULS) Proceedings Proceedings, 2013 (3): 9 – 13.

[6] Kendrick C, Gashurov I. Libraries in the time of MOOCs [EB/OL]. [2014 – 01 – 17]. http://www. aserl. org/wp-content/uploads/2013/11/EDUCAUSEreview-online_ MOOCs _ Overview. docx.

[7] Terms of use [EB/OL]. [2013 – 11 – 15]. https://www. coursera. org/about/terms.

[8] Office of Copyright and Scholarly Communications [EB/OL]. [2013 – 12 – 07]. ht-tp://library. duke. edu/about/depts/scholcomm.

[9] Proffitt M. MOOCs and libraries, an overview of the current landscape [EB/OL]. [2013 – 03 – 18]. http://www. oclc. org/content/dam/research/presentations/proffitt/ moocs2013. pptx.).

[10] Fowler L, Smith K. Drawing the blueprint as we build: Setting up a library-based copyright and permissions service for MOOCs [J]. D-Lib Magazine, 2013, 19 (7): 7 – 8.

[11] 网易公开课常见问题 [EB/OL]. [2013 – 11 – 15]. http://c. open. 163. com/ coursera/faq. htm#/cfaq/faq? s = 7.

[12] Guidelines for using copyrighted material in Coursera MOOCs [EB/OL]. [2014 – 02 – 13]. http://www. dlib. org/dlib/july13/fowler/07fowler. html.

[13] Duke Space [EB/OL]. [2014 – 01 – 15]. http://dukespace. lib. duke. edu/ dspace/.

[14] Gore H. Massive Open Online Courses (MOOCs) and their impact on academic library services: Exploring the issues and challenges [J]. New Review of Academic Librarian-ship, 2014, 20 (1): 4 – 28.

[15] General copyright issues for Coursera/MOOC courses [EB/OL]. [2014 – 01 – 15]. http://guides. library. upenn. edu/content. php? pid = 244413&sid = 3375306) .

[16] Copyright reminder [EB/OL]. [2013 – 11 – 20]. https://library. stanford. edu/u-sing/copyright-reminder/previous-copyright-reminders.

作者简介

张丹，湖南师范大学图书馆馆员，硕士，E-mail：zhangdan410081 @ 163. com；龚晓林，湖南师范大学图书馆副馆长，副研究馆员。

私立网络著作权授权规则对图书馆的实践价值及影响[*]

随着网络传播的更加便捷和数字作品成本的不断降低，网络服务提供者和信息消费者强烈要求提高传播效率[1]，而网络内容提供者则坚持以传统的许可和付费来实现其利益，追求许可收益最大化[2]。面对传播效率与许可效率的冲突，各国现行的著作权法束手无策，著作权人开始寻求著作权法以外的私立网络授权规则作为授权使用的方式来实现对作品的利用。这种私立网络授权使用不再是传统的依靠协商而订立合同，而是利用拆封合同、点击合同、浏览合同等格式合同来行使著作权。即消费者点击权利人设计的各种格式合同，支付费用方可获得授权而获取和利用作品。图书馆是著作权作品的重要市场，属于机构信息消费者，与公众信息消费者一起构成终端信息消费者主体部分[3]。私立网络著作权授权规则的应用，对于身兼消费者和网络中介信息提供者的图书馆来说，既产生了积极的实践价值，也产生了不利的影响。因此，积极探索"适当"的应对策略，消除私立网络授权规则的不利影响，对于保障图书馆及公众信息消费权益，具有十分重要的意义。

1 私立网络授权规则对图书馆的实践价值

1.1 提高了图书馆获取作品的效率

著作权法是典型的规制作品归属和使用的法律制度。著作权法首先以立法的形式，将著作财产权赋予了创作者等不同的权利人，权利人再以协商的形式，实现著作财产权的再分配，实现著作权流转，保障权利人的利益实现，也使得作者、传播者、使用者处于和谐状态。

随着图书馆和公众的信息消费能力的上升，他们就成为著作权法促进和鼓励信息消费的主要对象，也日渐步入著作权法的中心，与其他著作权人一

　　* 本文系教育部人文社会科学研究青年基金项目"基于三网融合的数字图书馆著作权豁免诉求研究"（项目编号：12YJC870010）研究成果之一。

120

样，成为著作权法的核心要素之一。对于消费性的公众来说，他们既可以通过支付费用购买作品，进行阅读、欣赏，也可以通过享受图书馆等公益性机构的服务来进行信息消费。现在公益性图书馆、档案馆、文化馆、博物馆和教育机构等，通过约定或者法律规定获取作品或作品载体，让社会公众不支付报酬就能实现对作品的利用，已成为公众信息消费的重要途径[4]。例如，我国现阶段，为推进文化的发展和繁荣，大力倡导文化社区、文化下乡、乡村书屋等信息服务形态，就是促进公益性信息消费的重要举措。在传统时期，著作权法以协议许可的模式让图书馆及公众支付对价，获取作品，进行消费；还可以依据合理使用、保护期限制、法定许可、强制许可等著作权限制制度，来保障图书馆及公众消费者自由消费文化产品，即可达到著作权法增进知识和促进公共利益的立法目标。但是，传统时期的协议许可因需要著作权人与图书馆及公众信息消费者相互协商、讨价还价、支付对价之后再授权他们对作品进行利用，既繁琐又费时、额外交易成本高昂，已经不能满足网络时期的图书馆作为网络服务提供者（ISP）快速获取作品的需求，也因此遭到网络作品交易各方主体的摒弃。而作为一种私人创制的权利配置方式，私立网络著作权授权规则——格式授权使用合同无疑成了提高许可效率的较好选择。格式授权使用合同仍然属于著作权人与图书馆及公众信息消费者就著作权专有权的使用所达成的协议[5]，订立这种授权合同将产生合同法上的效力，违者将承担违约责任[6]。私立网络授权规则是基于网络新技术，由权利人以《合同法》和《著作权法》共同构建数字时代的著作权市场而选择的可行的交易模式[7]。由于数字出版蓬勃发展，网络资源在线提供成为内容提供者向图书馆销售资源的主要模式，而私立网络授权规则恰恰就能够发挥其优势，让著作权人、图书馆及公众等利益主体突破法定权利配置，以格式合同这种意定的方式实现权利再分配，从而达到作品的最优利用效果。利用私立网络授权规则，图书馆及公众信息消费者，可以省略协商环节，节约时间和降低交易成本，快速获取所需作品，还可保证作品的快速传播和作品的再创作，使作品的许可效率与传播效率达到匹配。总之，私立著作权授权规则以网络授权使用合同的新模式，弥补了法定权利在著作权市场中的局限性，可以提高网络著作权的许可效率，实现著作权的重新配置，从而使得网络内容提供者、网络服务提供者、图书馆及公众信息消费者，能够快速地从作品中分享到各自所需的利益。

1.2 提高了图书馆的网络作品传播效率和使用效率

以付费使用为典型特征的私立网络授权规则，可以解决权属确定的作品使用的授权与快速传播问题，但是，对于网络中大量的由众多用户协同创作完成的权属复杂的作品交易却无能为力。数字技术、云计算技术不仅改变了作品的生产过程，也改变了作品的传播与利用的具体方式。现在的数字出版商、网络服务提供者依靠云计算技术构建网络平台，进行作品协同创作日益成为主导模式。例如，一起写网、电子杂志 iebook、亚马逊 Kindle 电子书、爱思唯尔公司的 LexisNexis、ScienceDirect 平台等，都是利用云计算技术建立作品创作平台，吸引用户共同参与到作品创作中来。这种作品创作呈现以下特征：① 创作模块化。服务商把要创作的软件作品、艺术作品甚至小说等作品分成模块让不同创作者进行创作，然后服务商汇集模块形成整部作品；或者服务商采用构件化设计来整合电子杂志制作工序，让用户重复使用模块或自己另设模块，供自己和他人使用，服务商最后合成电子杂志。② 创作协作性。所有进入网络平台参与作品创作的公众用户，可能都是分散的、没有任何联络意思的创作者，也就是说服务商的创作平台为公众提供了协作工具，使大量作者聚集在平台上协同创作作品。③ 用户参与性。用户可以利用平台软件、作品资料进行创作，所有用户创作的作品又可以为其他用户享用，即用户既是使用者，也是创作者，相互交叉。为了适应网络的发展，满足公众的新的文化需求，图书馆一直在不断地延伸和变革自己的功能，借助互联网络开通了数字图书馆、移动图书馆、数字电视图书馆等新的传播平台，图书馆与网络服务者的业务逐步融合。图书馆在服务于社会公众的过程中，应大力提高作品的获取与传播效率，以满足公众的阅读、欣赏等消费性使用和进行作品创作的创作性消费需求。但是，现有各国的著作权法却无法使公众和图书馆实现这个愿望。这是因为现有各国的著作权法都以著作权人的许可效率作为优先保护对象，试图通过扩张权利范畴，再以协议许可的形式满足图书馆及公众的愿望，实践证明效果极不理想。例如，我国《著作权法》第10条第1款第17项规定："应当由著作权人享有的其他权利"，这一兜底条款没有限定著作权人所能控制行为的范围，著作权人借此扩张权利，把图书馆及公众网络作品使用的新形式控制在自己的手中，试图全部以协议许可的手段让图书馆及公众付费利用，这既阻碍了作品的传播，也影响了作品的有效利用和作品协同创作新方式的合法性。而私立网络授权规则在权利配置上具有较大的灵活性，以降低作品交易成本和实现作品快速流转的优势，在解决图书馆获取著作权作品效率问题的同时，也在很大程度上解决了作品传播效率的问题。但是，对于协同创作作品的著作权分散于不同主体，难以确定著作权归属，传播时难以获得所有参与创作主体的授权，在一定程度上也影响了作品的传播和使用效率。实践中，私立著作权授权规则沿着另一个路径发展，就满足了图书馆及公众的这种愿望。具体地说，这种授权使用是以开放获取等形式，让所有参与网络平台的创作者自愿放弃部分著作财产权，以公共许可协议的方式，把自己的作品授权给其他使用者（可能是创作者）无偿、自由利用。现在的维基百科、网络公开课、开放获取等都采取这种知识共享模式。虽然他们所发布的公共许可协议不尽相同，但都要求任何利用受公共许可约束的作品创作出来的新作品，都须以同样的许可协议释放其著作财产权，从而保证作品的开放性不会因传播次数的增加而改变[8]。与网络私立授权模式一样，这种知识共享模式也是权利人利用私立网络授权规则，处理著作权的形式，两种模式都使用许可合同，但不同的是，知识共享模式是以许可合同让他人无偿、自由利用自己的作品，而私立网络授权模式是以许可合同授权他人付费有偿使用作品，尽管二者的方法不同，但都是私权自治、契约自由的体现[9]。依靠这种开放获取等知识共享的模式，一方面，图书馆可以获取大量的资源，丰富馆藏，为公众读者所用；另一方面，图书馆可以构建自己的网络创作平台，让公众读者在一种无财产权的前提下进行协同创作，创作出来的作品还可以让后续公众创作者无偿使用。这样，可以充分发挥网络环境中的所有公众创作者的人力资源优势，还可以使作品的创作与传播以较低的交易成本完成，同时激励更多公众以平行创作的方式合作创作、修订、衍生与传播新作品，从而解决了传统著作权市场中因较高的交易成本而导致的交易不能、协同创作不合法的问题，有助于提高图书馆的作品传播和使用效率，实现内容提供者、网络服务提供者、图书馆及公众使用者之间的利益最优配置。

2 网络私立授权规则对图书馆的不利影响

2.1 图书馆的合理使用权受到压制

著作权人只有控制了网络中作品使用产生的新权利，才能够借助技术措施，以私立授权规则许可图书馆及公众信息消费者付费获取作品。私立授权规则是现行著作权法无法保护网络中作品使用以及法律未规定的传播方式，由内容提供者与图书馆及公众之间达成的新的权利义务关系。著作权人对新权利的控制基本上都是在著作权法以及相关法的保护之下来完成的。例如，应对数字技术的挑战，世界知识产权组织于1996年通过了《因特网条约》，要求各缔约国赋予著作权人新权利——"公众传播权"，并以"伞型解决方案"要求各国以新设或其他法律条文来涵盖"公众传播权"，还以技术措施为权利的实现保驾护航。这样，著作权人就借助"应当由著作权人享有的其他权利的权利"这把尚方宝剑，来控制网络上的任何复制、传播以及演绎行为。著作权人的权利范围无限扩大，就意味着图书馆及公众信息消费的基本权利范围在逐步缩小。现在数字出版商、数据库开发商多利用云计算技术，搭建平台向图书馆销售数字资源，他们不再像以前那样建立镜像站点，向图书馆提供作品的复制件，而是直接在线提供，公众读者只能在线阅览，不能复制、传播，在线阅览只是临时复制，阅读完毕作品从电脑软、硬件中消失。即使是临时复制也引起了内容提供者的恐慌，力图把临时复制控制在自己手中。例如，欧盟、美国、日本等发达国家和地区的《著作权法》规定，复制可以涵盖临时复制，这就导致图书馆及公众的阅读、收听、观看等合理使用行为也被著作权人控制，图书馆只能在私立网络授权规则下付费阅读、收听、观看作品。

技术措施是私立网络著作权授权模式运行的技术保障，也是著作权人的权利保护屏障。如果技术措施被滥用，就可能导致图书馆及社会公众消费者的合理消费行为受到钳制。例如，技术保护措施获得了法律的授权，著作权人就控制了图书馆及公众对作品的接触行为，权利人实际上又获得了一种全新的"接触权"[10]。其实接触权并不是原有的复制权、传播权或者演绎权所能涵盖的权利，但是，当其归属于著作权人以后，权利人依靠私立网络授权规则，让图书馆及公众先付费后接触作品，结果就阻止了无需许可的个人对作品的自由阅读、欣赏、评论和引用的合理使用行为，甚至剥夺了图书馆及公众消费者决定是否消费以及对作品进行选择和鉴赏的权利。更不能容忍的是，著作权人通过技术措施将已经超过保护期限的作品打包销售，这就可能剥夺图书馆及公众对过了保护期作品的免费、自由使用权。例如，1992 年 10 月美国通过的《家庭录制法》要求美国境内所销售的数字录音机都须加装复制管理系统（SCMS），通过该技术系统阻止任何未经许可的私人复制，就可能造成公众要永久付费使用作品，而失去了自由利用过了保护期作品的机会。原本新技术的应用使得信息消费者追求资源自由共享的愿望成为可能，但是，著作权法的制度设计更倾向于维护投资者、内容创造者等产业的利益，对图书馆及公众等消费群体的利益关注较少，使得图书馆及公众在著作权人权利扩张、技术措施和私立授权规则的三重压制下，合理使用的行为空间日益受到挤压[11]。

2.2 图书馆对公有领域作品的消费失去了保障

现行各国的著作权法在结构设计上过于保护著作权人利益，强调对作品创作的激励，对图书馆及公众信息消费权益视而不见，导致法律原有的平衡机制出现了制度上的失衡。

一直以来，设置著作权保护期限，把过了保护期的作品归于公有领域，让图书馆及公众免费、自由使用，是各国著作权法协调作者、传播者、图书馆等公益机构、公众消费者利益平衡的制度保障。公有领域作品也因此成为图书馆及公众自由获取与利用的最可靠部分。但是，由于权利人权力扩张、私立网络授权规则的使用，图书馆及公众信息消费者自由使用的公有领域作品的基本权益，已经得不到著作权法的有效保障。例如，目前著作权保护期限出现了再一次被延长的趋势。在这方面，美国和欧盟国家的立法先行一步，已经打破了《伯尔尼公约》所确定的最低保护标准。这种任意延长著作权保护期限的做法，导致原本可以按期进入公有领域的作品，被控制在权利人手中，迟迟不能回归，意味着无偿、自由消费作品的公有领域被人为地压缩，破坏了著作权法通过期限设置给消费者带来的法定利益，从而提高了图书馆及公众信息消费的成本，限制了信息的自由传播[12]。另外，在技术保护措施和强势网络内容提供者垄断的双重因素作用下，权利人更容易滥用权利。他们借助技术措施，通过私立著作权授权规则，省略了交易双方自由、平等协商的环节，限制了图书馆及公众信息消费者的谈判和选择权利，导致图书馆及公众可能错误地消费权利人所打包的过了保护期的作品，这无疑是权利人在掠夺图书馆及公众有限的信息消费资金。总之，著作权人延长作品保护期限，凭借技术措施和市场支配地位，利用私立网络授权规则订立不公平、不透明的作品消费格式合同，排除了自由协商、选择条款的适用，让图书馆及公众对公有领域作品的消费失去了有效的制度保障。

3 图书馆的应对策略

图书馆提出合理的诉求、敦促立法机构完善著作权法律规则、采取"适当"的措施对私立网络授权规则进行限制，是维护图书馆及公众信息消费权利必须要考量的[13]。

3.1 保障图书馆的合理信息消费空间

要保障图书馆及公众合理使用的空间，必须解决好以下3个问题：① 遏制著作权人无原则地扩大权利。由于私立网络著作权授权规则是建构在权利扩张的基础之上的，那么遏制权利人超出原则的扩张权利，才能有效保护图书馆及公众合理使用的信息消费权益。著作权法允许"著作权人享有的其他权利"，成为著作权人权利范围向数字环境无限扩张的理由。著作权人在"法权"的关照下，借助技术措施，通过私立授权规则控制了图书馆及公众对作品的接触和获取，使得图书馆及公众消费者原本免费的自由阅读、欣赏作品的合理使用，受到法律的追究。造成图书馆及公众丧失合理使用权利的原因在于，权利人没有弄清著作权新权利产生的根本原因——只有以新的方法、方式来再现作品，从而带来新的财产机会，才可能诞生一种新的财产权。图书馆及公众网络中对作品阅读、欣赏，并没有以新的形式再现作品，和对作品的"学习"和"研究"一样，对权利人的财产权并不构成实质性威胁，这些权利仅仅是传统合理使用权向网络的延伸，仍然是合理使用的范畴，不能将其解释成为"著作权人享有的其他权利"。因此，建议我国《著作权法》第三次修订时，应将第10条第1款第17项规定的"应当由著作权人享有的其他权利"修改为"应当由著作权人享有的其他再现作品的财产权利"，从而在法律源头截断权利人扩张权利的随意性。② 建议法律不要随意削减图书馆及公众合理使用的范围。我国现行的《著作权法》规定，个人使用、免费或公益性表演、适当引用与评论等情形属于合理使用，这是图书馆及公众在著作权法上实现信息消费权利的基本法律依据。原则上，对于作品的使用只要符合"作品是受著作权保护的、非营利性使用目的、使用作品仅是非精华部分、使用对原作品市场销售与存在价值没有影响"这4个要素，都属于合理使用范畴[14]。这也是著作权法增进个人欣赏、学习和研究的公益性目标之一。可是，目前各国流行一种趋势，即把以"欣赏为目的"的个人使用排除在合理使用之外，如2012年国家版权局公布的《著作权法（修改草案第二稿）》将为"欣赏目的"的个人使用从合理使用规则中删除[15]。个人欣赏属于消费性使用，并不与作品的正常使用相冲突，且未在实质上损害权利人的利益。从维护公众信息消费利益、扩大内需的基本国策出发，笔者建议，保留个人"欣赏目的"的合理使用条款。③ 给予图书馆及公众信息消费的优惠空间。私立网络授权规则的利用，降低了交易成本，保障了权利人利益的实现，但是，却排除了图书馆及公众的部分合理使用权。为了保证图书馆及公众的信息消费的积极性，建议权利人以私立授权规则交易作品时，实行"价格区分"制度，来关照图书馆及公众的利益。具体来说，权利人依据图书馆及公众消费者不同的消费偏好，设计不同作品，制定不同价格，把不同的作品向不同的图书馆和公众消费者进行销售。对于公众个人消费行为，可以实行低价销售；对单位组织可实行较高价格销售；对图书馆等公益性机构不能和其他单位一样实行高价销售，应给予一定的优惠待遇。这样，实行价格区分不仅保证权利人的创作诱因，还能增加图书馆和公众获取作品的机会，弥补失去合理使用带来的损失。再者，权利人依靠私立授权使用合同，以在线浏览的方式向图书馆销售作品的在线使用权，图书馆没有复制、下载、保存

126

作品的权利，权利人作品在线提供到期以后，图书馆就无法收藏所购作品，这对图书馆馆藏资源建设极为不利。因此，笔者建议，应对私立网络授权规则进行限制，允许图书馆通过网络授权使用合同合法获取作品以后，可以按照著作权法关于合理使用的条款，进行个人复制和收藏为目的的数字资源存储，并可以在图书馆内部使用，还可以建立馆藏资源索引数据库和文摘数据库，供图书馆以外的公众检索，但对于全文的阅读还必须到图书馆中来。总之，通过著作权法律制度的建设和对私立授权规则的限制，可以抑制权利扩张，给予图书馆及公众优惠空间，达到保护图书馆及公众信息消费权益的目的。

3.2 保障图书馆技术措施的合理规避权

为了著作权人利益和使用者利益的平衡，各国以著作权法的法律条文为保护技术措施提供合法性的同时，也允许图书馆及公众信息消费者在一定条件下规避技术措施，为图书馆及公众提供一个"避风港"[16]。但是，在规避技术措施的实践中，还存在诸多问题必须解决，以防止著作权人乘机以私立授权规则对图书馆及公众进行财产掠夺：①设置规避技术措施条款时，适当关照个人使用者。在规避技术条款设立时，各国更多地关注非营利性机构、加密研究组织和国家机关等使用者，而忽略了普通公众信息消费者规避技术措施的需要，对于享受图书馆服务的公众读者来说，图书馆则有服务欠缺的嫌疑。例如，公众信息消费者为了保护个人信息或者为了保护未成年人的利益而规避技术措施，都是公众的基本需要，如果享受图书馆服务的公众读者个人隐私得不到保护，图书馆则可能陷入共同侵权境地。因此，建议我国《著作权法》修订时，适当增加个人规避技术措施条款，以免图书馆被告上法庭。②规避技术措施条款保持动态性，有利于图书馆及公众技术规避权利的实现。由于技术发展较快，有些规避技术措施例外条款，实用性较差。对于技术措施例外的设定，美国《著作权法》第1201（a）（1）（c）条规定：设定技术措施例外适用"行政介入条款"。即美国国会授权国家版权局每3年对DMCA的技术措施条款进行修正，以保障图书馆等机构、公众规避技术措施的实施，避免某些正当利用作品的行为受到技术保护措施不正当的阻碍[17]。作为借鉴，在每一次新技术措施例外出台以前，我国知识产权局也可以举行多次包括图书馆、民间团体、教育机构等相关行业主体参加的听证会，汇集图书馆等行业的意见，照顾到各方面的权益，按照恰当的立法程序来制定和修改技术措施例外的类型与范畴，视数字技术、网络技术等新技术发展的情况，定期更新限制条款，以保证技术措施例外的制度安排与私立网络授权规则的发展相适应，从而降低私立规则的利用对图书馆及公众的负面影响。③设置规避技术措施的自助权，有利于图书馆及公众合理规避权的有效实施。由于图书馆及公众消费者都属于普通的信息消费者，不一定具备相应的规避技术措施的能力，实施法律赋予的合理规避权仍然困难重重，很多情况下，规避技术措施的权利仅是立法者开具给图书馆及公众的一张空头支票。鉴于此，笔者建议，著作权人应该在权利信息系统中设立规避技术措施解答窗口，在图书馆及公众消费者提供作品的使用目的、个人或机构性质等情况以后，对于符合规避技术措施条件的申请，权利人应该提供装置、部件和技术服务，以解除技术保护措施，保证图书馆及公众对作品的合理使用。

3.3　排除对作品公有领域的侵占

以私立网络授权规则来交易图书馆及公众自由使用的公有领域作品有两种情形：①私立授权使用合同，把新作品与超过著作权保护期的作品一起打包，以技术措施控制图书馆及公众接触、了解作品的相关信息，图书馆及公众在付费获取并打开以后，才知道作品的真实内容，其有可能不是图书馆及公众所需作品。对此，建议执法机构加大排查力度，或者在接到图书馆及公众的举报后，严惩违法者，保证交易的公平与公正性，避免图书馆等机构、公众的权利受到侵害。②通过延长作品保护期来缩小公有领域范围，把本应如期归属公有领域的作品以私立网络授权合同，让图书馆及公众付费使用。延长著作权保护期限是著作权内容产业集团左右立法、追求利益最大化的结果，其对图书馆及公众消费者已经产生了伤害。依据不同的国情，不同国家的图书馆应有不同意见。例如，2013 年 8 月，我国国务院就发布了《关于促进信息消费扩大内需的若干意见》，旨在以信息消费扩大内需，带动内容产业、网络服务业等相关行业的快速发展[18]。基于国策，我国图书馆界应该坚持《伯尔尼公约》所确定的最低著作权保护期限标准，确保作品如期回归公有领域，保证图书馆自由使用。按理说，私立网络授权规则的利用，保证了作品快速交易，作品得到快速传播与利用，作品的价值得到了充分的实现，作品的著作权保护期限应该相应缩短，而不是延长。因此，我国的图书馆以及行业、公众消费者协会、学校等公益性事业机构必须团结起来，共同发出声音，来反对著作权保护期的延长。即使被迫接受欧美等发达国家的著作权保护期限标准后，图书馆也应该相应地提出法律反制措施，建立著作权保护期限的续展规则，倡导对著作权保护期限进行有条件的延长，譬如，只有发达国家答应向我国图书馆等公益性机构提供优惠条件时，才同意将著作权保护期限延长到作者死后的 70 年，否则该作品就自动进入公有领域，成为图书馆及公众自由消费的产品。

参考文献：

［1］　Benkler Y. From consumers to users：Shifting the deeper structures of regulation toward sustainable commons and user access ［J］. Federal Communications Law Journal, 2010 （3）：561 – 562.

［2］　Merges R P. The concept of property in the digital Era ［J］. Houston Law Review, 2008, 45 （4）：1274 – 1275.

［3］　Tushnet R. My library：Copyright and the role of institutions in a peer to peer world ［J］. The University of California Los Law Review, 2006, 53 （4）：977 – 1029.

［4］　Cohen J E. The place of the user in copyright law ［J］. Fordham Law Review, 2005, 74 （2）：347 – 348.

［5］　吴汉东. 知识产权基本问题研究 ［M］. 北京：中国人民大学出版社, 2005：331 – 332.

［6］　Morrill R. Contract formation and the shrink wrap license ［EB/OL］. ［2014 – 11 – 20］. http：//www. iprcn. com/IL_ Lwxc_ Show. aspx? News_ PI = 1775.

［7］　北川善太郎. 著作权交易市场：信息社会的法律基础 ［M］. 郭慧琴, 译. 武汉：华中科技大学出版社, 2011：20 – 31.

［8］　Loren L. Building a reliable semicommons of creative works：Enforcement of creative commons licenses and limited abandonment of copyright ［J］. Mason Law Review, 2007 （14）：285 – 286.

［9］　布坎南. 制度契约与自由 ［M］. 王金良, 译. 北京：中国社会科学出版社, 2013：90 – 102.

［10］　熊琦. 论"接触权"［J］. 法律科学, 2008 （5）：88 – 94.

［11］　莱斯格. 免费文化：创意产业的未来 ［M］. 王师, 译. 北京：中信出版社, 2009：27 – 28.

［12］　梅术文. 消费者运动与数字著作权法的完善 ［J］. 法学, 2013 （8）：95 – 104.

［13］　熊琦. 网络授权使用与合理使用的冲突与竞合 ［J］. 科技与法律, 2006 （5）：92 – 101.

［14］　Gideon P, Kevin G. Fair use harbors ［J］. Virginia Law Review, 2007, 93 （6）：1485 – 1486.

［15］　中华人民共和国著作权法（修改草案第二稿）［EB/OL］. ［2014 – 10 – 10］. http：//www. law – lib. com/fzdt/newshtml/20/20120706164011. htm.

［16］　Librarian of Congress extends existing classes of works exempt from prohibition on circumvention ［J］. Computer and Internet Lawyer, 2010 （1）：26 – 27.

［17］　Billingten J H. Exemption to prohibition on circumvention of copyright protection systems for access control technologies ［J］. Federal Register, 2012 （8）：60 – 79.

［18］ 关于促进信息消费扩大内需的若干意见 ［EB/OL］. ［2014 - 10 - 15］. http：//
www. js. xinhuanet. com/2013 - 08/15/c_ 116951133. htm.

作者简介

吉宇宽，河南大学文献信息研究所副教授，硕士生导师，E-mail：yuku-anji@ henu. edu. cn。

一种用于版权保护与盗版追踪的文档图像多功能水印方案[*]

1 引 言

现有的 DRM 系统通常利用加密技术来保护媒体文件，然而一旦密码泄漏，系统就无法阻止非法入侵。此外，加密后的数字媒体因其不可理解性，无法为用户提供一定视觉质量的初步可视浏览功能，而妨碍数字媒体的传播。其次，DRM 系统中的许可证机制缺陷在于如果用户以合法账号得到媒体信息，版权所有者将对数据的非法复制和二次传播无能为力，因而许可证机制不能追踪授权用户的非法传播行为（即：追踪叛逆用户），不具备跟踪侵权行为和提供法律保护证据的功能。再者，现有 DRM 系统中的数字签名技术由于并不是直接被嵌入到数字媒体之中，同样无法察觉加密信息的再次传播与对加密信息内容的篡改[1]。DRM 系统的这些安全漏洞威胁着网络环境下数字媒体在合法用户间的快速、安全传播，阻碍了数字媒体价值的最大化，严重损害了数字产品创作者和合法用户的正当利益[2-3]。

近年来，数字水印技术作为一种重要的数字媒体版权保护手段，得到了较为广泛的关注与发展[4-5]。但通常的数字水印算法往往仅具备单一的版权保护或数据认证功能，不能满足实际通信需求。熊志勇等[6]结合样本选取随机组合方法与小波变换，提出一种多功能彩色图像水印方法，将鲁棒水印和脆弱水印同时嵌入载体图像不同颜色通道中，为数字图像同时提供版权保护与图像认证。叶天语等[7]利用奇异值的稳定性提出一种多功能双水印算法，先后在载体图像中嵌入鲁棒水印和 LSB（Least Significant Bit）脆弱水印，算法具备版权保护和内容认证双重功能。陈光喜[8]结合整数提升小波变换提出一种多功能水印算法，通过不同的量化策略将鲁棒水印各半脆弱水印分别嵌

＊ 本文系湖南省哲学社会科学基金项目"二值文档图像资源可见水印方案与版权保护机制"（项目编号：11YBA090）和教育部人文社会科学研究青年项目"基于自适应可见水印的数字文档资源版权保护研究"（项目编号：10YJC870014）研究成果之一。

入到图像低频子带和水平方向高频子带中。这些多功能水印算法[6-8]通过嵌入两种不同类型的不可见水印对图像内容进行保护与认证，但不能阻止非授权用户通过直接浏览隐秘图像而实现高质量浏览与阅读的行为。陆哲明[9]和隋雪莲[10]提出在载体图像中同时嵌入可见水印和不可见水印以实现数字图像版权告示与版权保护。但其中所嵌入的可见水印不可逆，难以满足特定用户对数字媒体的高质量浏览需求。

为此，本文结合可擦除可见水印与数字指纹，提出一种新的多功能图像水印方案。通过在数字文档图像中嵌入可擦除可见水印，使得非授权用户无法去除可见水印，为数字媒体提供显式版权告示，同时能满足授权用户的高质量媒体浏览需求，并可通过提取数字指纹追踪叛逆用户。

2 文档图像多功能水印算法

为实现对媒体视觉质量的分级浏览与违反者追踪，笔者设计一种结合可擦除可见水印与数字指纹的文档图像多功能水印算法，其主要技术框架见图1。算法主要思路为：首先获取文档图像感知哈希，然后结合用户身份与文档图像哈希生成数字指纹，最后在不同区域分别嵌入可擦除可见水印与数字指纹。

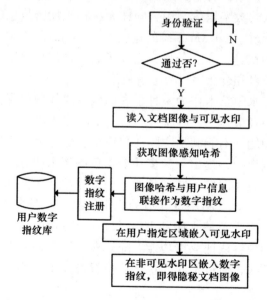

图1　文档图像多功能水印基本构架

可见水印去除与违反追踪过程见图2，主要思想是先去除可见水印，再提取数字指纹以认证文档图像和追踪用户非法传播。在可见水印嵌入过程采用密钥控制，使得非授权用户无法正确去除隐秘文档图像中的可见水印，可对不同类型用户提供不同视觉质量的文档预览。

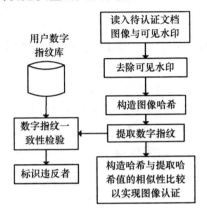

图2　可见水印去除与违反追踪

2.1　数字指纹生成

首先根据文档图像生成依赖于用户身份的数字指纹，详细过程描述如下：

步骤1：用户登录以进行用户身份验证，仅通过身份验证后方可继续后续工作。

步骤2：通过身份验证后，获得用户身份信息 D，$D = \{d(i) \mid d(i) = 0, 1\}$，$i = 1, \cdots, l_1$。

步骤3：读入大小为 $m_1 \times n_1$ 的文档图像 I 和大小为 $m_2 \times n_2$ 的二值可见水印图像 W。

步骤4：将文档图像分成 $s \times s$ 的图像子块，计算各子块均值。记子块 i 中大于均值的像素个数为 q_{1i}，而小于均值的像素个数为 q_{2i}，则可由式（1）获得当前子块 i 的标识位 t_i，

$$t_i = \begin{cases} 1 & if\ q_{1i} \geq q_{2i} \\ 0 & else \end{cases}, \quad i = 1, 2, \cdots, l_2 \quad (1)$$

其中 $l_2 = \dfrac{m_1 \times n_1}{s \times s}$。

步骤5：所有子块的标识位即构成文档图像哈希 $G = \{g(i), i = 1, \cdots, l_2\}$。将图像哈希与用户身份信息联接长度为 $l = l_1 + l_2$ 的

二值序列，作为数字指纹 H，并在用户数字指纹库中予以注册。如式（2）所示：

$$H = G \parallel D = \{h(i), i = 1, \cdots, l\} \tag{2}$$

其中 $\parallel$ 为字符联接操作。

2.2 可见水印嵌入

在可见水印嵌入时，由用户（版权所有者或使用者）指定可见水印覆盖区域，具体步骤为：

步骤1：用户指定文档图像可见水印嵌入区。

步骤2：可见水印嵌入。将可见水印缩放至指定嵌入区大小 $m_3 \times n_3$，获得待嵌入可见水印 W'。若二值水印图像中像素值"1"表示背景，"0"表示前景，则水印嵌入可仅对水印图像前景对应的文档图像像素进行灰度调整即可，如式（3）所示：

$$I_1(x, y) = \begin{cases} f(I(x, y)) \ if \ w'(x, y) = 0 \\ I(x, y) \ if \ w'(x, y) = 1 \end{cases} \tag{3}$$

其中 I_1 为嵌入可见水印后文档图像，嵌入函数 f 为双射灰度映射函数。考虑到文档图像存在大面积的黑或白的平滑区，为保证较好的水印可见性，在文档图像不同亮度区域采用不同的嵌入策略，则对于灰度 t，函数 f 可定义为：

$$f(t) = \begin{cases} t + 128 \ if \ t < 128 \\ 255 - t \ if \ t \geq 128 \end{cases} \tag{4}$$

步骤3：由用户密钥 key 生成伪随机序列 $R = \{r(x, y) \mid r(x, y) \in [0.85, 0.98]\}$，$x = 1, \cdots, m_3$，$y = 1, \cdots, n_3$。根据 R 对文档图像像素进行如下的调制，得到隐秘图像 I_2。

$$I_2(x, y) = \begin{cases} I_1(x, y) \times r(x, y) \ if \ w'(x, y) = 0 \\ I_1(x, y) \ if \ w'(x, y) = 1 \end{cases} \tag{5}$$

步骤4：运用差值扩展方法[11]，将指定可见水印嵌入区主对角线上两顶点坐标无损隐藏在文档图像中。

2.3 数字指纹嵌入

为追踪叛逆用户，考虑在嵌入可见水印后，进一步在文档图像非可见水印区嵌入数字指纹。

步骤1：将隐秘文档图像 I_2 非可见水印区按行扫描顺序映射成一维序列，并伪随机在其中选取 l 个像素值形成一维向量 P，$P = \{p(i), i = 1, \cdots, l\}$。

步骤2：计算自适应量化步长。考虑到文档图像存在大面积黑或白的灰度区域，在此利用亮度与纹理特性来计算步长。首先由于人眼对高灰度和低灰度区域不敏感，而对中等灰度比较敏感，其亮度特性可近似表示为：

$$\alpha(i) = \frac{|p(i) - 127.5|}{127.5} \tag{6}$$

而灰度文档图像纹理复杂性可由像素 $p(i)$ 邻域熵值 $\beta(i)$ 刻画。综合考虑亮度与纹理特性，获得文档图像综合视觉因子：

$$\Delta'(i) = \alpha(i) \times \beta(i) \tag{7}$$

将 $\Delta'(i)$ 归一化到区间 $[a, b]$，即得到自适应量化步长 $\Delta(i)$。

步骤3：根据数字指纹信号 $h(i)$ 对 $p(i)$ 进行量化以嵌入数字指纹，得到隐秘文档图像 I_3，即：

$$p'(i) = \begin{cases} \left[\frac{p(i)}{\Delta(i)}\right] \times \Delta(i) + \frac{\Delta(i)}{4} \ if \ h(i) = 0 \\ \left[\frac{p(i)}{\Delta(i)}\right] \times \Delta(i) + \frac{3}{4}\Delta(i) \ if \ h(i) = 1 \end{cases} \tag{8}$$

其中 $[\Psi]$ 表示对算子 Ψ 做四舍五入运算。

2.4 可见水印去除

步骤1：读入大小为隐秘文档图像 I_3 和二值可见水印图像 W。

步骤2：无损恢复出可见水印嵌入区主对角线顶点坐标。

步骤3：将可见水印 W 缩放至嵌入区大小得水印信号 W'，由用户密钥 key 生成伪随机序列 R，根据水印信号恢复可见水印嵌入区像素值。

$$I_1(x, y) = \begin{cases} \frac{I_2(x, y)}{r(x, y)} \ if \ w'(x, y) = 0 \\ I_2(x, y) \ if \ w'(x, y) = 1 \end{cases} \tag{9}$$

这里，图像 I_3 是嵌入数字指纹后图像，由于数字指纹与可见水印嵌入在不同区域，所以对于可见水印区域，图像 I_3 与 I_2 信号是一致的。同时没有正确密钥的用户将不能有效去除可见水印。

步骤4：由于函数 f 为双射函数，于是可以恢复出可见水印区原始文档图像像素值：

$$I(x, y) = \begin{cases} f^{-1}(I_1(x, y)) \ if \ w'(x, y) = 0 \\ I_1(x, y) \ if \ w'(x, y) = 1 \end{cases} \tag{10}$$

其中

$$f^{-1}(t) = \begin{cases} 255 - t \ if \ t < 128 \\ t - 128 \ if \ t \geq 128 \end{cases} \tag{11}$$

2.5 图像认证与违反追踪

步骤1：采用数字指纹嵌入过程相同方法，根据去除可见水印的文档图像构造出图像哈希 G。

步骤2：同样在隐秘文档图像 I_3 数字指纹嵌入区伪随机选取 l 个像素值形成一维向量 P'，并计算自适应量化步长 $\Delta(i)$。

步骤3：从待检测像素 $p(i)$ 中提取数字指纹 H'，

$$
h'(i) = \begin{cases} 0 \ if \ p'(i) < \left[\dfrac{p'(i)}{\Delta(i)}\right] \times \Delta(i) + \dfrac{\Delta(i)}{2} \\ 1 \ if \ p'(i) \geq \left[\dfrac{p'(i)}{\Delta(i)}\right] \times \Delta(i) + \dfrac{\Delta(i)}{2} \end{cases} \tag{12}
$$

步骤4：从数字指纹 H' 中分离出用户信息 D' 与图像哈希 G'。

步骤5：通过用户信息 D' 与用户数字指纹库中注册的用户信息的一致性比较可追踪用户泄密。

步骤6：对构造图像哈希 G 与提取图像哈 G' 进行相似性比较，以实现文档图像内容认证。

3 实验结果与性能分析

实验中以 256×256 的文档图像为载体图像，128×128 的二值图像为可见水印，归一化区间 [a, b] 取值 [4, 40]。图3给出了一个可见水印嵌入示例，针对更多不同类型文档图像的隐秘结果见图4。从视觉效果上看，隐秘图像具有较高的视觉质量，可见水印的自适应呈现没有明显改变文档图像视觉质量，同时隐秘图像中的可见水印清晰度高，能有效宣示版权。

3.1 隐秘性

除了从视觉感观上主观评估隐秘图像视觉效果外，表1列出了不同类型隐秘文档图像的 PSNR 值以对隐秘性进行客观评价。

表1 不同类型的隐秘文档图像 PSNR 值（单位：dB）

隐秘图像	隐秘图像1	隐秘图像2	隐秘图像3	隐秘图像4
PSNR 值	17.9314	22.1783	17.4574	23.9396

从表1可知，其 PSNR 值平均在 20.30 dB 以上，测试结果表明该方案对不同类型文档图像均有较好的隐秘图像视觉效果，可见水印的半透明式呈现不影响用户对文档图像的初步浏览。

图像版权告示与版权保护。但其
对数字媒体的高质量浏览需求。
出一种新的多功能图像水印方案
使得非授权用户无法去除可见水
授权用户的高质量媒体浏览需求

2　文档图像多功能水印算

为实现对媒体视觉质量的
水印与数字指纹的文档图像多

(a)文档图像 1　　　　　　　(b)可见水印

图像版权告示与版权保护。但其　　图像版权告示与版权保护。但其
对数字媒体的高质量浏览需求。　　对数字媒体的高质量浏览需求。
出一种新的多功能图像水印方　　　出一种新的多功能图像水印方
使得非授权用户无法去除可见　　　使得非授权用户无法去除可见
授权用户的高质量媒体浏览需　　　授权用户的高质量媒体浏览需

2　文档图像多功能水印算　　**2　文档图像多功能水印算**

为实现对媒体视觉质量的　　　　为实现对媒体视觉质量的
水印与数字指纹的文档图像多　　　水印与数字指纹的文档图像多

(c)隐秘文档图像 1　　　　　　(d)恢复图像

图 3　可见水印嵌入示例

（注：隐秘图像中已嵌入可见水印与数字指纹）

3.2　可见水印可逆性分析

图 3 的示例显示了水印可逆性。实际上，该方案实验步骤可从理论上保证可见水印可逆性。证明如下：

由于可见水印与数字指纹完全工作在文档图像 I 的不同区域，不妨记 $I = U + \bar{U}$，其中 U 为可见水印工作区，$\bar{U}$ 为数字指纹工作区，而 u 为区域 U 中任一像素。为验证可见水印可逆性，只需考虑工作区 U 即可。

● 水印嵌入阶段。经由式（4）嵌入可见水印，可得含可见水印的工作区 U_1。对于 U_1 中像素 u_1，由式（4）有：$u < 128$ 时，$u_1 = u + 128$；$u \geq 128$ 时，$u_1 = 255 - u$。为增强安全性，使用由密钥 key 生成的伪随机序列 R 对 U_1 进行混沌调制得调制含水印工作区 U_2，见式（5）。

● 水印去除阶段。给定含水印工作区 U_2，水印去除时，由授权用户根据密钥 key 同样可生成伪随机序列 R。而由于式（5）是可逆的，则可根据式（9）由 U_2 恢复出 U_1。

明显，式（4）嵌入策略使得小于 128 的像素变成大于 128 的像素，而大

137

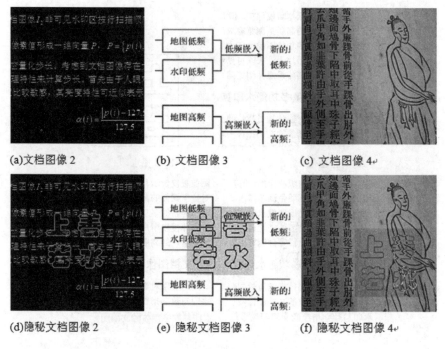

(a)文档图像2   (b) 文档图像3   (c) 文档图像4

(d)隐秘文档图像2   (e) 隐秘文档图像3   (f) 隐秘文档图像4

图4　不同类型隐秘文档图像

于128的像素则变换为小于128的像素，于是可据式（11）从 U_1 中恢复原始图像区域 U。即 $u_1 \geq 128$ 时，$u = u_1 - 128$；$u_1 < 128$ 时，$u = 255 - u_1$。

由此可见，该方案可见水印是可逆的。

3.3　可见水印清晰度

为更好地评判隐秘文档图像中可见水印的可见性，可通过观察隐秘图像与原始文档图像之差来判别可见水印的清晰度。图5列出了不同类型文档图像下嵌入可见水印前后两图像之差，从中可清晰地识别出可见水印的存在，说明隐秘文档图像中可见水印可见度高，可起到较好的版权告示作用。

3.4　鲁棒性

可见水印嵌入过程中充分考虑了文档图像特性，实现了可见水印与文档图像的自适应融合，算法鲁棒性较好，通常的攻击操作不能抹去其中水印。图6以隐秘文档图像1为例，给出了抗二值化攻击与平均滤波攻击操作实验效果。从图6可以发现，隐秘文档遭受非法攻击后，依然可从隐秘图像中清晰识别出可见水印。

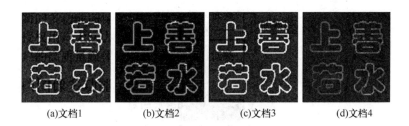

| (a)文档1 | (b)文档2 | (c)文档3 | (d)文档4 |

图5　不同类型文档图像隐秘差图像

（可见水印区域）

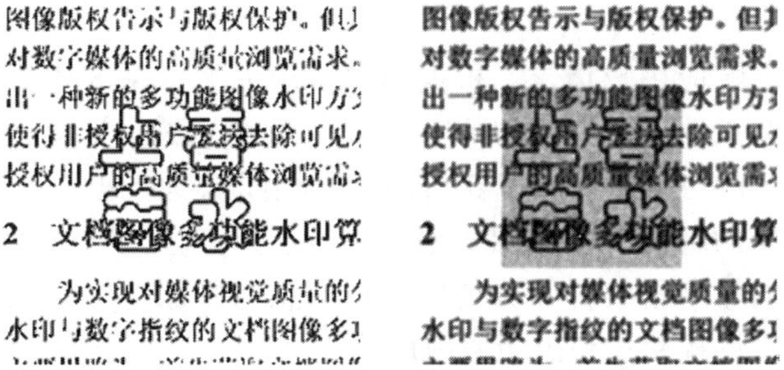

| (a) 二值化 | (b) 平均滤波 |

图6　鲁棒性实验效果

3.5　安全性

该方案在可见水印过程中采用密钥对嵌入区文档图像进行了混沌调制，没有正确密钥的用户无法有效去除隐秘图像中的可见水印，从而达到宣示版权的目的。该用户密钥是15位精度的浮点数，因而用户密钥空间为10^{15}。这样即使仅有微弱差别的密钥也不能较好地去除隐秘图像中的可见水印。以文档图像1为例，图7给出了使用与正确密钥仅1位不同的错误密钥去除水印的效果。此时恢复文档图像PSNR值仅为14.5749 dB，其视觉效果很差，已不能满足通常的浏览需求。使用正确密钥的水印去除效果如图3d所示，其PSNR值高达63.6075 dB。

3.6　实施方案

下面给出一个方案实施场景（见图8）。版权所有者在上传数字资源（如文档图像）至数据库时，均在其中嵌入了可见水印。这样提供给普通用户的文档图像为带有半透明呈现可见水印的隐秘文档图像，起到了较好的版权告示作用。同理，若有合法用户A对某文档图像感兴趣，欲获得高质量文档浏

图像版权告示与版权保护。但≢
对数字媒体的高质量浏览需求。
出一种新的多功能图像水印方≢
使得非≢除可见≢
授权用户≢体浏览需≢

2 文≢≢水印算

为实现对媒体视觉质量的≢
水印与数字指纹的文档图像多丄
≢要思为: 首生花取文掸图丄

图7 使用错误密钥的水印去除效果

览, 服务器端将响应用户请求, 根据用户密钥去除可见水印, 并在其中嵌入包含用户信息与文档图像特征的数字指纹。于是合法用户 A 可利用给定密钥去除隐秘图像中的可见水印, 以获得高清文档图像。但若用户 A 未经授权将去除了可见水印的隐秘文档图像非法传送给了第三方, 则服务器端可进一步提取嵌入其中的数字指纹, 并分离出用户信息与图像特征信息, 通过与用户注册信息的一致性检验追踪出叛逆用户 A。

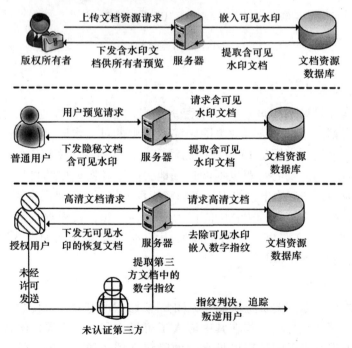

图8 文档图像多功能水印方案实施

4 结 语

本文结合数字指纹与可擦除可见水印技术设计了一种新的文档图像多功能水印方案。该方案生成的隐秘图像视觉效果好，呈现在隐秘图像中的可见水印清晰度高。可擦除可见水印的嵌入与用户密钥控制，使得非授权用户无法去除可见水印，从而为文档图像资源提供有效的显式版权告示；另一方面，授权用户可有效去除可见水印，以实现高清文档图像的浏览与使用。而隐藏其中的数字指纹包含有文档图像特征信息与用户身份信息，可用来实现图像真实性认证和追踪叛逆用户泄密行为。实验测试表明该方案是有效的，可应用于网络环境下的文档图像资源版权保护。今后将进一步开展压缩域文档图像特征计算研究，设计面向压缩文档图像的版权保护方案，以期能推动数字图书馆的数字资源建设与共享进程。

参考文献：

[1] 袁占亭，张秋余，陈宁．数字水印及多媒体信息安全［J］．计算机工程与科学，2005，27（7）：49－51.

[2] 张立彬，贾鑫，董亚男．数字图书馆版权保护的技术措施及其发展趋势［J］．情报科学，2012，30（10）：1471－1476.

[3] 杨红岗，苏楠，吴银雪，等．国内数字化作品版权保护的研究态势——基于文献计量的科学知识图谱分析［J］．情报杂志，2012，31（8）：114－118，102.

[4] 张军亮，朱学芳．数字水印在数字版权保护中的应用［J］．现代情报，2012，32（5）：62－66.

[5] 张军亮，朱学芳．基于二值图像水印的古籍数字化图像版权保护及其实现［J］．现代图书情报技术，2010（9）：79－83.

[6] 熊志勇，蒋天发．多功能彩色图像数字水印方案［J］．武汉大学学报（工学版），2004，37（6）：97－100.

[7] 叶天语，钮心忻，杨义先．多功能双水印算法［J］．电子与信息学报，2009，31（3）：546－551.

[8] 陈光喜，尹柳，易招师．基于整数提升小波变换的多功能数字水印［J］．计算机工程与应用，2010，46（11）：115－118.

[9] 陆哲明，吴昊天，刘忠仁，等．一种用于版权通知和保护的多功能彩色图像水印算法［J］．电子学报，2004，32（5）：778－781.

[10] 隋雪莲，王振国，耿则勋．一种用于版权通知和保护的遥感图像水印算法［J］．遥感信息，2007（3）：25－28.

[11] 常志国，徐健．一种广义差值扩展可逆水印算法［J］．现代电子技术，2012，35（20）：84－86.

作者简介

姜明芳，湖南第一师范学院图书馆馆员，硕士，E-mail：mingfangjean@gmail.com。

图书馆行业 OpenAPI 利用的
权限控制[*]

OpenAPI 是在互联网上开放的应用编程接口，在 Web 2.0 环境下得到了快速发展。OpenAPI 基于 HTTP 协议，以 XML、JSON 等格式返回信息，为在 Web 上构建新的应用、达成各异构系统间的资源共享和互操作提供了方便。OpenAPI 正在成为图书馆行业独立系统间互通互联的新选择。然而，随着 OpenAPI 数量的激增和种类的丰富，开放背后的安全问题也显现出来，有些 OpenAPI 可以对整个互联网开放，任何用户都可以访问，更多的 OpenAPI 涉及受保护资源或关键性业务环节，只有被授权的用户才能访问。如何控制 OpenAPI 利用的权限，避免非法访问、越权访问、信息泄密、数据篡改、无度滥用等问题出现，是亟待解决的问题。笔者通过 CNKI、Google Scholar、SpringerLink 等进行了文献调研，没有发现系统论述 OpenAPI 利用权限控制方面的文章。相关研究有 OAuth 认证[1]、Web 2.0 安全问题[2]、云安全[3] 等。本文试对图书馆行业 OpenAPI 利用的权限控制问题进行探讨。

1 图书馆行业 OpenAPI 的使用分析

1.1 图书馆行业 OpenAPI 的常见应用类型分析

OpenAPI 在解决"信息孤岛"问题、方便异构系统互通互联上的优势与数字图书馆建设中的瓶颈问题形成了高度吻合的针对性解决途径。

目前，图书馆行业 OpenAPI 应用的常见类型主要有如下 6 种：①整合检索：将多个资源系统的数据通过统一的检索入口提供一站式检索服务，如：资源门户、联合书目等。②信息导航：将多个系统中的信息按照某种秩序逐层组织起来，如：按类别、按顺序等，引导用户通过层层深入的方法获得感兴趣的信息。③资源集成：将分散存在于多个系统中的数字资源作为一个有

---

　* 本文系《图书情报工作》杂志社出版基金项目"数字图书馆 OpenAPI 的标准化和权限控制技术"（项目编号：2011CB004）研究成果之一。

机的整体，通过一定的关联条件将它们无缝地集成在一个应用系统中使用。如：在 OPAC 上集成豆瓣网的书评。④延伸传统图书馆功能：利用多种网络协议，将传统图书馆的服务与功能延伸到更多的平台和设备上。如基于 WAP 的手机移动图书馆[4]、短信服务平台等。⑤连接自助设备：我们通常把代替图书馆工作人员为读者提供服务的机器称为自助设备，这些机器由读者自行操作，如自助借还、自助办证等[5]。⑥参与其他业务流程：以多个独立系统为基础，构建无缝的业务流程，如：学校建立了毕业生离校一条龙网上办理系统，图书馆这一环节的退证手续通过 OpenAPI 融入到这个流程中。

分析这些应用类型，前三种需要的 OpenAPI 以具有搜索功能的一类为主，后三种涉及业务流程、数据更新、私人信息查询等。在一般情况下，搜索性 OpenAPI 无需写数据，应用时数据被破坏的风险较小，相对安全，可以有比较广泛的开放范围，控制他们的访问权限主要是考虑资源的合法使用对象是什么，避免版权、使用权等的越权纠纷。对于后三种应用类型使用的 OpenAPI，不仅要考虑合法的使用对象，还要考虑数据安全，考虑第三方使用不当会带来的风险，故而应该有比较严格的开放范围和条件。

1.2　不同提供者 OpenAPI 的权限控制分析

不同的 OpenAPI 提供者，对于权限控制的需求有所不同，下面简单进行分析。

●互联网上的公共网络服务提供者：他们在整个互联网范围提供 OpenAPI 服务，如：Google、亚马逊、豆瓣网等。他们将资源分为公共资源和受保护资源。对于公共资源，可以通过 OpenAPI 直接访问，或者完成一个应用程序注册，取得访问许可。而对受保护资源，如托管资源，要得到资源拥有者的授权。

●联合体或局部公共服务体系：他们是由多个实体机构共建的资源联盟或是由权威机构主管建设的服务体系，在本联合体或公共服务体系的范围内提供 OpenAPI 服务。如：作为中国高等教育文献保障系统，CALIS 三期将建设 CALIS 数字图书馆云服务平台[6]，计划将各项服务封装为统一的 OpenAPI 对外服务，也将采取托管服务的方式统一规范来自各成员馆和其他独立服务提供商提供的 OpenAPI，以方便各个成员馆对其调用。

●数据库提供商：他们是商业化运营的数字资源服务公司，图书馆从那里购买有使用范围限制的电子书刊、数据库、多媒体资源库等，如：CNKI、读秀。他们提供的 OpenAPI 一般与资源的使用范围相同，典型的是按照 IP 地址授权使用，如：在校园网范围内。有些数据库提供商会将搜索类 OpenAPI

的使用放权到互联网范围，如：CNKI 的 KDE[7]提供的 OpenAPI 可以任意调用，起到揭示资源的作用，在打开全文时才限制使用范围；而读秀的搜索类 OpenAPI 就不接受资源使用范围之外的 IP 地址发起的调用请求。

• 图书馆：图书馆对自身可管理的系统添加开放接口，提供的 OpenAPI 服务分为两种：①图书馆使用的商业软件系统本身带有 OpenAPI 服务功能，基于已有 OpenAPI 权限控制体系，图书馆自己决定是否开放，如何开放；②图书馆基于商业软件系统或自建系统自己开发的 OpenAPI，如：厦门大学图书馆[8]。对于自己开发的 OpenAPI，图书馆可以设计合适的权限控制体系。

在对 OpenAPI 的访问进行权限控制时，以什么为单位进行控制是个基础的问题，常见的形式有：按照 OpenAPI 具有的功能划分的分层控制、按照 OpenAPI 涉及的资源划分的分类控制、将每个 OpenAPI 单独控制的独立控制、将所有 OpenAPI 集中控制的整体控制等。

2 典型的 OpenAPI 访问权限控制分析

由于 OpenAPI 不是由终端用户在浏览器地址栏中直接通过网址访问，而是由网页、客户端脚本、服务器端脚本等应用程序调用的，在其访问权限的控制上与终端用户的情况有些不同，目前尚无成熟的标准和方案。

2.1 通过 IP 地址或域名控制 OpenAPI 访问权限

首先定义一个允许访问的 IP 地址或域名范围，当发起 OpenAPI 访问请求的服务器或客户端的 IP 地址或域名属于这个范围时，访问得以顺利进行，反之会被拒绝。这种权限控制建立在对 IP 地址或域名的充分信任基础上，适用于使用者有固定 IP 或域名的情况。它在技术实现上相对容易，可以通过 Web 服务器配置实现，Apache、Microsoft IIS 等常用 Web 服务器都具有这样的功能，但作为网站级控制，它不易实现精确控制；另一种途径是通过应用系统自身控制，它可以将不同 OpenAPI 分别控制。高校图书馆提供的 OpenAPI 使用 IP 限制的比较多，比如英国剑桥大学图书馆的很多 OpenAPI 都限制 IP 范围内使用。

2.2 通过授权控制 OpenAPI 访问权限

授权是指给使用 OpenAPI 的一方赋予一定的许可权，是以使用者为对象进行控制的。但因为现实中有多种多样的控制需求，如何赋权，又如何进行验证、判断，是个比较复杂的问题。以下分析两种使用比较普遍的 OpenAPI 访问授权控制。

• OAuth OAuth（open authorization）[9]是一个以资源为中心的通过 OpenA-

PI 访问受保护资源的安全开放授权协议。它很好地解决了这样一个问题：当一个资源中心存在多种托管资源时，谁能访问这些资源，不由 OpenAPI 服务提供者决定，必须由资源拥有者授权，而且可以对其中的部分资源单独授权，且需要收权和放权都方便。一般情况下，资源拥有者访问他们的资源是通过"用户名/密码"方式的，如果授权时把"用户名/密码"提供给资源使用者将非常不安全，等于把对资源的全部使用权都开放了，而且若想收回授权，只有修改密码才可以。OAuth 可以不通过"用户名/密码"解决这个问题。

OAuth Core 1. 0 发布于 2007 年 12 月 4 日[10]，最新版的 The OAuth 2. 0 Authorization Protocol 发布于 2011 年 7 月 25 日[11]，它定义了 4 种角色：①资源拥有者：可以为受保护资源批准访问权限的实体；②资源服务器：承载被托管的受保护资源，并且能够接受和响应使用访问令牌（access tokens）访问受保护资源的请求；③客户端：持有资源拥有者的授权、代表资源拥有者发出请求访问受保护资源的应用程序；④授权服务器：在成功地验证了资源拥有者并获得授权后，将访问令牌发放给客户端。

OAuth 的开放授权过程如图 1 所示：

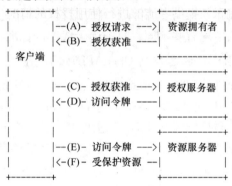

图 1　OAuth 开放授权过程

（A）客户端向资源拥有者请求授权；（B）客户端接受一个资源拥有者的授权获准；（C）客户端用授权获准向授权服务器请求访问令牌，并接受身份验证；（D）授权服务器验证客户端的合法性和授权获准的有效性后向客户端发放访问令牌；（E）客户端用访问令牌向资源服务器请求访问受保护资源；（F）资源服务器验证了访问令牌的有效性后提供所请求的服务。访问令牌的生命周期是短暂的，在资源拥有者授权的允许访问时间段内，要依靠刷新令牌不断地更新，同时它包含了授权访问的资源范围。

OAuth 协议很快得到了工业化的应用，首先是一些大型互联网服务提供

146

商宣布对 OAuth 的支持：Google、Twitter、亚马逊、豆瓣网，等等。OAuth 对于图书馆行业的意义也很明显。图书馆有很多受保护资源，如：机构知识库、学位论文、课件、个人图书馆、学科馆员专题资源等，目前对这些资源的使用控制大多采用比较简单的方式，有些资源拥有者不愿意将资源提供给图书馆，典型的例子是课件，很多课件要求仅提供给与课程相关的师生使用，目前还难以做到。OAuth 将在图书馆加大服务深度、优化个性化服务上起到关键的推进作用。

● API key API key 是 OpenAPI 服务提供者为 OpenAPI 服务使用者发放的授权许可。API key 一经申请获得，相对稳定，不会自动失效。API key 一般由一个字母与数字混合的字符串组成，使用上比较简单，当程序请求 OpenAPI 服务时，把相应的 API key 作为参数传递过去即可。支持 API key 授权方式的互联网服务提供者更为普遍，但目前并没有什么标准形成。由于 API key 不是动态变化的，一经泄露就会产生伪装用户，进行非法使用，所以视不同需求常与 https 加密传输、签名验证等结合使用；有些网站也将 API key 与申请使用 API key 的网站域名绑定在一起进行验证。API key 适用于 OpenAPI 使用者比较固定、OpenAPI 服务提供者能够进行使用授权的情况。

2.3 通过频次限制控制 OpenAPI 访问权限

频次控制是在上述控制的基础上对单位时间内的访问频次规定上限，超出这个上限时采取禁用、停用等处理。比如 LibraryThing API 限制用户访问次数每天不超过 1 000 次，OCLC 的相关 API 非商业用户访问次数每天不能超过 500 次，通过 IP 认证的用户每天不能超过 1 000 次。每天超出正常范围的 OpenAPI 访问量最明显地带来两个问题：①对服务器承受能力的冲击；②非法数据套录。因此，采用频次控制在一定程度上可以防止资源被滥用或恶意使用。

2.4 OpenAPI 访问权限控制实例

在实际应用中，以上几种控制 OpenAPI 访问权限的方法是可以组合使用的，下面分析两个具体例子。

Google Books API Family（Labs）[12]：Google 支持 OAuth，原来的 AuthSub 和 ClientLogin 已经作为旧协议，不再提倡使用。Google 新推出的"Books API v1（Labs）"有如下规定：首先，使用者要向 Google 注册登记相关的应用系统，应用系统的域名是将来访问 OpenAPI 的检验条件之一。Google 提供 OAuth 和 API key 两种方式识别使用者的应用系统，具体细节是：如果应用系统发出的请求涉及受保护资源，则必须提供一个 OAuth 访问令牌，是否还提供 API key 不是必要条件；如果应用系统发出的请求不涉及受保护资源，则可以依照最方便的方式选择下面三种方法之一：提供一个 OAuth 访问令牌、提供一个 API key、两者都提供。另有嵌入式图书预览 API（embedded viewer API）、动态链接 API 对互联网自由开放，不需要任何验证。由此可见：Google 比较好地兼顾了公共资源与托管资源的开放区别。

豆瓣[13]：豆瓣网要求每个 API 的使用者都申请一个 API key，在 API 请求中用 apikey 参数传递 API key，同时控制请求频次，每分钟请求不超过 40 次，需要超过者另外申请。不申请 API key 也可以调用 API，但被限制为每分钟请求不超过 10 次。当第三方应用需要通过 API 访问或修改受保护的用户数据时，需要通过 OAuth 认证机制来获得用户的授权。由于在豆瓣的 OAuth 访问令牌中包含了 API key 参数，所以用 OAuth 访问令牌时不需要再进行 API key 认证。

每种权限控制方式都会消耗一定的计算资源和网络资源，图书馆自提供 OpenAPI 服务采取什么控制方式，要根据安全要求、实施难度、平均响应速度、硬件条件等综合考虑。

3 OpenAPI 权限控制实践

随着 OpenAPI 应用的普及，OpenAPI 权限控制的需求呈现多样化，需要根据不同的系统环境在实践中探索可行的解决途径。本实践根据建立全国师范院校图书馆资源共享联盟的需求进行：按照计划，联盟中院校的书刊信息要共知、共享（包括联合检索），需要图书馆集成管理系统开放接口。北京师范大学（以下简称"北师大"）图书馆使用的图书馆集成管理系统是 ExLibris 公司的 ALEPH 500，该系统有一组称为 X-Services 的 OpenAPI 接口，提供了书目检索、读者认证、预约、续借、数据更新等多项服务，北师大图书馆利用这组接口进行了多项应用拓展和馆内系统间互联，包括整合检索、资源集成、手机图书馆等。ALEPH 500 系统本身提供了通过 IP 地址和用户授权设置对 X-Services 访问权限进行整体控制的机制。但是，如果对众多的联盟成员进行 IP 地址和用户授权的设置与后期更新维护，将带来非常大的管理工作量，而且影响系统运行速度。

笔者借鉴了通过 API key 控制 OpenAPI 访问权限的思想，设计并实现了通过 API key 控制 X-Services 访问权限的方案，不通过 IP 地址过滤，将 X-Services 的服务按需增加授权、开放。原理描述如下：

- 建立 API key 数据库表 APIkeyop，记录每个 API key 允许访问哪些 X-Services 服务操作。

148

- 建立服务器端 API key 验证功能，接受并验证 X-Services 服务请求。
- 将 X-Services 请求的 URL 进行变换，首先指向验证程序 aleph_ services，同时附加 API key 参数。如检索题名中含有 java 一词的图书，原始 X-Services 请求表达是：http：//server：port/X？ op = find&code = wti&request = java&base = abc01（op——操作，code——字段，request——检索词，base——数据库）。变换后为：http：//server：port/services/aleph _ services？ op = find&code = wti&request = java&base = abc01&id = 2abcde873438475（id——API key）。
- 记录 API key 访问 log，用于频次控制。

关键代码（Perl 语言）：

建立数据库表 APIkeyop（$ dbh——数据库句柄，ido——API key + op 参数，auth——授权（Y/N））

```
$ dbh - > do（"CREATE TABLE APIkeyop（ido text, auth text, ctime)"）;
$ dbh - > do（"CREATE UNIQUE index APIkeyop _ id on APIkeyop（ido)"）;
```

获取传递的参数

```
$ cgi = new CGI;
my $ id = $ cgi - > param（"id"）;
my $ op = $ cgi - > param（"op"）;
my $ id1 = $ id. $ op;
```

从 APIkeyop 中查找 API key 对 op 操作的授权

```
$ sqr = $ dbh - > prepare（"SELECT ido, auth FROM APIkey op where ido = ' $ id1'"）;
$ sqr - > execute（）or die $ dbh - > errstr;
```

如果授权为"Y"，构建访问 X - service 的 URL，并发送请求：

```
while（@ t = $ sqr - > fetchrow_ array）｛
if（@ t [0] eq $ id1）｛
$ auth1 = @ t [1]; ｝
｝
if（$ auth1 eq "Y"）｛
my @ params = $ cgi - > param;
my $ url = " $ bnuopac_ base/X?";
foreach my $ pa（@ params）｛
```

```
if（$ pa ne "id"）{
 $ url . = &; $ pa. '=; $ cgi - > param（$ pa）;}
 }
 $ content = get $ url;
 die "Couldnt get $ url" unless defined $ content;
 }
```

返回结果

```
print $ content;
```

效果验证表明：持有 API key 的联盟成员，通过验证程序 aleph_ services 请求 X-Services 服务时，可以顺利使用已经授权的 X-Services 服务操作，当越权请求其他 X-Services 服务操作时，将获得 "no Authentication" 提示，同时，频次控制也有效控制了过度频繁的异常访问。本方案可以扩展到对任意个体和组织的 X-Services 服务访问授权，不同的 API key 可以形成不同的 X-Services 服务权限组，满足不同应用需求。而且可以将授权精确到单次服务请求操作，如：检索服务有两个请求操作：①检索，返回命中数；②在命中结果中获取书目详细信息，本方案可以只授权前者操作。本方案也可以借鉴到其他应用系统对 OpenAPI 权限控制的实践中。

4 结 语

OpenAPI 在图书馆行业有极好的应用前景，通过 OpenAPI 实现独立系统间的互通互联可以产生单一系统无法达到的增值性应用，将推动图书馆服务的创新、资源的充分利用以及对外合作的共赢。OpenAPI 应用的权限控制直接影响着 OpenAPI 的深入应用，目前，全球范围内相关的工业化标准正在发展和形成之中，图书馆行业也应当积极参与其中，努力实践，不仅要利用已有的 OpenAPI，也要开发自己的 OpenAPI、改进现用的 OpenAPI，解决发展中的实际问题，发挥本行业的信息服务优势，推动服务模式的创新以及相关标准的建立和应用。

参考文献：

[1]　张卫全，胡志远. 浅析作用于 Web2.0 安全防范的 OpenID 和 OAuth 机制 [J]. 通信管理与技术，2011（2）：15－18.

[2]　徐毅，王红阳. Web2.0 安全性刍议 [J]. 软件世界，2006（19）：62－63.

[3]　Cloud identity summit [EB/OL]. [2011－08－01]. http：//www. cloudidentitysummit. com/ 2011－07－18.

［4］ 林颖，孙魁明．基于 WAP 的图书馆移动信息服务体系及 WA POPAC 应用实例
［J］．现代图书情报技术，2007（9）：80－83．

［5］ 张红，只莹莹．利用自助模式提升读者服务［J］．数字图书馆论坛，2010（12）：
51－55．

［6］ 王文清，陈凌．CALIS 数字图书馆云服务平台模型［J］．大学图书馆学报，2009
（4）：13－18．

［7］ KDE V2.0 接口使用帮助［EB/OL］．［2011－08－01］．http：//kde.cnki.net/
KDEService/Search/Help/．

［8］ 肖铮，陈晓亮．厦门大学图书馆馆藏书目信息 API 开发实例及其应用［EB/OL］．
［2011－08－01］．http：//dspace.xmu.edu.cn/dspace/bitstream/2288/7073/2/%
E5%8E%A6%E9%97%A8%E5%A4%A7%E5%AD%A6%E5%9B%BE%E4%
B9%A6%E9%A6%86%E9%A6%86%E8%97%8F%E4%BF%A1%E6%81%AFA-
PI%E5%BC%80%E5%8F%91%E5%AE%9E%E4%BE%8B%E5%8F%8A%E5%
85%B6%E5%BA%94%E7%94%A8.pdf．

［9］ OAuth［EB/OL］．［2011－08－01］．http：//en.wikipedia.org/wiki/OAuth．

［10］ The OAuth 1.0 Guide［EB/OL］．［2011－08－01］．http：//hueniverse.com/oauth/
guide/．

［11］ The OAuth 2.0 Authorization Protocol draft-ietf-oauth-v2-20［EB/OL］．［2011－08－
01］．http：//tools.ietf.org/html/draft-ietf-oauth-v2-20．

［12］ Google Books API Family（Labs）［EB/OL］．［2011－08－01］．http：//
code.google.com/intl/zh-CN/apis/books/docs/getting-started.html．

［13］ 豆瓣 API［EB/OL］．［2011－08－01］．http：//www.douban.com/service/
apidoc/．

作者简介

贾西兰，女，1957 年生，研究馆员，发表论文 10 余篇。

郭建峰，男，1970 年生，副研究馆员，发表论文近 10 篇。

新的国际版权立法对图书馆为
视障者服务的影响

——基于《马拉喀什条约》的思考

有科研成果表明，视力正常者通过眼睛的观看可以获得所需信息的70%[1]，然而，视力障碍者（以下称"视障者"）的信息获取能力与视力正常者不可相提并论。解决这一问题的重要办法之一就是向视障者提供适合其信息接收特点的专门制作的作品版本，即"无障碍格式版"，包括盲文版、大字号版以及有声版本等，但是这些版本的制作和传播通常受到版权的控制。由于现行版权制度未能充分关照视障者的利益，一方面限制了无障碍格式版的生产，另一方面阻碍了无障碍格式版在不同管辖区域之间的传播。鉴于这种状况，2013 年 6 月 28 日，世界知识产权组织（WIPO）在摩洛哥的马拉喀什召开的外交会议上缔结了《关于为盲人、视障者和其他印刷品阅读障碍者获得已出版作品提供便利的马拉喀什条约》（又称《马拉喀什条约》，本文简称《条约》）。《条约》强制要求缔约方针对视障者的需求在版权法中设置版权限制与例外，并致力于推动无障碍格式版跨境交换机制的建设，以保护视障者获取信息的权利。《条约》是 WIPO 历史上第一份为版权规定专有例外与限制并以此作为版权法上一项例外措施的国际文件，是 WIPO 关注促进版权消费者人权发展而不是围绕扩张版权的首个例子，被认为是迄今为止第一部，也是唯一一部在版权领域的人权条约[2]。视障者是图书馆的重要服务群体，而我国是《条约》的首批缔约方之一，《条约》的生效必将给国内图书馆的相关服务和版权管理工作带来新的影响，需要积极应对。

1　《条约》保障视障者阅读和获取信息之权利的举措

1.1　国内版权法的限制与例外

根据世界卫生组织提供的资料，全球视障者超过 3.14 亿人[3]。然而，WIPO 的一项研究成果显示，在版权法中写入版权限制与例外条款，在盲文、大字本或数字化音频方面为视障者进行特别规定的国家、地区不到 60 个[4]。即便是对此有所规定的国家和地区，法律对视障者权利的限制也较多，对视障者而言立法只能是"画饼充饥"。比如，加拿大版权法第 32 条规定，无障碍格式版不包括大字本。又比如，按照 2007 年 1 月 1 日起生效的《澳美自由贸易协定》（Australia/US Free Trade Agreement，AUSFTA）的规定，被授权组织破解"技术保护措施"受到限制，从而不能为视障者的合理使用提供保障[5]。我国《著作权法》第 22 条第 12 款只将合理使用的方式限于"盲文出版"，《信息网络传播权保护条例》第 6 条第 6 款规定的"独特方式"也只是指通过网络传播电子盲文，供盲人打印后使用的行为。同时，"盲文"仅指作品的文字形式，即供盲人触摸感知的、"由不同排列的凸出的点"表现的作品。它并不包括大字版纸质书、电子书，也不包括有声读物，因此范围远小于《条约》规定的"无障碍格式版"[6]。版权限制力度不足是造成无障碍格式版缺少的重要原因。据国际盲人联盟统计，在全球每年出版的约 100 万种图书中，转换为无障碍格式的只有 5%[7]。《条约》序言指出，尽管许多国家已经在版权法中为视力障碍或其他印刷品阅读障碍者规定了限制与例外，但适合他们的无障碍格式版作品仍然持续匮乏，应当认识到规定适当的限制与例外，特别是在市场无法提供这种无障碍时规定适当的限制与例外对视障者的重要性。《条约》第 4 条专门规定了关于无障碍格式版的国内法限制与例外的权利种类、使用方式和适用条件，又在第 11 条（"三步检验法"适用条款）、第 12 条（学术界称此条为"发展条款"，即：如果缔约方是最不发达国家，允许其根据经济条件与社会和文化需求，在《条约》规定的版权限制与例外范围之外，于国内法中自行规定新的版权限制与例外）规定了设置版权限制与例外应遵循的原则。

1.2 无障碍格式版的跨境交换

版权法具有地域性特征，一方面并非所有国家的法律都允许无障碍格式版的出口，另一方面规范的差异使不同区域法律的适用困难重重。比如，美国、中国的法律都规定，针对视障者的版权限制与例外只适用于已发表作品，而英国《视障者版权修正案》则将未发表作品也囊括其中。又比如，西班牙、加拿大等国家法律规定，无障碍格式版的制作与传播只能具有非营利性，而日本版权法则认可对无障碍格式版的盈利目的使用。协调不同国家的版权政策，对各国视障者，尤其是对发展中国家视障者权益的保护至关重要。据统计，由于制作技术和资金的困扰，部分发展中国家图书无障碍格式转化率甚至不到 1%[7]。相反，发达国家有较强的无障碍格式版制作能力。比如，同为西班牙语系的智利、哥伦比亚、墨西哥、尼加拉瓜和乌拉圭这 5 个国家总共制作了 8 000 余种无障碍格式版，而西班牙制作的无障碍格式版却多达 10 余万种[6]。WIPO 认为，不应把设立视障者版权限制与例外的权力完全赋予各成员国，而有限的地域内的法律合作与版权的全球化管理也不能解决根本问题，必须在世界范围内对版权法的框架进行修改[8]。《条约》第 5 条对无障碍格式版的跨境交换作了规定，第 12 条的"发展条款"（development provision）对该问题同样适用。所谓"跨境交换"，是指一个"被授权实体"向另一缔约方的受益人或者"被授权实体"发行和提供根据版权限制与例外规定合法制作的无障碍格式版的行为。需要注意的是，《条约》规定的跨境交换既可以是通过中介的间接行为，还可以是无中介的直接行为。为了保障权利人的利益，《条约》对"被授权实体"享有的跨境交换权利作了限制，包括：在实施跨境交换之前，确认接收方的受益人或者"被授权实体"身份，防止无障碍格式版用于除此之外的目的。《条约》还规定，为了保障无障碍格式版的跨境交换，缔约方可以在其国内法中设置另外的版权限制与例外规定。

1.3　相关的实施中介机制

按照有关国家法律的规定，制作并向视障者提供无障碍格式版的任务必须由中介组织来承担。比如，在澳大利亚这类机构是"协助无法阅读印刷本之人的机构"、在美国是"被授权之团体"等。在《条约》讨论过程中，欧美国家的提案倾向于设立中介机构，而巴西、巴拉圭等发展中国家的提案则希望任何满足法定条件的个人与组织都可制作传播无障碍格式版。《条约》最终采纳了欧美国家的意见，将制作传播无障碍格式版的权利赋予了中介机构，即《条约》第 2 条规定的"被授权实体"。按照《条约》的解释，"被授权实体"包括两种类型：一是政府授权或承认的向视障者提供教育、指导培训、适应性阅读或信息渠道的实体；二是其主要活动或机构义务之一是向视障者提供教育、指导培训、适应性阅读或信息渠道的政府机构或组织。这两种组织的运作都必须具有非营利性，这是某个组织能否成为被授权实体最重要的条件。否则，即使是向视障者提供教育、指导培训、适应性阅读或信息渠道，即便得到了政府授权或认可，也不能成为被授权实体，不享有制作和传播无障碍格式版的权利。

2 《条约》对图书馆为视障者服务的积极影响

2.1 有利于明确图书馆的服务主体地位

在部分国家，视障者的权益需要通过法定的中介机构或者被授权实体来实现。比如，按照澳大利亚版权法的规定，"协助无法阅读印刷本之人的机构"由教育部长或法务部长指定。又比如，日本版权法曾规定，盲文图书馆可以开展音译活动，而其他类型的图书馆不享有此项权利。"被授权实体"是《条约》的核心概念之一，《条约》的精神和诸多任务要靠被授权实体去贯彻落实和完成。我国《著作权法》及其配套制度虽然没有"被授权实体"的概念，更无认定被授权实体的条件和程序，但是从《著作权法》第 22 条第 12 款的规定可知，只有中国盲文出版社和中国盲文图书馆是适格的"被授权实体"。这种规定造成我国被授权实体数量十分稀少，无障碍格式版的生产能力非常有限。据统计，我国目前每年出版盲文书刊 150 种，印制 6 万册，全国视障者平均每 6 万人 1 种，150 人 1 册，与正常人每年人均享有 40 种出版物相比，盲人的读书状况实在令人担忧[1]。虽然我国《宪法》、《教育法》、《残疾人保障法》都规定图书馆负有为视障者提供服务的职责，但是在版权法体系内，图书馆被授权实体的地位并未得到明确，尽管在现实中许多图书馆都已经为视障者提供了丰富多彩的服务，并在服务的人力、物力、财力以及服务的网络化和服务经验方面展现出自身优势。这不利于调动图书馆的积极性，不利于发挥图书馆为视障者服务的独特优势，也不利于对图书馆制作传播无障碍格式版行为的监管。按照《条约》对"被授权实体"的界定，显然公益性图书馆（公共图书馆、公立高校图书馆等）具备成为被授权实体的条件。但是，并非所有的公益性图书馆都可以自然成为被授权实体，其资格需要通过法定的程序和标准予以认定。《条约》对"被授权实体"的规定将使图书馆服务地位不明的状况得到改观，使图书馆能够名正言顺地制作和传播无障碍格式版。

2.2 使图书馆的合理使用权利更加明晰

我国绝大多数图书馆并不清楚在为视障者服务的过程中自己享有哪些权利以及如何行使这些权利，这既与我国《著作权法》及其配套制度缺乏针对视障者的版权限制与例外规定有关，也与图书馆作为被授权实体的法律地位长期以来得不到明确有关。在我国现行版权法框架内，图书馆的行为不仅受缚，而且在此前提下盲目地制作和传播无障碍格式版还会带来诸多法律风险。《条约》则使作为被授权实体的图书馆享有的权利种类与权利行使方式变得清晰明了。综合《条约》第 4 条、第 5 条的规定，作为被授权实体的图书馆享有的权利包括：制作和复制已出版作品的无障碍格式版、获得无障碍格式版、发行和出借无障碍格式版、通过网络向视障者提供无障碍格式版、跨境交换无障碍格式版等，涉及的权利包括复制权、发行权、向公众提供权（我国《著作权法》中的信息网络传播权）。作为被授权实体的图书馆，还有义务以非营利方式向受益人提供教育、指导培训、适应性阅读或信息渠道[9]。另外，出于为视障者服务的需要，图书馆可以对无障碍格式版做必要的修改，可以为达到传播无障碍格式版的目的采取任何中间措施。至于图书馆能否制作、传播、获取表演无障碍格式版、是否可以在不经商业供应检验法判断的前提下制作和传播无障碍格式版、是否需要向版权人支付报酬，要视国内法而定。

2.3 扩大了图书馆所服务的视障者范围

"受益人"（beneficiary）是指受到版权法特别照顾的适格的人或组织。我国《著作权法》第 22 条第 12 款虽然没有规定受益人的范围，但是从"将已发表作品改成盲文出版"的表述中，可以肯定该条款的受益人是狭义上的视障者，即"盲人"。《信息网络传播权保护条例》第 6 条则直接使用了"盲人"的字样。虽然在实践中，图书馆的服务对象不仅包括盲人，而且还涉及非盲人的视障者，但是图书馆似乎并没有一个完整的视障者群体的轮廓，而且存在将非盲人的视障者与盲人区别对待的问题。相比之下，《条约》第 3 条使用了广义上的视障者概念，指出受益人不仅包括传统认识中的盲人，而且包括有视觉缺陷、知觉障碍或阅读障碍的人——无法改善到基本达到无此类缺陷或障碍者的视觉功能，因而无法像无缺陷或无障碍者一样以基本相同的程度阅读印刷作品；或者在其他方面因身体残疾而不能持书或翻书，或者不能集中目光或移动目光进行正常阅读的人。这种规定，一方面延展了我国《著作权法》及其相关制度中受益人的范围，使更多的视障者能够分享社会进步的成就；另一方面界定了图书馆服务的视障者范围，有利于提高服务的针对性、有效性，有利于图书馆社会职能的更广泛发挥。

2.4 为图书馆提供了较完备的操作规则

法律之所以要对版权进行限制和作出例外性规定，是因为社会要从中得到好处。作为平衡利益关系的重要手段，法律还要对版权作出反限制，即"限制的限制"，以防公众滥用合理使用权利而对版权人利益造成损害。同样，《条约》在赋予图书馆等被授权实体相关权利的同时，也为这些实体提供了必须遵照执行的规则。比如，按照《条约》第 2 条的规定，作为被授权实体的图书馆应确定其服务的对象就是受益人，要保证无障碍格式版只能向受益人或者其他被授权实体提供，还要制止未经授权的复制、发行、提供行为，记录作品复制件的处理情况，尊重和保护受益人的隐私。又比如，按照《条约》第4条的规定，作为被授权实体的图书馆，其制作、发行、提供无障碍格式版的行为必须是非营利性的。还比如，按照《条约》第5条的规定，如果缔约方将从另一缔约方的被授权图书馆接收到的无障碍格式版用于受益人之外的目的，提供无障碍格式版的图书馆对此事先应不知情。另外，由于《条约》第7条只是对技术措施作了限制，并未赋予被授权实体解密权，因而图书馆在制作、发行、提供无障碍格式版的过程中，未经授权不得对技术措施进行破解。

3 图书馆应对《条约》的若干建议

3.1 充分认识新的国际立法的意义

《联合国人权宣言》、《联合国残疾人士机会公平标准规则》、《联合国残疾人权利国际公约》都规定，残疾人的受教育权、信息获取权应得到保障。然而，既往的国际版权立法，比如，1996年缔结的《世界知识产权组织版权条约》（WCT）、《世界知识产权组织表演和录音制品条约》（WPPT）以及2012年缔结的《视听表演北京条约》等，都以提高版权保护水平为目的，呈现出版权扩张的总体态势。与此不同，《条约》是第一个专门面向版权领域某一特定消费群体的国际立法，首次将公共利益置于首位，是对过去以权利为中心的知识产权立法范式的革命性创新，其成功缔结反映了国际版权领域立法的新动向与新趋势[10]。因此，有学者把《条约》称为"马拉喀什奇迹"，认为《条约》给世界带来的是一张人性化的面孔。《条约》的缔结证明，国际多边体系的合作能够解决各国共同遇到的问题，而作为多边体系的一个胜利，《条约》必将给全球数以亿计的视障者带来实实在在的福祉。

3.2 进一步明确图书馆担负的责任

第二次全国残疾人抽样调查结果显示，截至2010年末，我国有视障者1 263万[11]。按照《残疾人保障法》、《无障碍环境建设条例》等法律法规的相关规定，图书馆担负着为视障者提供服务的法定义务。近年来，图书馆已经成为服务视障者的重要机构。截至2011年底，全国2 952家公共图书馆共计拥有盲文图书65.15万册，盲人阅览室座位达10 300个[12]。然而，相对于庞大的视障者群体和多样化的服务需求，图书馆已经取得的成绩是远远不够的。图书馆是制作、进口、传播、交换无障碍格式版的非营利机构，拥有制作无障碍格式版的丰富资源以及专门化的服务人才，理应担负起更大的社会责任。

我国积极参与了《条约》的谈判，是《条约》首批56个缔约方之一，随着国内版权立法因应于《条约》要求的调整，图书馆制作、传播、交换无障碍格式版将面临更好的法律环境，图书馆为视障者服务大有可为。

3.3　向立法机关反映图书馆的诉求

视障者享有的无障碍权具有人权属性，是一种需要得到保障的基本人权。视障者享有的无障碍权还具有社会属性，是一种请求国家积极作为的权利而非消极的被动防御的权利[13]。政府积极作为的方式之一，就是通过立法对视障者的权益予以强制性保护。2011年8月以来，中国图书馆学会针对《著作权法》（第三次修订）多次向国家版权局提出立法建议，由于提出建议的时间早于《条约》缔结的时间，因此在建议中没有涉及无障碍格式版的制作、传播、交换需要的版权限制与例外问题。目前，《著作权法》（第三次修订）还在征询意见当中，图书馆界应向立法机关提出补充建议，包括：①明确图书馆的被授权实体地位；②建立认定图书馆被授权实体的条件和程序；③不将"商业供应检验法"适用于图书馆；④图书馆不向版权人支付报酬；⑤图书馆享有适当的技术解密权等。

3.4　研究掌握和正确运用法律规范

我国图书馆实践表明，许多版权纠纷都是由于图书馆未能科学理解、正确运用法律法规引起的，这是目前图书馆版权管理要解决的主要问题之一。随着《条约》的生效，国内立法必将作出新的调整，这对图书馆版权保护也将形成新的挑战，关键的问题仍然是要认真学习和研究掌握法律规范，使图书馆的行为始终囿于法律框架之内。除了通过发宣传资料、讲座等形式在图书馆开展关于《条约》的普法教育外，制订行业性的版权政策指南不失为一个有效的办法。比如，《条约》颁布之后，作为北美三大图书馆协会之一的"图书馆版权联盟"（LCA）就迅即发布了《条约》使用手册，向图书馆解释《条约》的各种条款以及有关版权例外的实质性义务[14]。在这方面，我国图书馆界也有成功的经验。比如，2010年7月，中国图书馆学会就曾发布《数字图书馆资源建设和服务中的知识产权保护政策指南》。建议中国图书馆学会借鉴LCA的做法，制定相关的政策指南，指导图书馆实践。

3.5　加强为视障者服务的能力建设

2013年12月17日，在WIPO举行的专家讨论会上，一位学者指出，发展中国家落实《条约》，需要进行能力建设[15]。一方面，政府作为无障碍政策和法律的制定者、实施者、组织者、监督者以及服务产品的生产者、提供者、维护者，应加大对视障者事业的投入，改善图书馆等被授权实体的服务

158

条件与技术手段。按照《条约》第 9 条第 2 款的规定，政府还应向图书馆等被授权实体通报、宣传无障碍格式版跨境交换的政策和做法。另一方面，图书馆等被授权实体要加强自身能力建设。比如，构建信息无障碍系统（DAISY）、开展用户培训与服务推广、建设无障碍格式版资源体系等。在无障碍格式版制作、提供、跨境交换中，图书馆除了要同国内主管残疾人工作的政府部门、残疾人联合会、残疾人教育培训组织、相关的基金会、档案馆、博物馆等建立新型合作关系外，还要与国外被授权实体开展广泛深入的合作，以共享信息，帮助被授权实体互相确认，促进无障碍格式版的跨境交换。按照《条约》第 9 条第 1 款的规定，为了促进不同缔约方被授权实体之间的合作，WIPO 国际局将建立信息联络点。

参考文献：

[1]　侯夷．盲文出版物——中国出版业的盲区［J］．中国版权，2005（11）：30 - 32.

[2]　王迁．《马拉喀什条约》简介［J］．中国版权，2013（5）：5 - 8.

[3]　世界卫生组织．Fact sheets：Visual impairment and blindess［EB/OL］．［2013 - 08 - 17］．http：//www. who. int/mediacentre/fqctseets/fs282/en/index. html.

[4]　王春华．视障者无障碍阅读国际条约获通过［EB/OL］．［2013 - 08 - 28］．http：//news. xinhuenet. com/legal/2013 - 06/29/c116338277. htm.

[5]　章忠信．听觉与视觉障碍者合理使用著作之检讨［EB/OL］．［2014 - 04 - 18］．http：//www. docin. com/p - 413199610. html.

[6]　王迁．论《马拉喀什条约》及对我国著作权立法的影响［J］．法学，2013（10）：51 - 63.

[7]　世界知识产权组织．历史性条约获得通过，将促进全世界视障者对图书的获取［EB/OL］．［2013 - 09 - 11］．http：//wwww. ipo. int/pressroom/zh/articles/2013/article0017. html.

[8]　孙伶俐．为视障者获取信息的版权限制与例外——世界知识产权组织相关议案述评［J］．中国版权，2011（6）：52 - 55.

[9]　曹阳．《马拉喀什条约》与中国图书馆界的应对［J］．图书情报工作，2013（19）：50 - 56.

[10]　曹阳．《马拉喀什条约》的缔结及其影响［J］．知识产权，2013（9）：81 - 87.

[11]　赵银平．李长春到盲文出版社调研看望全体员工［EB/OL］．［2013 - 09 - 13］．http：//news. xinhuanet. com/12920777. htm.

[12]　中国图书馆学会，国家图书馆．中国图书馆年鉴［M］．北京：国家图书馆出版社，2013：566.

[13]　杨飞．论残疾人的信息无障碍权［J］．河南财经政法大学学报，2013（2）：118 - 124.

［14］ 中国保护知识产权网.图书馆组织发布 WIPO《马拉喀什条约》使用手册［EB/OL］.［2013－12－08］.http：//www. ipr. gov. cn/guojiiprarticle/guojii. htm.

［15］ 中国保护知识产权网.发展中国家缺乏从《马拉喀什条约》中获益的能力［EB/OL］.［2013－12－08］.http：//www. ipr. gov. cn/guojiiprarticle/guojiipr/201312－1.

作者简介

林敏,莆田学院图书馆馆长,研究馆员,E-mail：ptlmin@ 163. com。

图书馆印刷品阅读障碍人士版权例外研究[*]

——《马拉喀什条约》述评及对中国图书馆界的建议

根据联合国《残疾人权利公约》和《中华人民共和国残疾人保障法》，残疾人享有平等参与文化生活的权利。其中，保障视障人士对盲文读物、盲人有声读物及其他文献的获取是重要的途径，它既是图书馆的重要责任[1]，也是保障视障者受教育权利和阅读权的重要方面。许多国家的版权法对相关例外作出了规定。随着科学技术的发展和全球化的深入，许多国家与非政府组织等都在积极推动缔结一个关于版权例外与限制的多边协议或条约，以立法形式保障视障者对作品的获取[2]。本文从世界知识产权组织（World Intellectual Property Origination，以下简称 WIPO）最新通过的《关于为盲人、视力障碍者或其他印刷品阅读障碍者获得已出版作品提供便利的马拉喀什条约》（简称《马拉喀什条约》或《条约》）的角度，研究图书馆印刷品阅读障碍人士的版权例外。

1 背 景

WIPO 是知识产权国际协调的重要组织，其主要宗旨是通过各国合作并在适当情况下与其他国际组织配合，促进世界范围内的知识产权保护[3]。近年来，有关教育、图书馆及残障人士的版权例外的议题受到 WIPO 的高度关注。2004 年 10 月经智利代表提议，"为教育、图书馆和残障人士的著作权及相连权的限制和例外"的议题被列入 WIPO 版权及相关权常设委员会（Standing Committee on Copyright and Related Rights，简称 SCCR）第 12 届例会的议程。2005 年 11 月，智利代表团又向 SCCR 第 13 届会议提交了一份关于例外和限

* 本文系上海图书馆学会课题"大学图书馆阅读推广服务研究"（项目编号：2013CSTX29）阶段性研究成果之一。

制的提案[4]。2010 年，巴西、厄瓜多尔、巴拉圭[5]、美国[6]、非洲集团[7]、欧盟[8]等先后递交了提案。世界图联、世界盲人联盟等组织也积极参与谈判。2013 年 4 月 20 日发布了条约草案，并最终在马拉喀什举行的 WIPO 外交会议上达成一致，于 2013 年 6 月 27 日通过《马拉喀什条约》[9]。2013 年 6 月 28日，包括中国在内的 51 个国家签署了该条约[10]。

《马拉喀什条约》是一个历史性的条约，它"将改变视障人士对书籍的获取"从而"改变视障人士的世界"[11]。中国积极参与了《条约》的谈判，并在其中发挥了重要作用。

另一方面，我国著作权法提供了视障者获取信息的相关例外，但图书馆界对《马拉喀什条约》的研究还不多。图书馆界如何应对中国加入《马拉喀什条约》带来的机遇和挑战？本文探讨《马拉喀什条约》的适用范围和关键内容，并对图书馆界提出建议，以促进中国图书馆界的相关研究和实践。

2 《马拉喀什条约》版权例外的适用范围与关键内容

《马拉喀什条约》包括序言、22 条正文和 13 个脚注，其中，第一条至第十二条为实质性条款，即规定缔约方具体权利和义务的条款。对无障碍格式版的受益范围、限制及例外、跨境交换和进口、技术措施以及实施细则等作出具体规定。第十三条至第二十二条为程序性条款，主要涉及条约的签署、生效、加入和退约以及 WIPO 国际局和大会的职责等。

2.1 适用范围

2.1.1 适用的对象范围

条约的适用对象，即受益人（beneficiary persons），英语表述是"visually impaired persons /persons with print disabilities"，中文可译为"视障者和印刷品阅读障碍者"。根据《条约》第三条规定，受益人应包括盲人、视力障碍和印刷品阅读障碍者及因其他残疾导致无法阅读纸质文献的人。

对照中国的残疾人分级标准，视力残疾人群（包括盲人和低视力者）、部分多重残疾人以及因其他残疾而存在阅读障碍的残疾人士都应属于《条约》所称的"受益人"的范畴，全国数量超过 1 263 万[12]。

2.1.2 适用的作品范围

《马拉喀什条约》所规定的限制与例外适用于《伯尔尼公约》第二条第一款定义的"文学和艺术作品"且必须是已公开发表的作品，其中包括纸质作品、网络作品、有声读物等，不适用于未发表的作品。条约对孤儿作品是否适用未作明确规定。

162

2.1.3 版权例外的权利范围

根据《马拉喀什条约》第四条、第十条及其脚注的内容，为促进视障者对印刷作品的获取，出于无障碍格式版的制作、发行和向受益人提供的需要，缔约方国内法提供的限制或例外的权利范围包括：复制权、发行权和《世界知识产权版权条约》规定的向公众提供权等专有权，可以包括表演权、修改权、改编权，同时可能涉及保护作品完整权等人身权，并可拓展至其他版权相关权。

缔约方可以在国内法律制度和做法中专为受益人规定限制或例外、规定其他限制或例外或者同时规定两者。缔约方在采取必要措施确保《条约》的适用性，可以行使该缔约方依照《伯尔尼公约》、《与贸易有关的知识产权协定》（简称《TRIPS 协定》）和《世界知识产权组织版权条约》（包括各项解释性协议）所享有的权利并承担条约赋予的义务。

2.2 版权例外的关键内容

2.2.1 无障碍格式版的国内法限制与例外

"被授权实体（authorized entities）"指的是得到政府授权或承认（包括接受政府的财政支持），以非营利方式向受益人提供教育、指导培训、适应性阅读或信息渠道的实体，亦包括其主要活动或机构义务之一是向受益人提供相同服务的政府机构或非营利组织，是无障碍格式版的跨境交换中重要的中介。

《马拉喀什条约》第四条第二款明确了缔约方可以通过国内法为被授权实体和受益人规定的版权例外的内容。具体地说，国内法在明确被授权实体的定义及其义务的基础上，可以为授权实体提供版权限制或例外的内容包括：对于依法有权使用的作品或作品复制件，允许被授权实体在未经版权权利人授权的情况下：① 制作作品的无障碍格式版；进行无障碍格式版转化时，允许被授权实体采取必要的手段，但对作品的修改限于必要的以促进受益人的有效利用为目的的修改；② 被授权实体可以从另一被授权实体获得无障碍格式版；③ 以任何方式将无障碍格式版提供给受益人，且只提供给受益人。提供的方式可包括非商业性出借或以有线或无线电子传播方式如通过广播播放有声作品等；④ 允许被授权实体为实现以上目的而采取任何中间步骤，如提供配套设备，或对作品进行必要的修改等。

对于单个受益人，国内法可以允许受益人及代表其行事的人（包括主要看护人或照顾者），将依法有权使用的作品或作品的复制件，制作成无障碍格式版，或通过其他方式帮助受益人制作无障碍格式版。该无障碍格式版为受益人所专用。

2.2.2 无障碍格式版的跨境交换

为了避免重复转换作品格式，实现世界范围内无障碍格式版资源的共享，无障碍格式版的跨境交换应该被允许。

《马拉喀什条约》第五条和第六条规定，各成员方国内法应提供相关例外或限制以确保：根据限制或例外或依法制作的无障碍格式版，允许被授权实体在未经权利人授权的情况下：①向另一缔约方的被授权实体提供或发行；②允许被授权实体向另一缔约方的受益人直接发行或提供；其前提是，被授权实体必须承担"确认其正在服务的对象是受益人"的义务；③无障碍格式版仅限受益人使用；④被授权实体或受益人及其代表人，为了受益人的利益进口无障碍格式版。

《马拉喀什条约》同时指出，国内法应明确被授权实体在发行或向公众提供无障碍格式版时的管辖范围，使其不与作品的正常利用相抵触，也不致不合理地损害权利人的合法利益。我国作为《世界知识产权组织版权条约》的缔约国，应遵守其中关于发行权和向公众提供权的相关规定。

2.2.3 商业可获得性

商业可获得性（commercial availability）关系到作者、出版商、视障者、被授权实体等的切身利益，发达国家和发展中国家间对此议题分歧较大。发展中国家主张将相关内容去除，认为条约不应当不合理地限制被授权实体根据其国内法律中的限制和例外提供无障碍格式版。无障碍格式版的可获得性将促进其跨境交换。同时，商业可获得性的相关条款可能对发展中国家造成很大的经济负担。而发达国家担心会影响作者和出版商的利益，要求将内容纳入条约。

商业可获得性相关内容最终出现在《马拉喀什条约》第四条第四款。《条约》明确，各缔约方可以根据本国情况，对该问题作出规定。而可能在国内法中"将无障碍格式版相关限制或例外限于无法从商业渠道以合理价格条件为该市场中的受益人获得特定无障碍格式版的作品"的缔约方，应在批准、接受或加入本《条约》时，或在之后的任何时间，在向WIPO总干事交存的通知中作出声明。同时，商业可获得性要求不适用于根据本《条约》设立的限制或例外是否符合三步测试法的预先判定。

2.2.4 技术措施

《马拉喀什条约》是一个关于例外的条约。缔约方关于技术措施的规定不应损害视障者和阅读障碍人士享受本条约规定的限制与例外的利益。

《条约》第七条及其脚注规定，缔约各方应在必要时采取适当的措施，确保本国制定技术措施相关规则时不妨碍受益人享受《条约》规定的限制与例外。同时，条约不妨碍被授权实体在制作、发行和提供无障碍格式版中采取必要的技术措施。

2.2.5 三步测试法

三步测试法，又称"三步检验法"，是检验版权的限制和例外是否合法的重要评判标准。经过《伯尔尼公约》、《TRIPS 协定》、《世界知识产权组织版权条约》等条约的规定以及 WTO 专家组对版权争端的裁决，三步测试法的具体内涵逐渐明确。三个步骤依次为：①限制和例外限于一定特定的特殊情形；②不与作品的正常利用冲突；③不应不合理地损害权利持有人的合法利益。[13]

是否要将判断版权限制和例外的"三步检验法"写入条约？在 2013 年 4 月 20 日发布的草案中，"三步测试法"出现在序言中并用方括号标注，说明该内容可供讨论。在最终的《条约》文本中，序言的第十款指出：重申成员国在现行国际条约下保护版权的义务，以及依据《伯尔尼公约》第九条第二款和其他国际条约所述的限制和例外的"三步测试法"的重要性和灵活性。

因此，《马拉喀什条约》强调"三步测试法"的重要性和灵活性，同时指出与《伯尔尼公约》及其他国际条约保持一致的立场，从而为不同的国家提供了普遍的一致性的基础和具有灵活操作性的可能。

3 《马拉喀什条约》对图书馆发展无障碍服务的意义

3.1 促进对信息的获取

WIPO 组织成员国众多，并于 1974 年成为联合国系统的特别机构之一，在知识产权国际协调运动中发挥着重要作用。虽然《伯尔尼公约》、《世界知识产权组织版权条约》等条约均对"限制与例外"作出了相关规定，且许多国家的国内法也对视障者提供了限制与例外，但世界范围内仍需要一个具有普遍约束力的多边条约，以便在国际层面上协调各国利益，平衡知识产权保护与视障者对作品的获取。

《马拉喀什条约》的谈判正是充分协调最多数国家利益促进国际合作的过程。129 个国家参加了该《条约》的缔结会议，并在最后文件上签字。2013 年 6 月 28 日，包括中国在内的 51 个国家代表团签署了《马拉喀什条约》。WIPO《马拉喀什条约》是第一个世界范围内的关于视障者和其他印刷品阅读障碍者获取已出版作品的限制与例外的国际条约，将对成员方产生实际约束力。

这一《条约》的通过和生效将产生广泛的国际影响力，将极大地促进无障碍格式版的制作、发行和跨境流动，推动印刷品阅读障碍人士对已出版文献的无障碍获取，将使全世界3.14亿视障者受益，最终积极地"改变视障人士的世界"。

3.2 丰富印刷品阅读障碍人士版权例外的立法实践

《马拉喀什条约》的谈判和缔结过程是多方进行利益平衡的过程。为了取得最大范围的支持和一致，本《条约》在强调某些关键义务的同时，兼具较强的灵活性，充分考虑缔约国国内法律环境的差异，允许缔约国根据本国情况就一些内容进行规定。

《条约》在处理商业可获得性、三步测试法、权利用尽、报酬等问题上均体现较强的灵活性。如规定"关于条约所规定的限制与例外涉及的报酬问题，各国可根据国内法决定"。在报酬方面，各国的立法现状存在差异。如中国的版权法将以教育和研究为目的的使用界定为合理使用，并免于支付报酬，而许多英美法系的国家则规定，即便为了教育和个人研究的目的，有时也需要支付报酬[14]。

《马喀什条约》将为各国制定适合本国实际的无障碍规则提供充分的制度空间，丰富社障者及其他印刷品阅读障碍人士版权例外的立法实践，为图书馆无障碍服务提供制度保障。

3.3 推动世界范围内图书馆无障碍服务的发展

国际图联一直呼吁和支持促进视障者信息获取的版权例外，并在《马拉喀什条约》的缔结中发挥着重要作用。2000年8月，国际图联在《关于在数字环境下的版权问题立场》中声明：版权法规则不应该对视觉、听觉或学习障碍者有所歧视。国际图联支持能平衡双方利益的版权法——既能对版权人利益提供强而有效的保障，同时给予对作品的合理获取以鼓励创造、创新、研究、教育和学习[15]。2004年，国际图联在《网络环境中的版权和相关权限制与例外：国际图书馆界视角》报告中再次阐明对促进视障者获取信息的版权例外的支持立场，并明确指出：为了便于获取对材料进行的格式转换，不应当视之为侵犯版权，而应被视为合理获取信息[16]。

而《马拉喀什条约》的缔结，将有利于全球图书馆界关注视障者信息获取问题，促进为视障者获取无障碍格式信息的版权例外的发展，丰富无障碍格式版的文献资源，加强无障碍格式版的跨境共享，以便为视障者群体提供更好的服务，促进视障者和阅读障碍者参与和融入文化生活。《条约》的缔结，有利于来自不同缔约方的图书馆，作为为视障者提供阅读服务的非赢利性"被授权实体"，在《条约》的框架内，对相关实践进行相互借鉴，并推动图书馆对于视障者和阅读障碍者的相关服务的深入开展。

4 对我国图书馆界的应对建议

4.1 充分贯彻《马拉喀什条约》的原则

我国图书馆界应充分认识《马拉喀什条约》相关原则的重要性，并在实践中进行贯彻。

《马拉喀什条约》序言中阐明了该《条约》的几项原则，包括：贯彻《世界人权宣言》和联合国《残疾人权利公约》的相关规定、强调版权保护的重要性以及需要平衡版权权利人和公共利益最大化的原则。

联合国《世界人权宣言》和《残疾人权利公约》规定了不歧视、机会均等、无障碍以及充分和切实地参与和融入社会的原则。《残疾人权利公约》规定缔约国有"向残疾人提供无障碍信息"、"确保残疾人获得以无障碍模式提供的文化材料，并参与文化活动"等义务。这就要求缔约国不仅为残疾人提供无障碍设施和场所的便利，更重要的是采取一切适当的措施确保残疾人获得信息，包括促使残疾人有机会使用新的信息、通信技术和系统，包括因特网等。

版权法是通过激励和奖励文学和艺术创作以增加所有人（包括视障人士、阅读障碍人士）参与社区的文化生活、享受艺术并分享科学进步带来的益处的机会。

而版权例外是充分平衡权利人利益与公众利益的结果。促进视障者信息获取涉及作品的获取和利用，会涉及权利人的经济权利。从知识产权保护的角度，一方面应维护权利人的合法利益，严格限制版权例外，以免影响权利人的经济回报进而抑制作者创新；另一方面，应充分考虑教育、研究及残疾人等特殊人群的利益，以实现公共利益的最大化。序言还重申了《伯尔尼公约》所提到的版权例外"三步测试法"的重要性和灵活性。

4.2 结合我国图书馆实际对《条约》进行合理采用

4.2.1 完善我国《著作权法》等法律中的相关条款

中国国内法中对盲文作品提供了相关例外规定。《中华人民共和国著作权法》第二十二条规定了国内盲文出版的相关例外，即"将已经发表的作品改成盲文出版"，可以不经著作权人许可，不向其支付报酬，但应当指明作者姓名、作品名称，并且不得侵犯著作权人依法享有的其他权利。《信息网络传播权保护条例》规定：通过信息网络提供他人作品时，不以营利为目的，以盲人能够感知的独特方式向盲人提供已经发表的文字作品可以不经著作权人许可，不向其支付报酬。

实践中，中国的许多公共图书馆建立了盲文读物、盲人有声读物图书室。中国盲人数字图书馆网站已与 2003 年 10 月开通。浙江省图书馆的浙江省视障信息无障碍服务中心，收藏各类盲文图书 2 000 余册，设有语音图书制作室，自制点书近百册，收藏有声读物 9 000 多件，期刊 9 种，下载盲用文本小说共计 5 000 多部[17]，同时配备有视障读者专用电脑、阳光语音软件、盲用复印机等设备。视障者凭身份证及残疾证复印件可免费办理借阅证。

由此可知，我国国内法已设立了视障者获取已出版文献的版权例外条款，实践层面，在服务中对视障者的身份进行有效的认证，并利用版权例外对视障者开展文献服务。因此，我国国内法关于视障者的例外条款和图书馆界的相关实践都对《马拉喀什条约》的实施打下了良好的基础。

从实施《马拉喀什条约》的角度，我国应对《著作权法》、《残疾人保障法》、《信息网络传播权保护条例》等法律中的相关条款进行修改，进一步明确我国的受益人、被授权实体、作品的范围，如拓展例外条款的适用范围，除了视力残疾人群，应拓展至因其他原因存在印刷品阅读障碍的人群；版权例外不应只限于"盲文"，应扩展至有声读物等视障者便于获取的形式。

另外，《马拉喀什条约》为有效利用我国境外作品的无障碍格式版以及无障碍格式版的跨境交流提供了可能。中国《著作权法》应当为这种跨境交换设定例外规则，并进一步细化在无障碍格式版的跨境交换中涉及的报酬、商业可获得性等问题。然而，根据 2012 年 12 月国家版权局报请国务院审议的《中华人民共和国著作权法》（修订草案送审稿），其中关于"权利限制"的第四十三条未涵盖促进视障信息获取的著作权例外的相关内容。建议在我国《著作权法》修订过程中考虑增加相关版权例外的条款。

4.2.2 明确图书馆成为"被授权实体"的要件

在我国，图书馆是政府财政支持的非营利性机构。根据《马拉喀什条约》对"被授权实体"的界定，那些具体从事视障者文献信息服务的图书馆且有能力承担《条约》所规定的相应义务的图书馆，应当被认定为"被授权实体"。

目前，我国公共图书馆大多建立了无障碍阅览室或盲人视听室等盲人读者服务点，承担着为视障者服务的使命。公共图书馆这一职责在《中华人民共和国残疾人保障法》的相关规定中得到体现和落实。同时，公共图书馆通过查验残疾证等证件，可确保服务对象的身份，可将服务对象限定在"受益人"的范围内。因此，我国的公共图书馆具备《马拉喀什条约》所指"被授权实体"的构成要件，应当成为"被授权实体"。

随着我国无障碍设施建设的深入和高校文献资源服务社会的逐步推进，有条件的高校图书馆如果条件成熟，也可成为"被授权实体"。

4.2.3 明确"被授权实体"的义务，更好地发挥图书馆的作用

《条约》规定，被授权实体应当承担以下义务：① 确定其服务的人为受益人；② 将无障碍格式版的发行和提供限于受益人和（或）被授权实体；③ 劝阻复制、发行和提供未授权复制件的行为；④ 对作品复制件的处理保持关切和谨慎并做好记录，且应尊重受益人的隐私。同时，为促进无障碍格式版的跨境交换，缔约各方应鼓励自愿共享信息，帮助被授权实体互相确认；政府层面还应积极承担或协调相关的信息公开和共享的义务。

图书馆作为"被授权实体"，应明确应当承担的义务，收藏视障人士所需要的文献、有声读物、设备等，构建视障者喜欢的阅读环境，为视障者提供阅读服务。若《马拉喀什条约》在我国生效，有条件的图书馆可以制作、提供无障碍格式版。并积极参与无障碍格式版的跨境交换，丰富无障碍格式版馆藏，真正服务于视障者及其他印刷品阅读障碍群体。

图书馆作为重要的被授权实体之一，应与其他被授权实体开展合作，在促进无障碍格式版的文献保障和服务、信息交流方面发挥更大的作用，如建立图书馆无障碍格式版的国内共享和跨境交换机制，各省级公共图书馆可设立无障碍格式版的信息联络点，推动无障碍格式版的制作、发行、收藏和服务于特定受益人。

参考文献：

［1］ 主席令（第3号）：《中华人民共和国残疾人保障法》［EB/OL］．［2013 – 10 – 21］．http：//www. gov. cn/jrzg/2008 – 04/24/content_ 953439. htm.

［2］ Proposal by Chile on the subject exceptions and limitations to copyright and related rights，SCCR/12/3（November 2，2004） ［EB/OL］．［2013 – 10 – 21］．http：//www. wipo. int/edocs/mdocs/copyright/en/sccr_ 12/sccr_ 12_ 3. pdf.

［3］ 建立世界知识产权组织公约［EB/OL］．［2013 – 10 – 22］．http：//www. wipo. int/export/sites/www/treaties/zh/docs/wipo_ convention. pdf.

［4］ Proposal by Chile on the analysis of exceptions and limitations，SCCR/13/5（November 22，2005） ［EB/OL］．［2013 – 08 – 21］．http：//www. wipo. int/edocs/mdocs/

copyright/en/sccr_ 13/sccr_ 13_ 5. pdf.

[5] Proposal by Brazil, Ecuador and Paraguay, relating to limitations and exceptions: Treaty proposed by the World Blind Union (WBU) [EB/OL]. [2013 – 11 – 07]. http://www. wipo. int/edocs/mdocs/copyright/en/sccr_ 18/sccr_ 18_ 5. pdf.

[6] Proposal by the delegation of the United States of America [EB/OL]. [2013 – 11 – 07]. http://www. wipo. int/edocs/mdocs/copyright/en/sccr_ 20/sccr_ 20_ 10. pdf.

[7] Draft WIPO treaty on exceptions and limitations for the disabled, educational and research institutions, libraries and archive centers [EB/OL]. [2013 – 11 – 07]. http://www. wipo. int/edocs/mdocs/copyright/en/sccr_ 20/sccr_ 20_ 11. pdf.

[8] Draft joint recommendation concerning the improved access to works protected by copyright for persons with a print disability [EB/OL]. [2013 – 11 – 07]. http://www. wipo. int/edocs/mdocs/copyright/en/sccr_ 20/sccr_ 20_ 12. pdf.

[9] 《马拉喀什条约》全文（中英文版）[EB/OL]. [2013 – 07 – 27]. http://www. wipo. int/meetings/en/details. jsp? meeting_ id = 28722.

[10] 签署《关于为盲人、视力障碍者或其他印刷品阅读障碍者获得出版作品提供便利的马拉喀什条约》 [EB/OL]. [2013 – 08 – 21]. http://www. wipo. int/edocs/mdocs/diplconf/zh/vip_ dc/vip_ dc_ 12. pdf.

[11] Catherine Saez. Miracle In Marrakesh: "Historic" Treaty for visually impaired agreed [EB/OL]. [2013 – 07 – 28]. http://www. ip – watch. org/2013/06/26/miracle – in – marrakesh – historic – treaty – for – visually – impaired – agreed/.

[12] 孙先德. 关于使用 2010 年来全国残疾人总数及各类、不同残疾等人数的通知 [Z]. 中国残疾人事业统计年鉴，2012：324 – 326.

[13] 朱理. 后 TRIPS 时代版权限制和例外的国际标准——WTO 专家组首例版权争端裁决之下的三步测试法及其未来 [J]. 知识产权，2006 (1)：74 – 80.

[14] 孙伶俐. 为视障者获取信息的版权限制与例外——世界知识产权组织相关议案述评 [J]. 中国版权，2011 (6)：52 – 55.

[15] IFLA. The IFLA position on copyright in the digital environment (2000) [EB/OL]. [2013 – 11 – 06]. http://www. ifla. org/publications/the – ifla – position – on – copyright – in – the – digital – environment – 2000.

[16] IFLA. Limitations and exceptions to copyright and neighbouring rights in the digital environment: An international library perspective (2004) [EB/OL]. [2013 – 11 – 06]. http://www. ifla. org/publications/limitations – and – exceptions – to – copyright – and – neighbouring – rights – in – the – digital – environm.

[17] [EB/OL]. [2013 – 11 – 06]. http://www. cdlvi. cn/index/node_ 149889. htm.

[18] 蔡灵凤. 公共图书馆视障信息无障碍服务——以浙江图书馆为例 [J]. 国家图书馆学刊，2012 (3)：56 – 59.

作者简介

徐轩，复旦大学图书馆理科业务部副主任，馆员，硕士研究生，E-mail：xuanxu@fudan. edu. cn。

图书馆孤儿作品利用的法定许可制度研究[*]

——以著作权法第三次修改为背景

1 引 言

2011 年 7 月 13 日，关于《中华人民共和国著作权法》（以下简称《著作权法》）第三次修订的会议在北京召开，标志着中国著作权法第三次修订正式启动。此次著作权法修订的征求意见第一稿、第二稿和第三稿都对孤儿作品作出了规定。孤儿作品一词源于 2004 年美国 Kahle v. Ashcroft 案件[1]，孤儿作品是指仍受版权法保护，使用人经过勤勉尽力地寻找，仍然无法确认或无法找到版权人的作品[2]。随着数字化技术的发展和商业模式的改变，此次著作权法修改草案中对孤儿作品作出规定，这表明在立法层面上我国开始构建孤儿作品的利用模式。

鉴于无论美国，还是欧盟都在立法、实践上积极寻求孤儿作品的著作权解决方案，近几年孤儿作品利用问题也引起我国法学界、图书馆学界的重视：认为图书馆数字化需解决孤儿作品的利用问题[3]，孤儿作品立法应深入研究其法理问题[4]，也有人采用案例研究法分析、梳理《美国 2008 孤儿作品法案》[5]和欧盟 ARROW 项目[6]，更有研究者进一步主张公共获取是解决孤儿作品利用问题之路[7]。当然，也有研究者认为在我国建立孤儿作品的法定许可制度需谨慎[8]。这些研究对我国建立孤儿作品利用模式都具有一定的现实意义。但是，当前对孤儿作品利用的研究多为基于某一特定主题的研究，主要集中在孤儿作品版权管理信息、强制许可模式和延伸性集体管理等方面，综合分析较少。在此背景下，本研究通过分析《中华人民共和国著作权法》（修订草案）（以下简称"草案"）孤儿作品立的法模式，借鉴国外立法经验，总结我国孤儿作品立法之不足，从立法技术和实体内容两方面论证建立公益性

---

　* 本文系 2011 年辽宁省社会科学规划基金项目"图书馆特色数据库著作权分析"（项目编号：L11BTQ003）研究成果之一。

图书馆孤儿作品法定许可制度的可行性。

2 草案针对孤儿作品立法的局限性

著作权法主要通过鼓励作者创作作品和鼓励作品传播的途径来达到增进知识和学习、留存公共领域和促进公众接近作品的目的。而这一目的的实现，需要在作者权利和作品使用者权利之间达到精妙的平衡[9]。因此，寻求孤儿作品权利人的保护与社会公共利益之间的平衡应是此次著作权法修订过程中解决孤儿作品问题的应有立场。

从草案的第一稿、第二稿和第三稿对"孤儿作品"的规定来看，我国采用了类似加拿大、韩国和日本的强制许可立法模式，其对孤儿作品的条件设定是一致的：① 作者以及作品原件所有人均身份不明的；② 作者身份不明，作品原件所有人身份确定但无法联系的；③ 作者身份确定但无法联系的[10]。但是，孤儿作品利用人在向国务院著作权行政管理部门指定的机构申请并提存使用费后，第三稿仅保留"以数字化形式使用"这种单一利用方式，删除了"通过信息网络向公众传播作品"条款。立法过程本身是一个利益权衡的过程，是定纷止争的重要程序，通过相关利益主体的博弈进行资源分配和利益协调是立法目标之所在。草案三稿在立法技术上非常谨慎地采用强制许可模式，由著作权行政管理部门指定的机构审查其申请是否符合法定条件，体现了设计孤儿作品著作权人保护的制度的严密性。但是，目前引入强制许可模式，对图书馆解决孤儿作品数字化著作权授权问题并没有实质性帮助，甚至有所制约，其粗线条的立法并不能使图书馆很好地摆脱当前利用孤儿作品的困境。

首先，孤儿作品利用的程序缺乏可操作性。与美国解决孤儿作品的模式比较，一方面，其既没有《美国 2008 孤儿作品法案》和"谷歌和解协议"详细操作规程，也没有就孤儿作品权利人的补偿机制和使用人的救济机制作出规定；另一方面，却如两者同样地对孤儿作品的使用主体、使用目的毫无限制，其对未来法律适用与实践可能引起争议。虽然第 26 条第 2 款规定：前款具体实施办法，由国务院著作权行政管理部门另行规定，但是我们仍旧不能忘记：现行《著作权法》第 6 条"民间文学作品的著作权保护办法由国务院另行规定"，这是 1990 年我国第一部《著作权法》已规定的内容。可见，国务院尚未出台这个规定办法。囿于我国目前的立法体制和机制，国务院著作权行政管理部门何时就孤儿作品出台政策不得而知。

其次，提存费传递机制缺乏充分的法律制度支撑，适用空间有限。"利用孤儿作品须向国务院著作权行政管理部门指定的机构申请并提存使用费后使用"的规定，确立了提存费传递机制。但此制度的合理性及可行性需要进一步论证。一方面，我国著作权法尝试著作权集体管理延伸制度伊始，本身争议很大。尽管著作权集体管理组织可依第59条以法律规定的形式行使管理权利（其他两种形式著作权人和相关权人的授权），但是，"权利人书面声明不得集体管理的除外"这种与法定许可类似的保留条款排除了对部分孤儿作品的利用。而且，著作权集体管理组织旨在解决权利主体的分散性而非权利主体的缺位性（即找不到）问题。另一方面，著作权在我国境内属"一体化保护"[11]，孤儿作品利用极大程度上受到地域限制，申请成本高，与最低成本原则相抵触；同时，在强制许可费用标准确定和费用提存方面，"尽力查找"作为申请的前置程序，如单批申请数量过大（一些机构进行数字化），必或导致行政程序复杂化，或形成高标准提存费，致图书馆数字化费用过高，失去了著作权保护与社会公共利益的平衡性。

第三，作品原件所有人享有与作品作者相当的著作权的规定缺乏基本的正当性基础。孤儿作品旨在解决数字化进程中的问题[12]和网络发表版权信息的不稳定以及身份的虚拟化问题[13]。在网络情景下区分原件与复制件具有相当的难度，草案采用与其他许多国家规定均不相同的法律推定规则，推定孤儿作品的原件所有人享有与作者相同的权利，该规则的适用空间将十分有限。而且，关于"原件所有人"相关的规定，与著作权法的创作人获取利益基本原则不符，草案"作品原件所有人身份不明的"作为孤儿作品成立的一种条件缺乏基本的正当性基础。并且，草案将孤儿作品的主体规定为作者，限缩了孤儿作品的权利主体范围，因为我国著作权法规定的职务作品的法人与委托作品的当事人虽不是作者，但都可能成为著作权人。因此，宜效仿美国与欧盟将孤儿作品的适用条件规定为两种情况：① 著作权人无法确定的；② 著作权人确定但无法找到的。

最后，数字化作为孤儿作品的唯一使用方式过于封闭。解决孤儿作品的数字化及在线获取是美国以及欧盟对孤儿作品立法之最重要原因。而且，从加拿大、韩国和日本的强制许可模式立法来看，其没有对强制许可使用方式加以过多限制，因为强制许可使用是一种"营利性的使用"[14]，必须支付报酬。第三稿第26条"以数字化形式使用"条款，对于图书馆界而言毫无意义。图书馆数字化本馆馆藏，完全可适用著作权法修改草案第三稿第42条第1款第8项。立法者在此处没有选择与"国际惯例"接轨，遗漏了孤儿作品的最重要的使用方式——网络传播。从长远看，著作权法修订应当考虑建立适应技术、经济和社会发展的长效立法机制。"修法必须有超前意识，否则，不但未能为创新型社会提供法律保障，反而会成为创新型社会的障碍"[15]。

3　孤儿作品利用的法定许可制度的建立是立法趋势

我国著作权法草案三稿采取类似加拿大、韩国和日本的强制许可模式而没有采用美国模式，可能是基于：美国是一个判例法国家，实践过程中法官对具有自由裁量意义的"尽力查找"等弹性表述有一个较明确的预期。而目前我国孤儿作品问题缺少本土法律文化的支撑，司法实践中同时缺乏传统与判例。"尽力查找"判断标准的模糊性，将使司法实践无所适从，这对于一个成文法传统国家的司法体系来说，其消极效应明显。没有采用欧盟适用特定主体的类似法定许可模式，可能是基于：欧洲有完善的数字资源版权信息管理项目——ARROW配套，并且欧洲有相对运作成熟、有效的著作权补偿金、公共借阅权制度和著作权集体管理延伸制度，可在未经许可而利用的情景下保障作品权利人获得一定的补偿。《孤儿作品指令》只是弥补了其在文献数字化和在线服务方面的法律空白。相对于欧盟我国在这几方面都付之阙如。笔者认为：我国借鉴欧盟模式，建立特殊主体——公益性图书馆的孤儿作品利用的法定许可制度完全可行。

首先，孤儿作品法定许可制度的正当性基础表现在以下三个方面：第一，依实现方式，著作权法法定许可的制度意义，在于通过弱化权利排他性的方式降低作品利用的交易成本，以法定条件代替私人交易，而建立孤儿作品法定许可制度可以最大程度地降低协商成本。第二，依社会环境视角，法定许可制度一向被认为是著作权市场欠发达国家促进作品传播的一种制度工具。鉴于我国基本国情，法定许可制度在一定程度上也是出于对我国著作权市场交易机制不健全所做出的判断。事实上，缺乏欧盟的著作权补偿金、公共借阅权制度、著作权集体管理延伸制度和美国的竞争性著作权集体管理机制，在某种程度上正是我国建立孤儿作品法定许可制度的缘由。第三，草案第49条规定了与法定许可制度相配合的付酬机制。例如：①在首次使用前向相应的著作权集体管理组织申请备案；②在使用作品后一个月内按照国务院著作权行政管理部门制定的标准直接向权利人或者通过著作权集体管理组织向权利人支付使用费；③著作权集体管理组织应当在合理时间内及时向权利人转付使用费。该条款建立的备案制度和付酬机制促发了传播孤儿作品的经济诱因的变化，有利于孤儿作品权利人获得报酬权得以实现。

其次，从孤儿作品强制许可制度的实施情况看，申请孤儿作品强制许可量不大，特别是数字化、网络化技术的发展，使其制度价值空间越来越小。

1990－2010年间，加拿大版权委员会共核准249件申请，并驳回了8件[16]。日本从孤儿作品立法至2009年，共核准46件申请，其中有关作品出版的利用最多，共22件[17]。总体来看，两国申请孤儿作品使用数量上不是很多，基于个人利用的申请较多。鉴于未来作品数字化市场的快速发展与利用人的前置程序成本，特别是若所涉及的孤儿作品实际上已处于公共领域，强制许可制度则失去了其存在价值，日本政府认为有必要对该制度和程序层面进行改善[18]。正是鉴于孤儿作品的强制许可制度在数字化、网络化快速发展中的局限性，为促进文化遗产的保护和在线共享，美国与欧盟在数字图书馆计划进程中，对孤儿作品的著作权授权机制另辟蹊径，同时，其举措也是作为对技术进步所导致的经济关系变革的回应。

最后，孤儿作品利用的类似法定许可的制度构建已成为一种国际立法趋势。美国和欧盟解决孤儿作品著作权的最核心问题就是图书馆数字化过程中的著作权授权机制问题，其区别在于：《美国2008孤儿作品法案》在"禁止令"规则中，提出了适用于非营利使用者——非营利的教育机构、图书馆、档案馆和公共广播机构等的限制制度。而欧盟直接建立了使用主体为图书馆、博物馆等公共文化机构的孤儿作品的法定许可制度。正如吴汉东所指出的："欧盟的《孤儿作品指令》对我国孤儿作品立法有一定的借鉴意义"。规定特定主体——图书馆等文化机构使用包括孤儿作品在内的版权作品的法定豁免权是立法的必然之路[19]。

4 我国解决孤儿作品利用问题的著作权实施方案

我国孤儿作品问题所处环境与欧洲较为相似——孤儿作品信息的基础数据源主要分布在各种类型的图书馆，版权权利信息分散在各种组织机构。目前，数字图书馆建设已成为我国文献资源建设的重中之重，更有一些图书馆（如国家图书馆、CADAL、CALIS）承担着保障文化的多样性职责，其迫切需要解决孤儿作品利用的授权问题。法律本身是一种工具，所谓"工欲善其事，必先利其器"。图书馆界应争取借鉴欧盟模式，建立图书馆利用孤儿作品的法定许可制度，改变草案对孤儿作品利用的授权机制，为公益性图书馆数字化与传播孤儿作品提供法律保障。

4.1 基于图书馆利用孤儿作品的法定许可制度的立法技术问题

建立图书馆利用孤儿作品的法定许可制度模式，既涉及立法者对相关利益的价值判断，也涉及立法程序参与者表达、协调和平衡相关利益诉求的技术水平，如何正确认识图书馆与其他利益相关者之间的利益冲突及其外在表现形态，怎样对图书馆特定的利益进行表达、争论、协调和平衡，是此次立法工作中图书馆界谋求建立图书馆利用孤儿作品的法定许可制度的重点和难点，也是解决诸多争议问题的关键所在。

从法理上来说，孤儿作品利用不属于著作权归属问题，而是对孤儿作品著作权人的限制问题。而著作权的归属是指作品在完成创作之时依法产生的著作权应当归属于谁的规定。著作权归属并非是个体归属，而是某种性质的作品其著作权应当归属于谁的问题，显然，孤儿作品的权利主体无论是作者，还是职务作品的法人与委托作品的当事人，其权利归属是无疑问的。笔者认为：在立法技术上，孤儿作品利用不宜放入第2章"著作权"第2节"著作权的归属"中，而应放在第4章"权利限制"中。

孤儿作品的法定许可制度设计需符合国际公约中的"三步检验法"。由于孤儿作品的传播和利用涉及文化和科技发展等社会公共利益，建立图书馆利用孤儿作品的法定许可制度是典型的"非自愿许可"。这需对孤儿作品权利人专有权进行一定的限制，但这种限制必须符合特定的标准，即《伯尔尼公约》第9条第2款所体现的"三步检验法"[20]：①限制属于特殊情况；②不影响作品的正常使用；③不损害作者的合法利益。否则将构成对国际条约义务的违反。

草案"声明保留条款"的取消，为孤儿作品的法定许可制度的建立提供了可操作性。我国著作权法规定的法定许可制度，与大多数国家的法定许可制度不同，即允许著作权人以"声明不许使用"保留声明条款的方式拒绝他人对作品的使用，现行著作权法所规定的法定许可本质上更近似于"默示许可"制度[21]。其在实践中常导致法定许可的形同虚设：一方面，我国"默示许可"在除斥期间的问题上规定模糊，缺乏明确的时间界限，不利于法律关系的稳定；另一方面，"默示许可"这种规则的设计背离了法定许可制度的立法旨意——弱化著作财产权的排他性，注重公共利益的价值取向。此次著作权法修订草案三稿第46条"关于教科书的法定许可条款"，现行著作权法"除作者事先声明不许使用的外"的规定没有出现，这使法定许可制度归于其本来面目。虽然，其他法定许可条款仍是"默示许可"，这在一定程度上牺牲了著作权法体系的完整性与一致性，但此草案毕竟确立了一项法定许可制度（不同于以往的默示许可），这克服了默示许可制度中的保留权声明对孤儿作品的有效利用的限制，从立法技术上来说，它使孤儿作品的法定许可制度确立成为可能。

4.2 基于图书馆利用孤儿作品的法定许可制度的实体规定

在确立图书馆利用孤儿作品法定许可制度过程中，应在民事程序方面作出详细的著作权人权利保护规定，如付酬机制、法律救济机制和备案机制，消除各方面利益主体对确立图书馆利用孤儿作品的法定许可制度的误解与顾虑，这对推进立法进程具有现实意义。

4.2.1 孤儿作品的适用范围与利用方式规定

第一，鉴于电影作品、视听作品的特殊性，可效仿欧盟的《孤儿作品指令》对电影作品、视听作品设定权利保留期，在权利保留期内，电影、视听类的孤儿作品不在法定许可范畴。例如欧盟规定 2002 年 12 月 31 日以前出版的电影、视听类作品方可适用孤儿作品法定许可。第二，孤儿作品适用范围应仅适用于中国大陆的作品。依据中国所缔结的《伯尔尼公约》中的国民待遇原则，中国著作权法的所有规定，除非有保留声明，否则都同样适用于外国作品。孤儿作品法定许可范围应仅适用于中国大陆的作品，否则易导致国际争端。例如，欧盟的《孤儿作品指令》就是仅适用在欧盟首次发表作品。最后，如前所述，孤儿作品法定许可利用方式为数字化与网络传播。

4.2.2 关于孤儿作品权利人的补偿机制

孤儿作品的权利人一旦现身，有权要求终止孤儿作品状态，并寻求补偿。著作权集体管理组织应根据作品的种类、作品的性质、作品的独创性程度以及同类作品在市场上的使用价值来确定作品的补偿数额。第一，规范利用孤儿作品所获取收入的性质。对利用孤儿作品所获取的收入，可采用"没有收益的利益"（no gainful interest）取代"非商业利用"（no commercial use）定性。2001 年西班牙著作权法关于例外与限定的第 37 条款认为[22]：原著作权法第 5 条款非商业利用范围过于宽泛，提出以"nogainful interest"取代"no commercial use"。但规定仅限于图书馆、博物馆等公共服务机构的馆藏作品。此后爱尔兰等国在著作权立法过程中，对著作权限制的利用性质也采用了"没有收益的利益"定性[23]。2012 年欧盟的《孤儿作品指令》虽未采用"没有收益的利益"原则适用孤儿作品的利用性质，但也明确规定："图书馆、档案馆等孤儿作品使用者，对孤儿作品以搜索和数字化服务方式所获取的收入，不被视为商业性使用。图书馆等机构可以通过向最终用户收取费用来弥补作品数字化的支出"。第二，法定许可的补偿数额应采取个案计算方式。但补偿仅限于作者的实际利益损失，不应包括法定赔偿额，补偿数额也需考虑使用的事实状态，这样才能达到弱化图书馆等使用者风险的目的。

4.2.3 孤儿作品前置条件应具有可操作性

鉴于"尽力查找"不是客观标准，属于主观标准，程序设定应综合考虑我国社会情境和具体的法律实践，使其具有可操作性。笔者认为：可借鉴欧盟《孤儿作品指令》关于"尽力查找"的有关规定。首先，建立"尽力查找"涉及组织机构的指南目录，欧盟在附则中规定适用于不同文献类型的孤儿作品"尽力查找"涉及组织机构的指南目录且不限于此指南目录。作品类型包括：①图书；②报纸、期刊机构指南目录；③图书、期刊和报纸中包含的图片机构指南目录，其图片包括艺术图片、照片、插图、建筑设计图等；④声像作品机构指南目录。其次，保存"尽力查找"的相关记录。要求图书馆保存"尽力查找"的记录，并向相关机构提交"尽力查找"的相关信息，包括：①"尽力查找"的结果及认定作品为孤儿作品的证明；②图书馆等机构使用孤儿作品的方式；③孤儿作品的权利人复出，孤儿作品状态改变的信息；④孤儿作品的相关信息提供机构的联系方式。

4.2.4 借鉴日本的代位行使权利制度的思路，建立出版者代位行使权利辅助规则

我国全国性作品版权数据库和著作权集体管理许可体系或是缺失或是不完善，这对于"尽力查找"的实践监督确实缺位。笔者认为：可借鉴日本著作权法第118条代位行使权利制度："在未署名或以假名出版作品的情境，出版者可以为了作者或权利人的利益，以自己的名义追究著作权侵权责任，或者向国家机关要求对侵权人作出行政和刑事层面的惩戒"[24]。这种制度与我国著作权法草案中对"作者身份不明的作品"的规定类似，涵盖了无署名或署假名的情境。以出版者为媒介，是因为出版者是作者获取版权利益的中介，往往了解作者实名真姓和地址，寻找作者或更方便。出版者代位行使权规则的建立，一方面，可在一定程度上保护孤儿作品权利人的利益；另一方面，可激发出版者保存图书馆"尽力查找"证据的积极性，起到监督图书馆履行"尽力查找"义务的作用。

5 结 语

在数字化技术席卷全球、国家大力发展文化产业的背景下，孤儿作品利用模式的选择不仅涉及孤儿作品的使用问题，还关系数字图书馆的建设。在立法层面上建立图书馆等公共服务机构利用孤儿作品的法定许可制度，有利于数字化环境下在孤儿作品著作权人与社会公共利益之间形成新的利益平衡。但仅有法律是不够的，一方面，建立孤儿作品著作权备案制度，通过版权登记，建立孤儿作品数据库，便利公众、权利人对孤儿作品及其利用状态进行查询；另一方面，确保著作权集体管理组织的自治性，完善著作权集体管理制度及其运营机制。这样，通过制度设计和制度供给保障孤儿作品利用的法

定许可制度的落实与实施。

参考文献：

［1］ Kahle B, Prelinger R V. Ashcroft J, 2004 U. S. Dist. Lexis 24090. ［EB/OL］. ［2013 －01 －05］http：// www. liuc. it/ricerca /istitutoeconomia/ LawEconomicsJuly2005/ papers /khong ＿ liucpaper. pdf.

［2］ U. S. Copyright Office. Report on orphan works ［EB/OL］. ［2013 － 03 － 05］http：// www. copyright. gov /orphan/orphan － report － full. pdf.

［3］ 马海群，高思静. 孤儿作品版权困境及解决路径［J］. 图书情报工作，2011，55 （17）：87 －91.

［4］ 赵力. 孤儿作品法理问题研究［J］. 河北法学，2012（5）：149 －154.

［5］ 黄旭春. 浅析美国2008 年孤儿作品议案［J］. 电子知识产权，2009（7）：30 －33.

［6］ 塞瑞卿，于佳亮. 探寻孤儿作品版权问题的解决之道［J］. 图书馆建设，2011 （5）：37 －40.

［7］ 金潞，刘青. 推进孤儿作品公共获取的解决之道［J］. 图书情报工作，2010，54 （5）：14 －17.

［8］ 管育鹰. 欧美孤儿作品问题解决方案的反思与比较［J］. 河北法学，2013（6）： 135 －141.

［9］ 冯晓青. 知识产权法利益平衡理论［M］. 北京：中国政法大学出版社， 2006：106.

［10］ 中华人民共和国著作权法修改草案第三稿［EB/OL］. ［2013 － 04 － 15］. http： // wenku. baidu. Com /view / 5f 6c 312e58fb770bf78a5528. html.

［11］ 董皓，顾敏康. 论著作权法中的孤儿作品问题［EB/OL］. ［2013 － 03 － 15］. htp：// www. shucang. org/ web/ book/browse/vk/6.

［12］ Green Paper. Copyright in the knowledge economy COM（2008）466/3［R/OL］. ［2013 － 04 － 15］. http：//ec. europa. eu/internal＿ market/copyright/docs/copyright － infso/greenpaper＿ en. pdf.

［13］ 金泳锋，彭婧. 孤儿作品保护大陆与香港之比较研究［J］. 电子知识产权，2011 （3）：61 －63.

［14］ 胡良荣. 知识产权法新论［M］. 北京：中国检察出版社，2006：105.

［15］ 刘春田. 著作权法三次修改是国情巨变的要求［J］. 知识产权，2012（5）：7 －12.

［16］ Copyright Board of Canada. Decisions － Unlocatable Copyright Owners － Decision/Licences Issued to the Following Applicants，2010 － 7 － 14［EB/OL］. ［2013 － 04 － 15］. http：//www. cb － cda. gc. ca/ unlocatable － introuva bles/licences － e. html （2010 － 10 － 19）.

［17］ 加户守行. 著作权逐条讲义［M］. 社团法人著作权情报センター，2006：414

－415.

[18] 社团法人著作权情报センター（CRIC）. 文化审议著作权分科会报告书［EB/
OL］.［2013－04－22］. http：//www. cric. or. jp/houkoku/h18_ 1b/h18_ 1b. html.

[19] 翟建雄，邓茜. 孤儿作品的数字化及利用：欧洲的立法与实践［EB/OL］.［2013
－03－05］. http：//www. chinacourt. org/article/detail/2013/01/id/813216. shtml.

[20] Yu P K. Protecting intellectual property in post-WTO China［J］. American University
Law Review, 2006（4）：901－910.

[21] 李永明，曹兴龙. 中美著作权法定许可制度比较研究［J］. 浙江大学学报，2005
（4）：29－36.

[22] Westkamp G. The implementation of directive 2001/29/EC in the member states［M］.
London：Queen Mary Intellectual Property Research Institute，2007：24.

[23] Data Protection-certain key issues. 2013. Informal justice and home affairs ministers'
meeting［EB/OL］.［2013－05－05］. http：//edri. org/files/irl_ dppaper. pdf.

[24] 日本著作权法［EB/OL］.［2013－05－05］. http：//apps. lib. whu. edu. cn/skdh/
xx/zcywj/020. htm.

作者简介

王本欣，大连海洋大学渤海校区图书馆主任，副研究馆员，硕士，E-
mail：wangbenxin@ dlou. edu. cn；

曲红，大连海洋大学图书馆馆员。

孤儿作品的版权困境及解决路径[*]

孤儿作品是指享有版权，但很难、甚至不能找到其版权主体的作品。从使用者角度来说，孤儿作品是指那些尚处于版权保护期内，使用者打算通过依法征得版权人许可的方式进行使用、虽然经过努力寻找但仍然无法找到其版权人的作品。至于利用者为获得使用许可而与著作权人进行沟通，但是未能得到回复或许可，则不属于孤儿作品的范畴。

1 孤儿作品的版权困境

信息内容具有巨大的创造价值的空间。据估计，大约有超过40%的创造性作品存在着潜在的孤儿问题，单单在英国就有4 000万个作品由于孤儿作品的原因无法实现数字化。美国康奈尔大学对343个依然在版权保护期间的作品进行调查，有198个作品无法找到目前的权利人。另外，卡内基·梅隆大学图书馆的一项研究表明：在随机抽出的、未过版权保护期的316册图书中，有22册的权利人地址完全无法找到；而向278名可以找到地址的图书权利人发出的图书数字化许可请求中，又有11%反馈回"查无此人"，更有30%的请求石沉大海[1]。欧盟《绿皮书：知识经济中的版权》认为，孤儿作品现象是在大规模数字化过程中引人关注的。2006年在欧洲举办的"关于数字图书馆的高级专家会谈"上，与会专家充分认识到解决孤儿作品问题的重要性（尤其是1950年以前的作品大多是孤儿作品），提出孤儿作品是需要优先解决的重要问题。美国版权局在公告中指出："孤儿作品是一个全球性问题，每个国家都有孤儿作品存在，并且我们相信，每个国家迟早都会考虑解决办法"。对孤儿作品的关注已经成为全世界关心的焦点问题[2]。

2 孤儿作品的形成原因

孤儿作品需要符合4个要件：①属于受版权保护的作品，否则即为完全

＊ 本文系黑龙江大学学生学术科技创新项目（项目编号：20110355）研究成果之一。

的公共领域作品。②其版权主体（而不是作者）不明确或找不到。③孤儿状态不一定是绝对的、永久性的，版权人可能会出现或被找到。④版权状态可能多种多样。有的属于匿名作品；有的因权利人去世或法人主体解体而导致找不到版权承继者；有的权利人会复出，有的则已不存在[3]。孤儿作品的形成原因有如下几个方面：

2.1 登记制度的变迁

1908 年，《柏林条约》修正了《保护文学和艺术作品的伯尔尼公约》（简称《伯尔尼公约》），规定任何形式化要件不得成为享有和行使著作权的条件，即取消了注册制度，作品自创作完成后即被自动享有著作权。《伯尔尼公约》、《与贸易有关的知识产权协议》（TRIPS）、《世界知识产权组织版权条约》（WCT）、《世界知识产权组织表演和录音制品条约》（WPPT）等国际公约均要求适用作品的自动保护原则[4]。《伯尔尼公约》第 5 条第 2 款确定的版权权利的享有和行使，无须履行任何手续，与"版权自动保护原则"相一致。1992 年的美国版权法修正案也确定了"创作完成就受保护"。对上述形式要件的取消（尤其是续展注册的要求），造成了一些创作作品的权利人无法被找到的客观结果。

2.2 漫长的著作权保护期限

1948 年的《布鲁塞尔条约》，要求成员国对权利存续期至少规定至作者死后 50 年。以美国为例，最早的版权法规定，版权保护期为 28 年，如果到期后作者还在世，可以继续延长 28 年；1976 年的版权法规定保护期为作者的有生之年加死后 50 年，对于那些法人作品则为首次出版后的 75 年；1998 年美国通过了《版权保护期延长法》，将版权保护期一律延长 20 年，个人作品为作者的有生之年加死后 70 年，法人作品为首次发表后的 95 年。日本著作权保护期也由 50 年延长至 70 年。1965 年德国将版权保护期限延长至作者有生之年加上死后 70 年。随着著作权保护期的延长，受著作权保护作品的版权人信息往往会失效，就会导致孤儿作品的形成。

2.3 著作权所有人的变更

著作权归属发生变化，以及由于住所变化、死亡、解散等使权利人状况发生变化的情况时有出现。有关权利归属的变化有以下几种形态：著作权的转让，企业合并、分立、破产等诸多变故。在权利人死亡的状况下，由于遗嘱的存在以及可能出现的多个继承人继承的影响，权利关系更为复杂。另外在著作权的多重转让中，许多当事人本身之间的权利关系都很难确定。

2.4 意识的问题

著作权人作品在网络上传播的署名权往往被忽略，著作权人不重视精神权利以及财产权。另外包括中国在内的许多国家，往往对自然人之外的法人或者其他组织作为作者持肯定态度，但是它们往往存在合并、分立、解散、破产等众多变故，这也会造成很多作品的作者难以找到。一直以来都排斥知识产权私有化的观念也是因素之一。

2.5 技术的发展

由于信息技术的进步，创造活动变得更为简便，也增加了对低传播成本、低商业价值作品的需求，受著作权保护的作品数量呈不断增加趋势。复制、粘贴、校对、发表、添加标注等行为，非特定专家学者的普通人也可以做到。这可能导致大量权利拥有人不明的信息作品的传播，从而也会造成孤儿作品的出现[5]。

3 解决孤儿作品版权困境问题的必要性

一般认为，要使用他人的作品，应当尊重作品著作权人的合法权益，但是孤儿作品本身的定义使得版权问题凸显。对已进入公有领域的作品，要尊重作者的署名权、修改权等权利；对尚未进入公有领域的作品，应首先取得著作权人的许可[6]。也就是说，在权利人身份和所在地不明的情况下，用户能否利用及利用前提无法判断。如果利用之后，权利人出现提起诉讼，即使用户认为有合法理由，可是考虑到诉讼成本问题，用户一般都不会对孤儿作品予以利用，如果这种状况得不到改善，将会导致大量具有使用价值的作品被尘封，既不利于发挥作品的实际价值，也不利于对利用者使用需求的合理满足。与此同时，还会阻碍演绎作品的创作活动，提供给广大公众的创造物也会减少。孤儿作品问题的存在使用户进退两难，要么为使用孤儿作品而承担侵权索赔的风险，要么放弃使用孤儿作品的意图，选择后者可能就意味着珍贵作品的利用受到阻碍，这显然不符合公众利益，特别是当权利所有者不反对他的作品被开发利用时尤为可惜。

例如，英国图书馆拥有许多第一次以及第二次世界大战时期英国军人的照片，虽然这些照片的价值不言而喻，但是由于追溯不到版权人，就不能使其数字化并加以利用。美国图书馆版权联盟律师 Jonathan Band 认为孤儿作品的使用限制对科研和学术研究及数字化、扩大合理使用的范围都将产生影响。另外，IFLA（国际图书馆协会联合会）及 IPA（国际出版者协会）筹划指导小组联合主席 Claudia Lux 表示："孤儿作品对信息使用者、图书管理员、出版商以及作者而言是件坏事。如果太多的作品因为无法追溯版权所有者而被搁置起来，将会影响创造性、阻碍进步"。

1991年6月1日我国实施的《著作权法》第59条规定：著作权人和出版者、表演者、录音录像制作者、广播电台、电视台的权利，在本法施行之日尚未超过本法规定的保护期的，依照本法予以保护。这意味着实施前产生了数十年甚至上百年的作品仍有可能处于著作权的保护期内。在这期间，中国经历了战乱、政权更替、社会主义改造、改革开放等一系列重大的社会变动。因此，中国孤儿作品开发利用的困难不会比其他国家小，注重文化遗产的我国更应该解决孤儿作品的版权困境问题。孤儿作品造成了社会资源的浪费，这与版权法的立法目的相违背。另外，版权不是垄断权力，所以不会去阻止与原有作品相似的作品的创作。因此，孤儿作品的版权保护在某种程度上是在逐步扼杀创新意识[7]。

总之，孤儿作品的版权困境使得潜在用户错失了创造新作品以及从此作品中获益的机会，版权所有人错失了获取许可费用的机会，社会公众也错失了从新作品获益的机会[8]。因此，解决孤儿作品的版权困境问题是极其必要的。

4 国外解决孤儿作品版权问题的方案

了解国外解决孤儿作品版权困境的方案，有助于找到符合我国实际且与国际接轨的方案。

4.1 强制许可模式

强制许可面向特定的使用者，即只有申请并获得批准的人才可以行使；强制许可有特定的程序，其权源来自于主管机关或特定组织，而不是法律的直接授予[9]。采用强制许可模式的案例如下：

加拿大版权法第77条规定：属于无法确定作者的作品，委员会认为申请人尽到相当努力后仍无法找到版权人的情况下，著作权委员会可授权其利用该作品。对于是否付出了"相当的努力"，由该委员会进行判断。前提为申请人在向该委员会提出申请前，要与著作权集中管理组织进行沟通，加拿大版权委员会建议申请人采取以下措施：联系授权实体和出版商，参考国家图书馆、各大学和博物馆的索引，查询版权办公室的注册系统，调查遗产继承记录，搜索加拿大版权委员会的网站及其他网站[10]。由版权委员会来确定版税和其他许可条件，并将版税放在一个专门的基金中，权利人在该许可所规定的期间终止后的5年内，可选择要么从上述基金中领取版税，要么按照正常的版权纠纷解决途径，在法院中提起侵权诉讼以获取赔偿。加拿大对于解决孤儿作品提供了强有力的司法依据，但其不足是仅对已出版的孤儿作品。

日本著作权法第 67 条规定：已发表的著作物或一定期间内提示、提供给公众的已明的著作物，因著作权所有者不明及其他理由，虽付出相当努力但仍未能与著作权所有者取得联系时，经文化厅长官裁决，该作品属于公众合法可取的范围的，文化委员会可强行授权，但收取定额补偿金。国立国会图书馆所藏文献的数字化，以信息分析研究为目的的复制行为，为残疾人用的录音、图书、视频添加字幕等行为的实施，不需要经过著作权人的授权[11]。日本仅解决已发表的孤儿作品问题。

韩国著作权法第 47 条规定：申请人经过合理努力后，仍然无法确定作者，经文化旅游部颁布总统法令，可利用该作品，但申请人必须向文化旅游部缴纳定额补偿金。在使用作品的时候，利用者需要标明自己是在行政机关批准下进行的使用，并注明批准的时间。韩国相比较其他国家的优点是对于未出版的孤儿作品的版权问题也予以了很好的解决，但是补偿金也会使利用者顾虑重重。

4.2　法定许可模式

法定许可的使用者不必履行任何手续，便可以按照著作权法的规定行使法定许可中的权利。

美国斯坦福大学法律专家 Lessing 教授是最早关注孤儿作品的一批人。2003 年他在《纽约时报》提出应该建立新的版权制度，被 PEDA（宾夕法尼亚州的经济发展协会）采纳。2004 年出版的《自由文化书》中更深层次地提出，以版权人在作品出版后 50 年间向政府纳税作为获得版权保护的条件，这样政府部门就会登记版权人的相关信息，使用者就很容易找到版权人。但是如果出版 3 年内还没有缴纳，那么该作品为公有领域，任何人及组织均可无偿使用该作品[12]。此观点也有其缺点：其一，没有关注未出版的孤儿作品；其二，增加了作品受保护的条件，加重了版权人的负担。

美国参议院于 2006 年和 2008 年分别提出孤儿作品法案，主要解决孤儿作品合理适用的法律途径匮乏问题。该法案主张，只要使用人进行了勤勉努力的寻找而没有找到版权人就可使用该作品，无须征得政府部门授权。如果版权人出现，版权人有权向使用人收取利用该作品所获得的收益的一部分作为使用费。如果使用是出于非商业性的目的，版权人可要求使用者停止使用，无须支付使用费。但是如果要继续使用，就应当与版权人协商使用条件[7]。此方案也有其缺点，即"勤勉努力的寻找"界定模糊。

186

英国版权法第 57 条规定，对于孤儿作品，如果经过合理努力无法找到版权人，也不能确定版权保护期是否届满，那么利用该作品的行为不构成版权侵权。此制度也为我国香港 1997 年版权法第 66 条所沿用[14]。然而本方案中的合理努力较难界定。

4.3 技术措施

意大利出版商协会 AIE 的皮埃罗·阿塔纳西奥认为，只要执行"更为勤奋的搜寻"，就能够终结很多孤儿作品的孤儿身份，使其"重归父母的怀抱"。但是要想让这个搜寻版权拥有者的过程能有实效，就不能靠人，而是要靠机器。否则，搜寻工作的执行就将变得成本过高而缺乏可行性，ARROW 项目就是在此之上提出来的，目前此项目正在做测试，预计 2011 年完成，初步在 4 个国家——德国、英国、西班牙以及法国进行推广。由图书馆发出的数字化请求，通过一个自动化的系统，回答关于作品身份的问题。为不同信息来源的数据找到一个统一的技术解决办法，是 ARROW 项目的成功之处。通过这套技术基础设施，最初来自图书馆的图书数字化请求，被转发给一系列相关机构，在这个过程中，信息内容不断得到修正和丰富，形成一套非常丰富、足以解决版权问题的元数据记录。此项目的目的在于促进欧洲数字图书馆（Europeana）的顺利建成，预期到 2035 年整个欧洲的遗产都将完成数字化[15]。

4.4 其他

2007 年，IPA 与 IFLA 就孤儿作品获取的主要原则达成协议：孤儿作品拥有版权，但其所有者无法明确，且由希望获取权利所有人的许可而使用该作品的人持有。同时达成 5 项原则：①应当相当勤勉地搜索版权所有者；②孤儿作品的使用者应当提供版权所有者特征清楚、充分的说明；③如果版权所有者再次出现，应当对该所有者进行补偿或者适当的归还；④若存在对使用孤儿作品的禁令救济，该禁令救济应考虑到该作品使用者善意的创造性工作和投入；⑤孤儿作品的使用不具有排它性。

在欧洲，两个重要的会议磋商进程已经完成了问卷调查。①基于欧洲委员会工作文件（European Commission 2001a），调查作品利益相关者获取影音作品的使用权过程中是否面临难以确认权利所有者的困境。②基于"i2010：数字图书馆"精神，调查作品利益相关者是否意识到了孤儿作品在实际应用中经济的重要性，欧盟委员会 i2010 数字图书馆高层专家团队著作权分队做了《数字保存、孤儿作品、绝版作品以及相关执行事宜的报告》，提出为孤儿作品建立权利许可中心和数据库。成员国鼓励权利人授权权利许可中心，中心代表权利人授予作品使用许可，同时国内的协会规定许可政策、标准及费用。当权利人被确定时，原先的许可将被正常途径的授权机制所取代。

5 对我国解决孤儿作品版权困境问题的建议

我国《著作权法》等法律法规既没有对孤儿作品的认定程序做出明确规定，也没有对孤儿作品的授权、使用规则进行规定，更没有规定使用孤儿作品的报酬、许可费或补偿费等费用的支付规则。国内有的学者建议将孤儿作品的版权归于公共领域，而有的学者认为可以从使用法定许可、加强版权注册、对使用费的数额、对支付方式做出限定以及合理使用条款的扩张[7]几个方面予以解决。以下根据孤儿作品的特点，考虑各种利益因素，综合国外解决模式的优长和我国体制的特点，提出解决孤儿作品版权困境问题的建议。

5.1 版权管理信息

孤儿作品困境来自：①由于所有权的改变，版权所有者的信息可能已经过时失效；②不是所有的作品都包含作者身份和著作的版权所有权；③普遍缺乏足够的版权登记或其他的公开可存取记录。任何立足于长远的解决方案都应该应用权利管理信息，鼓励向公众公开。如果拥有充足的元数据资源，就会降低确认产权所有者、清除权利障碍所产生的成本。然而，从法律的视角规定，就与《伯尔尼公约》禁止建立强制托管注册信息系统或者托管版权声明信息，包括身份信息、版权所有者下落和版权起始日期相悖。但是我们可以从政策的角度来鼓励权利人自愿公开版权信息，从而丰富权限管理信息。由于数字版权管理系统包含了大量的版权管理信息，强而有力地支持了对版权作品的在线注册和监管，对于摆脱孤儿作品的版权困境起到很大作用。

5.2 认证许可模式

可以鼓励权利人知识共享（creative commons，CC），提供许可或者类似的认证，作品都可由权利持有者附上合同方案。通过这样的方式，可以搞清楚是否应用该作品，以及利用了该作品是否会引起版权问题。权利人可以在众多的 CC 许可条款里做出选择，权利所有者可以规定在什么样的条件下作品可以被使用，以及有哪些权利是可以开放的。因为 CC 认证是伴随着作品而来的，这就为那些用户创建了一个获得认证的透明平台。积极应用技术搜索 CC 作品，并通过 CC 模式取得相应授权，引进和开发 CC 作品，扩充虚拟馆藏和开发数据库；可以继续通过 CC 协议对外授权，鼓励他人在此基础上进行再创作，推动人类社会文化的不断创新[17]。但是由于时代变迁，历史遗留的孤儿作品问题可能需要其他方式来解决。

5.3 延伸性集体管理

所谓延伸性集体管理是权利所有者将作品的全部权利自愿合法地转移给某个社会收集体系，包括向其他权利所有者没有注册的体系授权。这样的授权适用于本国及国外的权利所有者，也适用于已故的权利所有者，尤其是像英语这种在许多国家都应用的语言，甚至是像音乐及相片这种不以言语为表现的孤儿作品。该方案在丹麦、芬兰、挪威、瑞士和冰岛5个国家应用。由于复制权和信息网络传播权等涉及的作者众多，需要即时使用而获得授权的时间较长，事前取得单一授权很难实现，比较适用延伸性集体管理。就复制权而言，数字化复制（如按需印刷）在几秒钟内就可完成，而事先获得授权显然不现实。因此，将复制权纳入延伸性集体管理系统，可以有效保障著作权人的权利与法律本身的双重实现，并规避其带来的法律风险。

5.4 强制许可模式

版权强制许可是在尊重版权人精神权利基础上的一种版权有偿许可方式，而不是对版权人权利的无偿剥夺[18]。该模式允许通过申请的用户使用该作品，而不需要经过版权人的同意才可使用孤儿作品[19]，用户需要将费用存到第三方账户或者信托基金中。如果权利所有人出现了，他就会收到一笔固定金额的版税。如果权利所有人在5年内没有出现，这笔资金就会被用在其他建设中。日本、韩国、印度及英国均使用强制许可来解决孤儿作品的问题。由于强制许可减少了交易费用，更利于对于孤儿作品的利用。

5.5 责任限制制度

责任限制制度允许用户在没有能力找到或确认权利所有人的情况下使用孤儿作品，同时，一旦权利所有人出现提起诉讼，为了满足责任限制制度的要求，用户需要证明，在合情合理的情况下，他已经勤勉努力地寻找过作品的版权人。用户至少需要提交包括查证版权登记机关所保存的版权记录信息、寻求相关领域的专家协助和技术支持来证明之前已勤勉努力地寻找著作权人。如果用户出于商业目的使用该孤儿作品，那么需缴纳赔偿金（此金额应该为正常授权使用费），反之则仅仅需要停止利用而不必赔偿。

5.6 版权例外模式

建议以公益性、具有公共服务功能为要求，主观上正当、善意为前提的用户在利用孤儿作品时享有版权例外的资格。这才符合分配权利的正义，消除权利分配过程中的不合理与不平等。这里的公益性不是表面上的非商业性，而是强调其公共服务功能。目前很多大学图书馆理应是公益性图书馆，但是经常在私人的资助下从事商业性活动，因此简单地把公益性定义为非商业性，已经不合时宜了[20]。只有那些具有公益性的、具有公众服务功能的用户才能享有例外资格。这样，才能更有效地开发利用孤儿作品，来为社会公众服务。

6 结 语

孤儿作品的版权困境已经在世界范围内引起广泛关注，本文在综合各国研究成果优长的基础上，针对我国孤儿作品的实际情况提出了几点建议，以期平衡好各方的利益需求，促进孤儿作品的开发利用，持续推动社会文化事业的进步。

参考文献：

[1] Thomas S. Inquiry concerning orphan works. ［2010 – 12 – 24］. http：//www. copyright. gov/orphan/comments/OW0569-Thomas. pdf.

[2] Peters S. The register of copyrights before the subcommittee on courts，the internet，and intellectual property， committee on the judiciary． ［2010 – 12 – 24］. http：// www. copyright. gov/docs/regstat031308. html.

[3] 周艳敏，宋慧献. 版权制度下的"孤儿作品"问题. 出版发行研究，2009（6）：66 – 68.

[4] 袁泽青. 论孤儿作品的利用与保护. 西南民族大学学报（人文社科版），2008（2）：243 – 247.

[5] Schmitz T. The problem of orphan works-A critical analysis of possible solutions for New Zealand. ［2010 – 12 – 16］. https：//lawlib. wlu. edu/lexopus/works/916 – 1. pdf.

[6] 李更良. 我国数字图书馆研究现状综述. 图书情报工作. 2003，47（3）：41 – 44.

[7] 金潞，刘青. 推进孤儿作品的公共获取的解决之道. 图书情报工作，2010，54（9）：14 – 17.

[8] Lifshitz-Goldberg Y. Orphan works. ［2011 – 02 – 09］. http：//www. wipo. int/edocs/ mdocs/sme/en/wipo_ smes_ ge_ 10/wipo_ smes_ ge_ 10_ ref_ theme11_ 02. pdf.

[9] 吴汉东. 知识产权基本问题研究. 北京：中国人民大学出版社，2005：321.

[10] Kong D W K. Orphan works，abandware and the missing market for copyrighted goods. ［2010 – 12 – 24］. http：//ijlit. oxfordjournals. org/cgi/content/full/15/1/54.

[11] 日本著作权法. ［2010 – 12 – 24］. http：//www. lawtime. cn/info/zzq/zzlawxglaw/ 2010111344799. html.

[12] Brito J. An orphan works affirmative defense to copyright infringement active. ［2010 – 12 – 24］. https：//www. cb-cda. gc. ca/unlocatable/brochure-e. html.

[14] 黄旭春. 浅析美国 2008 年孤儿作品议案. 电子知识产权，2009（7）：30 – 32.

[15] ARROW 项目积极应对孤儿作品问题. ［2010 – 12 – 24］. http：//www. bookd-

ao. com/article/11711/.

[17] Stef van Gompel. The orphan works problem: The copyright conundrum of digitizing large-scale audiovisual archives, and how to solve it. [2010 – 12 – 26]. http://www. ivir. nl/publications/vangompel/the_ orphan_ works_ problem. pdf.

[18] 杨红军. 版权强制许可制度论. 知识产权, 2008 (4): 30 – 35.

[19] Lesk M. The future of digital libraries. [2010 – 12 – 24]. http://www. sis. pitt. edu/ ~dlwkshop/paper_ lesk. pdf.

[20] 马海群, 王英. 面向数字图书馆的合理使用制度改进研究. 法制研究, 2010 (4): 37 – 42.

作者简介

马海群, 男, 1964 年生, 教授, 院长, 博士生导师, 发表论文 260 余篇, 出版学术著作 10 余部。

高思静, 女, 1986 年生, 硕士研究生, 发表论文 1 篇。

云计算环境下的图书馆与
著作权保护[*]

1　云计算概述

云计算概念是由谷歌提出的，这是一个美丽的网络应用模式。它指的是通过网络，以按需、易扩展的方式获得所需的服务，这种服务可以是 IT 和软件、互联网相关的，也可以是任意其他的服务，它旨在通过网络把多个成本相对较低的计算实体整合成一个具有强大计算能力的完美系统，并借助 SaaS、PaaS、IaaS、MSP 等先进的运营模式把这种强大的计算能力分布到终端用户手中[1]。云计算是将大量用网络连接的计算资源统一管理和调度，构成一个计算资源池向用户提供按需服务。提供资源的网络被称为"云"，"云"中的资源在使用者看来是可以无限扩展的，并且可以随时获取，按需使用；随时扩展，按使用付费。云计算的一个核心理念就是通过不断提高"云"的处理能力，减少用户终端的处理负担，最终使用户终端简化成一个单纯的输入输出设备，并能按需享受"云"的强大计算处理能力，它具有超大规模、虚拟化、可靠安全等独特功效。

2　云计算环境下的图书馆

2009 年 4 月 23 日，全球最大的提供文献信息服务的机构之一 OCLC（联机计算机图书馆中心）宣布正将世界各地成员图书馆的内容、技术和专家能力结合起来，创建首个基于 WorldCat 书目数据的"Web 规模协作型图书馆管理服务"[2]。这意味着云计算在图书馆领域开始得到深入应用。云计算技术应用于图书馆将会给图书馆带来一系列革命性的变化，主要有：

2.1　极大地降低图书馆的建设和运行成本

图书馆为了跟上信息技术的不断发展，往往需要对其硬件设备不断更新换

---

　　* 本文系教育部人文社会科学研究青年基金项目"图书馆'云计算'的实践与探索"（项目编号：09YJC870016）研究成果之一。

代，不断购买新的软件进行系统维护，对图书馆来说数据库系统和硬件的维护需花费较大的成本。云计算的应用将改变这种状况，图书馆无需购买大量的硬件设备和软件系统，也不用担心服务器崩溃的状况，图书馆仅仅需要一个浏览器就能够满足用户的所有需求，其他事情将由云计算服务提供商代为解决[3]。云计算在图书馆的应用能够最大程度地降低图书馆的建设和运行成本。

2.2 真正实现信息资源共享

云计算环境下，图书馆的信息资源将存储在"云"端，"云"里成千上万台服务器在为不同用户服务。图书馆的相关信息可以实现异地存取，也可以由某一个图书馆群共享，或单由本馆用户使用，用户就像使用一个图书馆一样在世界各地的"云图书馆"中漫游。云技术使用户的信息需求获得极大的满足，从而实现更大范围的信息资源共享。同时，通过云计算模式，相关图书馆之间可以共同构筑信息共享空间，有力地提高信息资源利用的效率。

2.3 提高图书馆工作效率，有利于馆员开发新的业务领域

云计算环境下，图书馆中几乎所有业务支持系统和资源服务系统都可通过云计算服务提供商来提供，云计算服务提供商凭借超高的云计算存储、处理技术和超强的计算能力为用户提供服务，可以极大地提高图书馆工作效率，并有利于原先进行基础设施与应用程序维护、升级的图书馆员拓展新的服务领域，使图书馆人力资源更专注于核心业务。

2.4 为图书馆提供超强的数据资源存储能力

云存储技术能全面、灵活地解决图书馆面临的数据资源存储问题。云存储可对所有图书和多媒体数据进行统一查看和管理，还可优化分布式的电子图书馆远程数据访问的性能[4]。云计算环境下的存储技术将会极大地改变传统的信息服务方式，实现数据库和图书馆之间更紧密的应用整合，并可以更简单地管理数据资源，为有效地满足图书馆资源存储需求提供新的解决思路和方法。

云计算的未来蓝图是如此美好，但它在给图书馆带来无限优势的同时，也存在着著作权保护等方面的问题。

3 云计算环境下图书馆与著作权保护的冲突

图书馆文献利用与著作权保护的冲突由来已久，只不过传统图书馆环境下，基于著作权法保证作品使用者的权利和著作权人权利之间的平衡这一立法宗旨，著作权法给予图书馆合理使用原则，由此图书馆在著作权权利人面前争得了一席之地。随着信息技术的不断发展和数字技术的不断应用，人类进入了网络时代，受著作权保护的作品和其他资料的存储、传输、存取、复制开始以前所未

有的容量、速度和准确度进行。数字技术对著作权中的复制权形成了前所未有的威胁，再加上网络的开放性，全球各地的网络用户都可以进行网络信息交换，一旦权利人的作品被上传到网络，任何人都可以对作品进行复制、修改、传输，权利人无形中失去了对作品的控制能力。为此，图书馆的合理使用权利一度受到了质疑，图书馆信息资源利用与著作权保护的冲突加剧。

云计算技术的发展和在图书馆领域的运用使得不久的将来，图书馆的信息资源要存储在云端，由云计算服务商统一管理和调度，云计算的核心思想是整合和共享，这与著作权对私权进行保护是对立的，云计算服务商的介入，使得图书馆与著作权保护问题更加复杂化，云计算服务提供商通过互联网对图书馆托管的信息资源进行传输，改变了传统的作品传播方式，而且对著作权制度所规划并维护的利益格局形成了冲击，图书馆一旦把权利人的作品托管给云计算服务商，并被上载到"自由、开放、共享"的"云"中，权利人的作品便成为"嫁出去的女儿、泼出去的水"，仿佛断线的风筝一样令图书馆和权利人难以把握。每一个进入云中的用户都可以成为该作品的使用者和传播者。传统著作权制度所赋予权利人对作品的一系列专有权利，在具有极强的网络传递环境下变得"徒有虚名"，而著作权法赋予权利人许可使用并获得报酬的权利变成了一种"期待利益"。但作品的使用者（公众）和传输者（云计算商）却获利颇丰。图书馆引入云计算使侵犯著作权的风险进一步加大，云计算的超大计算能力和网络传播使侵权危害性更大、更具隐蔽性，甚至更加不可控。同时，云计算服务商服务对象的全球性与著作权保护的地域性的矛盾更加突出。

随着著作权人保护作品及利益的呼声不断高涨，著作权出现了权利扩大的趋势，国内外诸多与图书馆利用作品有关的著作权案件的判决结果都无在向图书馆界传达着这样的信息——图书馆正走在守法与违法的狭小缝隙之间，云计算环境下的图书馆将面临更加严峻的法律环境，稍有不慎就有可能被推到诉讼的尴尬境地。

4 云计算环境下的图书馆与著作权保护的协调

4.1 传统作品数字化后由云计算服务商托管产生的著作权问题及协调

本文的传统作品主要是指馆藏的纸质图书、期刊。

4.1.1 图书馆把不属于著作权保护范围或者已经超过著作权保护期限的作品数字化后交给云计算服务商托管不会产生著作权问题

由于这类作品要么不受著作权法保护，要么已经进入公有领域，成为人类共同的精神财富，因此图书馆对这类作品进行托管不产生侵权风险，不会产生著作权问题。

4.1.2 图书馆把基于著作权合理使用原则取得的作品数字化后交由云计算服务商托管产生的著作权问题及协调

根据 2010 年《著作权法修正案》第 22 条规定，图书馆为陈列或者保存版本的需要，复制本馆收藏的作品，可以不经著作权人许可，不向其支付报酬，但应当指明作者姓名、作品名称，并且不得侵犯著作权人的其他权利。根据该条规定，允许图书馆出于展示和保存的目的对馆藏作品进行有限的复制。中华人民共和国国家版权局《关于制作数字化制品的著作权规定》第二条规定，将已有作品制成数字化制品属于一种复制行为，根据以上两条规定图书馆享有对馆藏作品进行有限数字化的权利，图书馆只要坚持不涉及数字作品的发行和商业性传播，而且将传播控制在一定范围内，如只进行馆际传播和馆内传播，就不会侵犯著作权人的权利，问题是图书馆如果把通过合理使用原则取得的馆藏作品进行数字化后交由云计算服务商托管，这个问题就会变得十分棘手。

首先，云计算服务商是一种商业性公司，以盈利为目的；其次，用户接受云计算服务商提供的服务不同于图书馆提供的服务，需要按需付费；最后，云计算服务商有可能对这部分作品进行再次复制，并进行大范围传播，这种以赢利为目的的商业性大量复制无疑会严重影响著作权人的合法权益，而且已完全改变了著作权合理使用的初衷，图书馆难免陷于侵权的被动地位。为了使自己免于诉累，图书馆在托管自己的数据信息时需要采取一些措施：①对这部分数据进行用户限制或加密，这种做法虽然保证了图书馆免于承担连带侵权责任，但不利于云计算技术在图书馆的应用和信息资源共享，并不是一个解决问题的良策。②图书馆在托管这部分信息资源时应征得著作权人的许可，并支付相应的报酬。由于图书馆是一个公益性的机构，且在把信息数据托管给云计算服务商后，由云计算服务商来向用户提供，并按需收费，图书馆并未从中获利，因此图书馆应要求云计算服务商根据作品使用情况垫付这部分著作权使用费，同时应与云计算服务商及著作权人就这部分作品的使用方式、范围、使用期限等问题签订许可协议，特别要对违约责任和赔偿额度做出约定。否则，根据《信息网络传播权保护条例》第 2 条和第 23 条的规定，如造成侵犯著作权人的信息网络传播权，图书馆与云计算服务商要承担共同侵权责任。

4.1.3 将已支付了著作权使用费的作品数字化后托管给云计算服务商产生的著作权问题及协调

根据《信息网络传播权保护条例》第 7 条的规定，图书馆只享有通过信息网络向本馆馆舍内服务对象提供本馆收藏的合法出版的数字作品和依法为陈列或者保存版本的需要以数字化形式复制的作品，可以不经著作权人许可不向其支付报酬的权利，但不得直接或者间接获得经济利益。

从本质上看，对作品进行数字化只是借助数字技术将人类的自然语言或者其他符号转换成计算机可识别的机器语言，这种因符号转换构成的对作品的使用如果控制在一定范围内（如本馆馆舍内服务对象），本身并不会对作品的正常利用和著作权人的利益产生影响[5]，图书馆把馆藏作品数字化后，只要不将这些复制品进行市场销售，不长期放在网上供用户无限复制，就可以享有合理使用的豁免。但是如果图书馆把该类数字化作品托管给云计算服务商，由于云计算服务商利用互联网向用户提供服务，而网络传播的及时性、无限复制性、交互性和全球性使这部分数字作品无法控制在本馆馆舍服务对象范围内，而不可避免地对著作权人的权利造成侵害。根据最高人民法院审判委员会《关于审理涉及计算机网络著作权纠纷案件适用法律若干问题的解释》第 2 条第 2 款规定："著作权法第十条对著作权各项权利的规定均适用于数字化作品的著作权。将作品通过网络向公众传播，属于著作权法规定的使用作品的方式，著作权人享有通过以该种方式使用或者许可他人使用作品，并由此获得报酬的权利"。从该条规定可以得出结论：网络传播作品是权利人的一项专有权利，权利人有权控制对其作品的网络使用。因此，图书馆要想不受到侵权指控，就必须在托管这类数字作品时进行技术保护，使用户只能在网络上浏览而无法下载，或者征得著作权人同意并支付报酬，而这部分报酬应当由从中获利的云计算服务提供商来垫付。

4.2 图书馆把数据库托管给云计算服务提供商产生的著作权问题及协调

4.2.1 图书馆自建数据库托管产生的著作权问题及协调

数据库是对信息的收集、整序、存储与高速传递处理的一门技术，在传统服务中，图书馆根据读者的需求对相关的文献资料进行选择或编排而提供的定题服务，可以基于合理使用原则而获得豁免。但云计算环境下，图书馆自建数据库托管后可能产生新的著作权保护问题，因此需要对自建数据库进行具体分析。

第一种情况，如果所选择的入库资料已进入公有领域或者是不受著作权法保护而建成的数据库，图书馆可以自由使用，而且也可以以托管的形式交由云计算服务商管理。当然，如果图书馆自建的数据库的结构设计方法体现出开发者在分析被描述对象的基础上，以参数形式做出的定性、定量和定向描述的独创性[6]，那么这种数据库结构设计凝聚了开发者的智慧，是一种独创性知识成果，图书馆对该数据库结构设计享有著作权，图书馆在托管时可以与云计算服务提供商就该数据库结构设计的使用及相关费用协商确定。

第二种情况，如果所选的入库资料仍处于著作权保护期内，不论是输入作品的一部分还是全部，不论是输入其他数据库的一部分还是全部建成新的数据库，如果建立的是在馆内使用的非商业性数据库，即为个人使用或教学科研目的而制作的数据库，图书馆可以基于合理使用原则自由使用，但是图书馆要把这类数据库托管给云计算服务提供商，进行商业化应用，图书馆不再享有合理使用豁免，根据著作权法规定，使用该类作品应当征得著作权人许可并支付报酬，同时明确使用范围、使用期限和使用方式。对取得著作权人的许可而制作的数据库，所花费的投资都比较大，图书馆在此类数据库制成后需要同该数据库结构设计一并加强著作权保护，主要有添加著作权说明，采用加密或水印技术，在托管给云计算服务商时可以要求其根据访问量支付一定报酬。这也是图书馆对自建数据库进行著作权保护的一项措施。

第三种情况，无论是图书馆编撰的二次文献、三次文献还是有关资料的汇编，或是对特色地方文献和古籍整理后具有独创性的注释而形成的数据库，图书馆都可能对其享有全部或部分著作权，这不仅是图书馆的重要馆藏，而且也是图书馆的无形资产，图书馆尤其要加强这部分数据库著作权的保护。对这类数据库，图书馆可以暂时不托管，或者采用加密技术和访问限制。

4.2.2　图书馆把采购的数据库托管产生的著作权问题及协调

对于图书馆通过向数据库商采购而获得使用权的数据库来说，著作权人为了保护自己的利益，在销售时多以合同或许可协议的形式对数据库的使用方式、使用期限、使用范围等内容做出明确的规定，因此图书馆只要遵守合同约定使用数据库就不会产生著作权侵权风险。图书馆若把这类数据库托管给云计算服务商，必须事先就该类数据库的使用签订协议，该协议对数据库的使用条件、使用方式、使用期限等内容不得宽于图书馆与数据库商之间的协议，为了保障图书馆权益，图书馆与云计算服务商签订的协议中最好对违约责任和赔偿数额等做出明确的规定，这类数据库托管给云计算服务商后，除非云计算服务商严格按照合同约定使用数据库，否则图书馆极有可能承担违约责任和著作权侵权责任。在这类数据库托管中，数据库使用协议在调整数据库商、图书馆、云计算服务商之间的法律关系过程中起关键性的作用。图书馆在托管该类数据库时一定要做好数据库使用协议的签订工作。

5 云计算服务提供商与图书馆之间的著作权问题及协调

在云计算环境下，图书馆将自己的数据交给云计算服务商管理，图书馆应该完全拥有被托管数据的知识产权。但是这些数据被存储在云端，对数据的访问、管理、维护等工作都是在云中进行的，图书馆甚至不知道自己的数据存储在云中的哪个位置。从理论上讲，云计算服务商不能对托管数据非法使用，但在现实中，云计算服务商深知"数据核心"原理，因而他们会千方百计利用这些数据，并以数据整合、数据挖掘、知识服务的名义使用图书馆的这些数据[7]，特别是对图书馆的特色数据更有可能利用其技术优势进行不合理的使用。这种对图书馆享有著作权的数据使用无疑损害了图书馆的利益，产生了新的著作权问题。例如，近年来，OCLC 利用 WoridCat 集成的馆藏数据，开发出了一些新产品，如每季的大学与研究图书馆推荐书目等，这些著作权的归属还期待法律做出界定。由于云计算还处于探索阶段，还很不成熟，因而相关法律还不配套。目前情况下，解决办法只有依靠图书馆与云计算服务商之间的托管协议来确定两者之间著作权问题的解决方案，建议图书馆在把数据托管给云计算服务提供商之前，双方应就托管数据的使用达成协议，尤其要对图书馆享有著作权的数据未经许可使用造成的后果做出明确约定，当然这种约定的前提是不得违反法律规定和损害社会公共利益。

6 结 语

云计算在图书馆的应用刚刚起步，还有很长的路要走，但云计算环境下的图书馆与著作权保护问题已经凸显，依靠现有著作权法和相关司法解释来解决这种冲突已显得力不从心，随着云计算在图书馆领域的不断推进，国家应该不断加强电子版权、网络版权等方面的立法，使云计算在图书馆的应用和著作权人权利保护达到一个平衡，从而实现更大范围的资源共享。本文对云计算环境下的图书馆与著作权保护问题的研究还很肤浅，只是选择了一个侧面，囿于水平还有很多问题并未涉及，旨在抛砖引玉，希望有更多的人加入到这一研究领域，为云计算在图书馆的推广和应用提供法律上的支持。

参考文献：

[1] 云计算．［2009 – 12 – 02］．http：//baike. baidu. com/view/1316082. htm.
[2] OCLC宣布向网络规模图书馆管理服务发展的战略．［2009 – 04 – 23］．http：//

www. oclc. org/asiapacific/zhcn/news/releases/200927. htm.

[3]　杨明．关于图书馆应用云计算的探讨．农业图书情报学刊，2010（8）：118 - 120.

[4]　贺雪晴，吴景海．基于云计算的数字图书馆资源存储研究．情报探索，2010（12）：92 - 94.

[5]　肖燕．网络环境下的著作权与数字图书馆．北京：北京图书馆出版社，2002：221.

[6]　秦珂．数字图书馆版权保护导论．北京：气象出版社，2005：57.

[7]　郭海霞．云计算环境下数字图书馆版权保护和管理初探．法律文献信息与研究，2010（4）：34 - 38.

作者简介

颉艳萍，女，1974 年生，馆员，硕士，发表论文数篇。

王　红，女，1970 年生，副研究馆员，硕士，发表论文 20 余篇。

基于可拓理论的网络信息资源著作权侵权风险评估

1 引　言

数字技术的发展使传统的作品逐步蜕变成以"0"和"1"不同组合的二进制数码[1]，作品的著作权也由"印刷著作权"跃升为"数字著作权"。网络环境下，作品类型的集成化、著作权归属的复杂化、著作权保护标准的模糊性以及著作权人权利的"边缘化"[2]，这些都对传统的著作权产生了巨大的冲击。伴随着网络技术的高速发展和人们著作权意识的逐渐增强，著作权的"数字"风险也在不断提高，具体表现为网络环境下著作权的侵权案件越来越多。从2007年的"《贞观长歌》侵权案"、2008年的"百度音乐侵权案"，到前不久的"中青文传媒诉百度文库案"，百度的发展过程中著作权侵权案件从未间断过，在著作权问题上屡次成为社会关注的焦点。与之类似，中国知网、搜狐、新浪、豆丁等网络服务提供者在发展过程中也饱受著作权侵权风险的困扰。

纵观百度等网络服务提供者的侵权历史，提起诉讼的原告由原来的以个人或单个企业为主体，发展到现在的以作家联盟、协会联盟、多个企业或公司团体以及出版社为主，说明著作权人的力量在不断增强，同时企业也将著作权视为与对手竞争的一种有力工具。为避免卷入著作权纠纷中，网络服务提供者应将著作权作为其资产的一部分并对其进行管理。然而，对著作权进行风险管理的第一步就是要对自身存在的著作权风险进行识别，并进行风险评估。网络服务提供者只有通过风险评估后才能清楚地了解其存在的著作权风险，从而可以有针对性地提出风险规避策略。

当前，网络信息资源知识产权方面研究的内容主要包括网络信息资源在开发利用过程中涉及到的知识产权风险和知识产权策略等方面，主要从法律[3-4]、技术[5-7]、管理[8-9]、规章制度[10-11]等层面进行研究。研究的领域较多地集中于数字图书馆，并从风险管理的角度进行了系统的探讨，包括风

200

险的识别[12]、风险评估[13]、风险策略[14-15]等。另外，在其他网络信息资源的知识产权方面也有较多学者进行了研究，如开放软件资源[16]、科技期刊[17]等。

虽然网络信息资源著作权风险方面的研究已引入风险管理的思想，但国内外理论界极少对网络信息资源的著作权风险的量化进行研究。刘震等[18]应用 WBS-RBS 方法识别了网络信息资源在信息采集、信息处理及信息传递 3 个阶段的著作权风险作为风险评估的依据，仅从网络信息资源这一单因素进行分析，而且风险评估数据的收集是依赖人员的打分得来的，因此缺乏客观性。李婵等[19]在综合考虑了网络信息资源著作权侵权风险的其他影响因素的基础上，从系统论的观点构建了网络信息资源著作权侵权风险评估指标体系，克服了以往研究中仅考虑单一风险因子、指标量化难、缺乏客观性的问题，同时采用效度判别法对指标体系进行了有效性检验。实际上，著作权风险包括侵权风险与被侵权风险，限于篇幅，本文仅对著作权侵权风险进行研究，且在上述研究的基础上引入可拓理论对著作权侵权风险进行评估，评估结果可作为著作权侵权风险决策的重要依据。因此，研究网络信息资源的著作权侵权风险评估具有重要的理论意义和实际应用价值，能够用于指导网络信息资源著作权的管理实践。

2 网络信息资源著作权侵权主体的界定

网络服务提供者是网络信息资源著作权主要的侵权主体之一。然而，在《著作权法》、《信息网络传播权保护条例》及《最高人民法院关于审理涉及计算机网络著作权纠纷案件适用法律若干问题的解释》中都没有对网络服务提供者进行具体的解释。实际上，随着信息技术的不断发展和网络服务的不断细化，网络服务提供者的内涵不断延伸。对著作权侵权问题而言，提供服务的内容不同，其侵权行为也就不同，所以确定网络服务提供者的具体内涵是本文研究的基础。

从侵权主体的可能性划分，网络服务提供者可分为网络硬件与网络软件服务提供者[20]。

2.1 网络硬件服务提供者

网络硬件服务提供者主要包括网络接入服务与网络信息存储空间提供者。

（1）网络接入服务提供者是为用户提供接入服务的主体，但因其只是提供信息传输通道，没有接触到具体的信息内容，因此一般不会涉及到著作权侵权问题。

（2）网络信息存储空间提供者是为用户提供存储空间的主体，用户可以将数字作品上传到服务器的磁盘空间内，无论是从使用的角度还是从存储侵权作品的角度讲，网络信息存储空间提供者很容易成为直接或间接的侵权主体。

2.2　网络软件服务提供者

网络软件服务提供者主要包括网络版权资源、网络内容及网络技术服务提供者。

（1）网络版权资源提供者是指将通过购买或者是以其他合法途径获得著作权后的信息资源提供给网络用户的主体，因为已经获得作品的著作权，一般来讲，如果未对作品进行实质性的修改，其侵权的可能性就比较小。

（2）网络内容服务提供者是指自己采集、处理信息并通过网络向用户发布的主体，因为其涉及信息编辑的各个方面，所以存在的著作权侵权风险也是最大、最直接的，很容易成为著作权的直接侵权主体。

（3）网络技术服务提供者，有广义与狭义之分，因广义概念包括网络硬件服务提供者，所以本文采用其狭义概念，即指为用户提供软件技术服务的主体，主要包括工具软件提供者及网络搜索或链接服务提供者，前者即使发生侵权一般也是间接侵权主体，后者所提供的通常形式的搜索链接服务在侵权认定时可以适用于安全港原则，但超出一般形式的"帧链"等服务时，其侵权本质同网络内容服务提供者相同，因此可以按照网络内容服务提供者的身份进行认定。

综上所述，网络服务提供者的具体类型及侵权可能性分析见图1。考虑到服务内容的多样化，网络服务提供者一般会集多种角色于一身，可能是网络版权资源提供者，同时又是网络内容服务提供者，但会以其中的一种为主。不同的服务提供者所面临的著作权风险差别很大，因此，对网络信息资源著作权侵权风险进行评估之前首先要明确网络服务提供者所提供的服务内容，也就是确定网络服务供应者的身份。本文从可能存在著作权侵权风险的网络服务提供者的角度出发，对其经营过程中存在的著作权侵权风险进行评估，使其更清楚地了解自身所存在的著作权侵权风险，从而有针对性地提出风险规避策略。

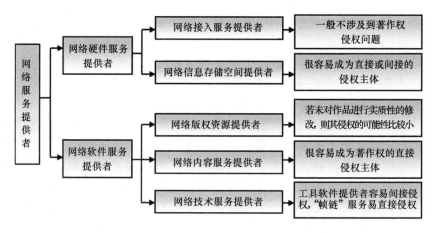

图 1　网络服务提供者的具体类型及侵权可能性分析

3　网络信息资源著作权风险评估指标体系及权重的确立

3.1　网络信息资源著作权侵权风险评估指标的建立

对著作权进行风险评估时要考虑所有相关的影响因素[21]，既要考虑风险因子所带来的威胁的大小和风险体自身的脆弱性，还要考虑两者相互作用的环境，由此三者构成一个完整的风险评估系统。著作权侵权风险评估指标的选取主要是以系统论和风险管理理论为基础，按照指标构建的原则，对网络服务提供者自身的脆弱性、网络信息资源及环境三方面影响因素进行归纳分析，提炼出网络信息资源著作权侵权风险评估指标体系，在专家学者、管理人员及一线工作人员的建议下对指标进行修改和完善，得到了一套网络信息资源著作权侵权风险评估指标体系，并进一步对指标体系进行了有效性检验，检验结果表明该指标体系是合理有效的[19]。本文在以上指标体系的基础上，对有效性指数偏低且不易量化的指标作进一步的删减，得到如表1所示的指标体系，包括"网络服务提供者的脆弱性"、"网络信息资源风险"和"环境风险"3个一级指标，"网络服务提供者的自身风险"等9个二级指标，"网络服务提供者的服务方式"等22个三级指标。

3.2　网络信息资源著作权侵权风险评估指标权重分配

考虑到各个指标在网络信息资源著作权侵权风险评估中所发挥的作用及影响程度不同，因此需要对指标分配不同的权重。由于网络信息资源著作权及著作权侵权风险相关因素具有很大的不确定性且不易量化，而层次分析方法[22]是一种定性与定量相结合、系统化、层次化的方法，不仅适用于处理存在不确定性和主观信息的情况，还允许以合乎逻辑的方式运用经验、洞察力和直觉，故本文选用层次分析法来确定各指标的权重，通过专家访谈和调查问卷方式获得各个层级的成对比较矩阵，计算所得结果见表1，指标的层次单排序及层次总排序均通过了一致性检验（计算过程略去）。

从表1中指标权重可以看出，网络信息资源风险是著作权侵权风险的关键因素，未知或非法来源文档和视频的比例、员工的违规操作、加工处理的文档的比例以及未知或非法来源文档的收益比重是最直接的也是最重要的5个指标。这一结果与现实情况是相吻合的，因为在实践中，著作权侵权风险主要源自于网络信息资源的合法性和员工的违规操作。网络信息资源的合法性是避免发生著作权侵权风险的前提，确定其合法性的关键步骤就是在资源采集时确定其合法来源并以合法的途径获取使用权或著作权，这些都取决于员工的具体操作行为。在当前的网络服务中，提供的信息资源中文档所占的比重最高，其次是视频，所以未知或非法来源文档和视频的比重在很大程度上就决定了网络服务提供者的著作权侵权风险的大小。同时，《著作权法》第四十八条规定：侵犯著作权或者与著作权有关的权利的，侵权人应当按照权利人的实际损失给予赔偿；实际损失难以计算的，可以按照侵权人的违法所得给予赔偿。赔偿数额还应当包括权利人为制止侵权行为所支付的合理开支[23]。所以，网络服务提供者从非法资源中获取的收益越高，当发生纠纷时赔偿的额度也就越高，风险也就越大。

4 著作权侵权风险可拓综合模型的构建

1983年，由蔡文撰写的《可拓集合和不相容问题》一文标志着可拓理论的诞生[24]，该理论采用形式化的方法来处理现实世界中的矛盾问题，其理论基础是基元理论、可拓集合理论和可拓逻辑，基本方法是可拓方法[25]。当前，可拓理论已被广泛应用于经济、管理、控制、人工智能等领域[26-29]。

在风险管理领域，可拓理论也得到了广泛的应用，与云模型、信息熵、灰色系统理论、层次分析法等结合应用于风险预警、风险评价、风险分析和风险决策中，如煤矿安全预警模型的构建[30]、隧道环境中相邻建筑物的风险评估[31]、中国城市网络规划风险评估[32]、风险投资决策研究[33]、企业技术创新风险度量[34]等。

由于网络信息资源著作权侵权风险评估中所涉及的指标具有不确定性和不相容性，故本文引入可拓理论并结合网络信息资源及著作权侵权风险的特点构建风险评价模型，对著作权侵权风险进行评估。基本思路是：首先，以

表 1　网络信息资源著作权侵权风险评估指标体系及指标权重

一级指标	权重	二级指标	权重	相对目标层权重	三级指标	权重	相对目标层权重
网络服务提供者的脆弱性	0.309	网络服务提供者的自身风险	0.600	0.185	服务方式	0.185	0.034
					风险承受力（承受度）	0.170	0.032
					知识产权素养	0.228	0.042
					违规操作	0.417	0.077
		管理风险	0.400	0.124	风险制度完善率	0.333	0.041
					风险制度标准率	0.222	0.027
					风险制度落实率	0.444	0.055
网络信息资源风险	0.581	网络信息资源的采集风险	0.445	0.258	未知或非法来源文档的比例	0.490	0.127
					未知或非法来源音频的比例	0.198	0.051
					未知或非法来源视频的比例	0.312	0.081
		网络信息资源的处理风险	0.222	0.129	加工处理的文档的比例	0.539	0.070
					加工处理的音频的比例	0.164	0.021
					加工处理的视频的比例	0.297	0.038
		网络信息资源的应用风险	0.111	0.065	超过使用权限的文档的比例	0.539	0.035
					超过使用权限的音频的比例	0.164	0.011
					超过使用权限的视频的比例	0.297	0.019
		网络信息资源的收益风险	0.222	0.129	未知或非法来源文档的收益比重	0.539	0.070
					未知或非法来源音频的收益比重	0.164	0.021
					未知或非法来源视频的收益比重	0.297	0.038
环境风险	0.110	国家版权保护风险	0.400	0.044	版权保护强度	1	0.044
		网络风险	0.400	0.044	网络风险强度	1	0.044
		用户风险	0.200	0.022	用户素养	1	0.022

构建的指标体系为基础构建评语集，将著作权侵权风险分为若干个等级，结合日常管理知识及对有关专家和管理人员的咨询，经过多次讨论后确定各风险水平的取值范围；其次，构建网络信息资源著作权侵权风险评估的可拓物元模型；最后，将要评价的指标值带入各风险等级的集合中进行综合评定，评定结果与各风险等级集合的综合关联度进行对比分析，综合关联度越大，则被评价对象与该风险等级集合就越符合，被评价对象的风险水平就可以认为是该风险等级所处的水平[34]。

4.1　网络信息资源著作权侵权风险评价物元的确定

物元是指由事物、事物的特征及事物特征值所组成的有序三元组，是对事物作定性与定量分析的一种工具[35]。记 R 为物元，N 为事物，C 为事物的特征，V 为事物特征 C 对应的量值值域，则有 $R = \{N, C, V\}$，N、C、V 成为物元 R 的三要素。

设需要评价的网络信息资源著作权侵权风险对象有 m 种，评估指标有 n 个，表示为 $c_1, c_2, \cdots, c_n$，对应的取值范围为 $v_{i1}, v_{i2}, \cdots, v_{in}$，则可构成以下物元模型：

$$
R = \{N, C, V_{(x)}\} = \begin{bmatrix} R_1 \\ R_2 \\ \vdots \\ R_n \end{bmatrix} = \begin{bmatrix} N_i & c_1 & v_{i1} \\ & c_2 & v_{i2} \\ & \vdots & \vdots \\ & c_n & v_{in} \end{bmatrix} \tag{1}
$$

其中，R 为网络信息资源著作权侵权风险评价的物元，$N_i(i = 1, 2, \cdots, m)$ 为第 i 个网络信息资源著作权侵权风险评价的对象，$c_j(j = 1, 2, \cdots, n)$ 为影响其著作权侵权风险的第 j 个指标，v_{ij} 为第 i 个评价对象对应的风险指标 j 的取值范围。

4.2　经典域与节域的确定

物元理论中的经典域是指所确定的各等级的取值范围，节域是指各个评价指标在所有等级下的取值范围，分别用 R_o 和 R_p 表示。设网络信息资源著作权侵权风险等级分为 y 级，则各等级的经典域为：

$$
R_{ok} = (N_{ok}, C, V_{ok}) = \begin{bmatrix} N_{ok} & c_1 & v_{ok1} \\ & c_2 & v_{ok2} \\ & \vdots & \vdots \\ & c_n & v_{okn} \end{bmatrix} = \begin{bmatrix} N_{ok} & c_1 & [a_{ok1}, b_{ok1}] \\ & c_2 & [a_{ok2}, b_{ok2}] \\ & \vdots & \vdots \\ & c_n & [a_{okn}, b_{okn}] \end{bmatrix} \tag{2}
$$

其中，R_{ok} 为第 $k(k = 1, 2, \cdots, y)$ 级网络信息资源著作权侵权风险评估的物元评价模型，N_{ok} 为第 k 级风险等级水平的网络信息资源著作权侵权风险评估指标，v_{okj} 为第 k 个风险等级对应的第 j 个风险评价指标 c_j 的风险等级取值范围。

网络信息资源著作权侵权风险评估的节域物元为：

$$R_p = (N_p, C, V_p) = \begin{bmatrix} N_p & c_1 & v_{p1} \\ & c_2 & v_{p2} \\ & \vdots & \vdots \\ & c_n & v_{pn} \end{bmatrix} = \begin{bmatrix} N_p & c_1 & [a_{p1}, b_{p1}] \\ & c_2 & [a_{p2}, b_{p2}] \\ & \vdots & \vdots \\ & c_n & [a_{pn}, b_{pn}] \end{bmatrix} \quad (3)$$

其中，N_p 为物元系统中网络信息资源著作权侵权风险评估等级的全体，V_{pj} 为特征 C_j 对应的取值范围，即 N_p 的节域。

4.3 待评物元的确定

按照评估指标体系，对于第 m 个待评价的网络信息资源著作权侵权风险评估对象，得到的各个评价因子项的数据（测量所得或分析所得）用物元表示，该物元即为评价物元，表示为：

$$R_m = (N_m, C, V_m) = \begin{bmatrix} N_m & c_1 & v_{m1} \\ & c_2 & v_{m2} \\ & \vdots & \vdots \\ & c_n & v_{mn} \end{bmatrix} \quad (4)$$

其中，N_m 为第 m 个待评估对象，c_j 为影响网络信息资源著作权侵权风险的第 $j(j = 1, 2, \cdots, n)$ 个指标，v_{mj} 为第 m 个待评估对象对应于第 j 个风险指标的安全量值。

4.4 评价指标关联函数的计算

确定了网络信息资源著作权侵权风险评估的可拓模型后，需要进一步计算各个风险评估因子相对于各个等级的关联程度，即待评估物元和经典域物元之间的接近程度，在可拓理论中一般用关联函数来刻画。第 i 个网络信息资源著作权侵权风险评估对象的第 j 个指标关于风险等级 k 的关联函数为：

$$K_{ik}(v_{ij}) = \begin{cases} \dfrac{-\rho(v_{ij}, v_{okj})}{|v_{okj}|}, & v_{ij} \in v_{okj} \\[3mm] \dfrac{\rho(v_{ij}, v_{okj})}{\rho(v_{ij}, v_{pj}) - \rho(v_{ij}, v_{okj})}, & v_{ij} \notin v_{okj} \end{cases}$$

$$i = 1, 2, \cdots m; j = 1, 2, \cdots n; k = 1, 2, \cdots y \quad (5)$$

其中，

$$\rho(v_{ij}, v_{okj}) = \left| v_{ij} - \frac{1}{2}(a_{okj} + b_{okj}) \right| - \frac{1}{2}(b_{okj} - a_{okj})$$

$$\rho(v_{ij}, v_{pj}) = \left| v_{ij} - \frac{1}{2}(a_{pj} + b_{pj}) \right| - \frac{1}{2}(b_{pj} - a_{pj}) \tag{6}$$

$\rho(v_{ij}, v_{okj})$、$\rho(v_{ij}, v_{pj})$ 分别代表 v_{ij} 与区间 v_{okj}、v_{pj} 的接近度。

4.5　著作权侵权风险安全评价等级确定

假设第 j 个评价指标 c_j 的权重系数为 w_j，则待评价对象 N_i 关于评价等级 k 的关联度为：

$$k_{ik}(N_i) = \sum_{j=1}^{n} w_j K_{ik}(v_{ij}) \tag{7}$$

$$k_{ik_o} = \max_{k \in \{1,2,\cdots,y\}} \{ k_{ik}(N_i) \} \tag{8}$$

则 N_i 所属的网络信息资源著作权侵权风险等级为 k_o 级。

以上计算方法及过程是在评估指标为单层次的基础上进行的，本文所构建的网络信息资源著作权侵权风险评估指标体系属于多层次指标，且评价指标较多，每个指标所对应权重也就较小，这时需要采用多层次综合风险评价模型，即第二层次的评估结果构成第一层次的评估矩阵 K_1，第一层次各个指标因素的权重矩阵为 W，则网络信息资源著作权侵权风险评估的结果矩阵为：

$$K_p = W * K_1 \tag{9}$$

5　实证分析

根据当前网络服务提供者的运营现状，结合专家意见和网络信息资源著作权侵权风险评估指标体系中各指标的具体含义，分别确定各指标对应于不同风险等级的取值范围，见表2。

本文以某省数字图书馆为例，通过访谈、调查问卷以及文献报告获得风险指标值，根据上文的风险评估模型对其著作权侵权风险进行评估。其中，关于版权保护强度这一指标，自 1991 年至今，中国版权保护强度逐年提高，其中在 2001 年前后出现了较快的提升（这与中国在 2001 年大幅度修订著作权法有关），2001 年后增长趋势逐渐变缓[36]。按照此趋势，可预测 2013 年的版权保护强度为 4.45 左右。

5.1　第三层次可拓综合评价

下面以网络服务提供者的自身风险为例进行建模分析。

5.1.1　确定经典域和节域

根据上文确定的网络信息资源著作权侵权风险等级为五级，每一级别的

表2 评估指标风险等级划分及研究对象的指标值

项目	风险指标	指标量化	一级（很低）	二级（较低）	三级（一般）	四级（较高）	五级（很高）	某省数字图书馆
网络服务提供者的脆弱性	服务方式	S_1网络内容服务10 S_2提供信息存储空间8 S_3软件技术服务5 S_4网络版权资源服务2 $S = \sum w_i S_i$	2≤M<5	5≤M<6	6≤M<7	7≤M<8	8≤M≤10	2.85
	风险承受力	可接受的最大损失额/所拥有或可支配的资产总额	0.4≤M<1	0.3≤M<0.4	0.2≤M<0.3	0.1≤M<0.2	0<M<0.1	0.35
	知识产权素养	具有知识产权意识的工作人员数/总工作人员数	0.8≤M≤1	0.6≤M<0.8	0.4≤M<0.6	0.2≤M<0.4	0≤M<0.2	0.58
	违规操作	违规操作工作人员数/总工作人员数	0≤M<0.15	0.15≤M<0.3	0.3≤M<0.45	0.45≤M<0.6	0.6≤M<1	0.38
	风险制度完善率	实用的著作权风险制度数量/著作权风险源总数	0.8≤M<1	0.7≤M<0.8	0.6≤M<0.7	0.4≤M<0.6	0<M<0.4	0.75
	风险制度标准率	标准的著作权风险制度数量/著作权风险制度总数	0.8≤M<1	0.7≤M<0.8	0.6≤M<0.7	0.4≤M<0.6	0<M<0.4	0.65
	风险制度落实率	落实的著作权风险制度数量/著作权风险制度总数	0.95≤M<1	0.9≤M<0.95	0.8≤M<0.9	0.65≤M<0.8	0<M<0.65	0.92
网络信息资源风险	未知或非法来源文档的比例	未知或非法来源文档数量/总文档数量	0≤M<0.1	0.1≤M<0.15	0.15≤M<0.25	0.25≤M<0.4	0.4≤M<1	0.05
	未知或非法来源音频的比例	未知或非法来源音频数量/总音频数量	0≤M<0.15	0.15≤M<0.25	0.25≤M<0.35	0.35≤M<0.5	0.5≤M<1	0.12
	未知或非法来源视频的比例	未知或非法来源视频数量/总视频数量	0≤M<0.15	0.15≤M<0.25	0.25≤M<0.35	0.35≤M<0.45	0.45≤M<1	0.18
	加工处理的文档的比例	加工处理的文档数量/总文档数量	0≤M<0.1	0.1≤M<0.2	0.2≤M<0.4	0.4≤M<0.6	0.6≤M<1	0.3
	加工处理的音频的比例	加工处理的音频数量/总音频数量	0≤M<0.15	0.15≤M<0.3	0.3≤M<0.5	0.5≤M<0.7	0.7≤M<1	0.4
	加工处理的视频的比例	加工处理的视频数量/总视频数量	0≤M<0.15	0.15≤M<0.3	0.3≤M<0.5	0.5≤M<0.65	0.65≤M<1	0.4
	超过使用权限的文档的比例	超过使用权限的文档数量/总文档数量	0≤M<0.05	0.05≤M<0.1	0.1≤M<0.15	0.15≤M<0.25	0.25≤M<1	0.03
	超过使用权限的音频的比例	超过使用权限的音频数量/总音频数量	0≤M<0.1	0.1≤M<0.15	0.15≤M<0.2	0.2≤M<0.35	0.35≤M<1	0.05
	超过使用权限的视频的比例	超过使用权限的视频数量/总视频数量	0≤M<0.1	0.1≤M<0.15	0.15≤M<0.2	0.2≤M<0.3	0.3≤M<1	0.08
	未知/非法来源文档收益比重	未知/非法来源文档收益/文档总收益	0≤M<0.1	0.1≤M<0.2	0.2≤M<0.3	0.35≤M<0.55	0.55≤M<1	0.02
	未知/非法来源音频收益比重	未知/非法来源音频收益/音频总收益	0≤M<0.15	0.15≤M<0.3	0.3≤M<0.45	0.45≤M<0.65	0.65≤M<1	0.12
	未知/非法来源视频收益比重	未知/非法来源视频收益/视频总收益	0≤M<0.15	0.15≤M<0.3	0.3≤M<0.45	0.45≤M<0.6	0.6≤M<1	0.4
环境风险	版权保护强度	立法强度*执法强度	5.5<M≤6	4.5<M≤5.5	3.5<M≤4.5	1.6<M≤3.5	0<M≤1.6	4.45
	网络风险强度	网站被破坏成功攻击次数/被攻击总次数	0≤M<0.05	0.05≤M<0.15	0.15≤M<0.25	0.25≤M<0.4	0.4≤M<1	0.1
	用户素养	大学以上学历网民数量/所有网民数量	0.45≤M<1	0.35≤M<0.45	0.2≤M<0.35	0.1≤M<0.2	0<M<0.1	0.21[]

209

经典域物元分别为：

$$R_{01} = \begin{bmatrix} N_{01} & 服务方式 & [2,5] \\ & 风险承受能力 & [0.4,1] \\ & 知识产权素养 & [0.8,1] \\ & 违规操作 & [0,0.15] \end{bmatrix},$$

$$R_{02} = \begin{bmatrix} N_{02} & 服务方式 & [5,6] \\ & 风险承受能力 & [0.3,0.4] \\ & 知识产权素养 & [0.6,0.8] \\ & 违规操作 & [0.15,0.3] \end{bmatrix},$$

$$R_{03} = \begin{bmatrix} N_{03} & 服务方式 & [6,7] \\ & 风险承受能力 & [0.2,0.3] \\ & 知识产权素养 & [0.4,0.6] \\ & 违规操作 & [0.3,0.45] \end{bmatrix},$$

$$R_{04} = \begin{bmatrix} N_{04} & 服务方式 & [7,8] \\ & 风险承受能力 & [0.1,0.2] \\ & 知识产权素养 & [0.2,0.4] \\ & 违规操作 & [0.45,0.6] \end{bmatrix},$$

$$R_{05} = \begin{bmatrix} N_{05} & 服务方式 & [8,10] \\ & 风险承受能力 & [0,0.1] \\ & 知识产权素养 & [0,0.2] \\ & 违规操作 & [0.6,1] \end{bmatrix}.$$

节域物元为：

$$R_p = \begin{bmatrix} P & 服务方式 & [2,10] \\ & 风险承受能力 & [0,1] \\ & 知识产权素养 & [0,1] \\ & 违规操作 & [0,1] \end{bmatrix}$$

5.1.2　确定待评价物元

待评价物元 R 为：

$$R = \begin{bmatrix} N & 服务方式 & 2.85 \\ & 风险承受能力 & 0.35 \\ & 知识产权素养 & 0.58 \\ & 违规操作 & 0.38 \end{bmatrix}$$

210

5.1.3 确定指标权重

根据层次分析法确定网络服务提供者的自身风险下的各指标的权重为：

$$W_{111} = (0.185, 0.170, 0.228, 0.417)$$

5.1.4 计算评价指标函数值

根据关联函数的计算公式计算得到被评价对象与每个等级的关联度。现以服务方式指标为例，具体阐述其关联度的计算方法。

（1）服务方式指标的取值为 2.85，即 $v_{1111} = 2.85 \in [2,5]$，即对应的风险等级为一级，则 2.85 与 $[2,5]$ 的接近度为：

$$\rho(2.85, [2,5]) = \left| 2.85 - \frac{1}{2}(2+5) \right| - \frac{1}{2}(5-2) = -0.850，2.85 与一$$

级风险等级的关联度为：

$$K_{1111}(2.85) = \frac{-2\rho(2.85, [2,5])}{5-2} = 0.567$$

（2）$v_{1111} = 2.85 \notin [5,6]$，2.85 与 $[5,6]$ 的接近度为：

$$\rho(2.85, [5,6]) = \left| 2.85 - \frac{1}{2}(5+6) \right| - \frac{1}{2}(6-5) = 2.150，2.85 与值$$

域 $[2，10]$ 的接近度：

$$\rho(2.85, [2,10]) = \left| 2.85 - \frac{1}{2}(2+10) \right| - \frac{1}{2}(10-2) = -0.850，则$$

2.85 与 二 级 风 险 等 级 的 关 联 度 为： $K_{1112}(2.85) = \dfrac{\rho(2.85, [2,5])}{\rho(2.85, [2,10]) - \rho(2.85, [2,5])} = -0.717$

（3）由于 2.85 均不属于 $[6，7]$、$[7，8]$、$[8，10]$，则 2.85 与以上三个区间的接近度及 2.85 与风险等级三、四、五的关联度的计算过程与（2）类似，得到：

$$K_{1113}(2.85) = -0.788，K_{1114}(2.85) = -0.830，K_{1115}(2.85) = -0.858$$

将服务方式指标取值 2.85 与风险等级一到五的关联度依次排列得到 K_{111} 的第一个分量，即：

$$K_{111}(1) = (0.567, -0.717, -0.788, -0.830, -0.858)$$

式中正数代表指标值属于风险等级一所对应的区间。同理可得其他三个被评价对象与每个等级的关联度，最终构成关联矩阵：

$$K_{111} = \begin{bmatrix} 0.567 & -0.717 & -0.788 & -0.830 & -0.858 \\ -0.125 & 1.000 & -0.125 & -0.300 & -0.417 \\ -0.344 & -0.045 & 0.200 & -0.300 & -0.475 \\ -0.377 & -0.174 & 0.933 & -0.156 & -0.367 \end{bmatrix}$$

5.1.5 计算综合关联度

综合关联度为：

$$K_{11} = W_{111} * K_{111} = (-0.150, -0.045, 0.267, -0.338, -0.491)$$

同理，可得管理风险、网络信息资源的采集风险、网络信息资源的处理风险、网络信息资源的应用风险、网络信息资源的收益风险、国家版权保护风险、网络风险、用户风险与各安全等级的风险关联度，其结果分别为：

$$K_{12} = (-0.243, 0.661, 0.078, -0.419, -0.630)$$
$$K_{21} = (0.525, -0.098, -0.517, -0.674, -0.767)$$
$$K_{22} = (-0.393, -0.227, 1.000, -0.227, -0.454)$$
$$K_{23} = (0.714, -0.357, -0.625, -0.732, -0.833)$$
$$K_{24} = (0.167, -0.523, -0.385, -0.661, -0.752)$$
$$K_{31} = (-0.404, -0.031, 0.100, -0.380, -0.648)$$
$$K_{32} = (-0.333, 1.000, -0.333, -0.600, -0.750)$$
$$K_{33} = (-0.533, -0.400, 0.133, -0.045, -0.344)$$

在以上第三层次的评价结果中，每个评价结果中的5个数值分别对应指标值与风险等级一至风险等级五之间的关联度。根据公式（8）可知，最大的数值所对应的风险等级即为被评价指标所属的风险等级，则网络信息资源的采集、应用和收益风险三个指标风险等级均为一级，即风险很低；管理风险与网络风险所处的风险等级为二级，风险较低；而网络服务提供者的自身风险、网络信息资源的处理风险、国家版权保护风险及用户风险则均为三级风险，说明这三个指标的风险处于一般水平，即会存在侵权的可能性。

5.2 第二层次可拓综合评价

第三层次的评价结果构成第二层次的评价矩阵，即每个一级指标下的二级指标的综合关联度构成一个矩阵，与第二层次指标的权重相乘便可得到第二层次的综合关联度。根据公式（9），网络服务提供者的脆弱性、网络信息资源风险、环境风险的综合关联度分别为：

$$K_1 = (0.600, 0.400)$$

$$\begin{bmatrix} -0.150 & -0.045 & 0.267 & -0.338 & -0.491 \\ -0.243 & 0.661 & 0.078 & -0.419 & -0.630 \end{bmatrix}$$

$$= (-0.187, 0.237, 0.192, -0.371, -0.547)$$

$$K_2 = (0.445, 0.222, 0.111, 0.222)$$

$$\begin{bmatrix} 0.525 & -0.098 & -0.517 & -0.674 & -0.767 \\ -0.393 & -0.227 & 1.000 & -0.227 & -0.454 \\ 0.714 & -0.357 & -0.625 & -0.732 & -0.833 \\ 0.167 & -0.523 & -0.385 & -0.661 & -0.752 \end{bmatrix}$$

$$= (0.262, -0.250, -0.163, -0.578, -0.701),$$

$$K_3 = (0.400, 0.400, 0.200)$$

$$\begin{bmatrix} -0.404 & -0.031 & 0.100 & -0.380 & -0.648 \\ -0.333 & 1.000 & -0.333 & -0.600 & -0.750 \\ -0.533 & -0.400 & 0.133 & -0.045 & -0.344 \end{bmatrix}$$

$$= (-0.402, 0.308, -0.067, -0.401, -0.628)$$

利用公式（8）可知，网络服务提供者的脆弱性所处的风险等级为二级，即风险较低。在第三层次的评价结果中网络服务提供者的自身风险处于三级水平且相对取值较低，而管理风险等级为二级且相对取值较高，所以即使前者权重相对较高，二者综合计算后得到的综合等级却为二级。同理，网络信息资源风险、环境风险综合计算所得的风险等级分别属于一级（风险很低）和二级（风险较低）。综上所述，第二层次的三个指标中，网络服务提供者的脆弱性和环境风险的风险等级均为二级，处于较安全状态，发生著作权侵权纠纷的可能性较低，网络信息资源风险所处的风险等级为一级，几乎不存在侵权的可能性。

5.3 第一层次可拓综合评价

与第二层次的评价类似，第二层次的评价结果构成了第一层次的评价矩阵，结合第一层次每个指标权重，得到某省图书馆网络信息资源著作权侵权风险的综合评价结果：

$$K_P = (0.309, 0.581, 0.110)$$

$$\begin{bmatrix} -0.187 & 0.237 & 0.192 & -0.371 & -0.547 \\ 0.262 & -0.250 & -0.163 & -0.578 & -0.701 \\ -0.402 & 0.308 & -0.067 & -0.401 & -0.628 \end{bmatrix}$$

$$= (0.050 \quad -0.038 \quad -0.043 \quad -0.495 \quad -0.645)$$

根据公式（8）可知，取值最大的分量所在的风险等级就为该省数字图书馆网络信息资源著作权的风险等级，即风险等级为一级。

5.4 结果分析

从上述计算过程可知，该图书馆网络信息资源著作权侵权风险的评估等级为一级，即存在著作权侵权的风险很低。这与实际是相吻合的，因为该省图书馆的网络信息资源主要是通过购买或以其他途径获得信息资源版权，然后再免费提供给注册用户，版权信息资源比例占80%；他们为用户提供网络上常用的工具软件和搜索链接服务，约占所有资源和服务的15%，且工具软件主要是网络上常用的免费工具软件，提供的链接服务可以适用于安全港原则，侵权的可能性较小，即使侵权也只是间接侵权；还有少数是自己收集、处理后发布给网络用户，但该比例只占5%，且主要是发布一些政务信息，不涉及到著作权问题。因此，不管从提供的服务内容还是从服务方式上来讲，其侵权的可能性均较小，加之其非营利的性质及在著作权风险管理方面的众多举措，更降低了其侵权的可能性。由此可见，基于可拓理论构建的网络信息资源著作权侵权风险可拓模型的评估结果与现实情形相一致，这些均说明本文的研究是合理可行的。

可拓理论的应用可以实现网络信息资源著作权侵权风险的评估，当指标值发生变化时，在原来的计算过程中只需要对指标值、指标范围的位置以及中间计算结果进行调整，就可以得到最终的评估结果。因此，网络服务提供者可以利用该动态风险评估结果较好地监控自身著作权侵权风险，并将其用于指导网络信息资源著作权侵权风险的管理实践。

6 总 结

基于可拓理论的网络信息资源著作权侵权风险评估模型能够较好地评估网络服务提供者的著作权侵权风险，对网络信息资源的开发、传播和利用具有重要意义。在利用可拓理论对网络信息资源著作权侵权风险进行评估时，指标取值范围的确定及指标的取值直接影响最终的评估结果，因此这两个方面的精确度是需要重点关注的问题。可拓评估模型的计算结果可以作为网络服务提供者的决策依据，可以使其在著作权侵权案件发生前采取必要的防治措施，从而降低运营风险。

参考文献：

[1] 北川善太郎．网上信息，著作权与契约［J］．外国法译评，1998（3）：38－47．

[2] 段维．网络版权保护论纲［M］．武汉：华中师范大学出版社，2012：1－3．

[3] 冉从敬．网络信息资源知识产权主体研究［J］．图书情报工作，2006，50（1）：80－93．

[4] 贺德方．我国数字化信息资源知识产权保护问题研究［J］．中国软科学，2006（5）：89－95．

[5] 邱均平，陈敬全．网络信息资源的知识产权管理研究（3）——数字图书馆著作

保护技术及其规避行为的法律对策［J］. 图书馆建设, 2003 (1)：31 – 33.

［6］ Timothy L W. Intellectual property：Everything the digital-age librarian needs to know ［M］. Chicago：American Library Association, 2008：23 – 26.

［7］ Wyatt A M, Hahn S E. Copyright concerns triggered by Web 2. 0 uses ［J］. Reference Services Review, 2011, 39 (2)：303 – 317.

［8］ Zimmerman D E, Muraski M. Only a click away-copyright infringement on the WWW Source ［C］// IEEE Computer Society. International Professional Communication Conference. Quebec：IEEE, 1998：251 – 258.

［9］ Fernandez-Molina J C. Contractual and technological approaches for protecting digital works：Their relationship with copyright limitations ［J］. Online Information Review, 2004, 28 (2)：148 – 157.

［10］ 陈传夫. 数字时代信息资源知识产权制度的现状与展望［J］. 大学图书馆学报, 2003 (2)：9 – 14.

［11］ 邱均平, 陈敬全. 中美数字化信息资源知识产权保护的比较分析［J］. 图书与情报, 2002 (2)：2 – 4, 7.

［12］ 张文德, 李婵. 基于 HHM 框架的数字图书馆知识产权风险识别［J］. 图书情报工作, 2011, 55 (15)：67 – 71.

［13］ 张文德, 袁圆. 数字图书馆知识产权风险评估［J］. 情报理论与实践, 2012, 35 (5)：20 – 22.

［14］ 冉从敬. 规避数字图书馆知识产权风险的策略分析［J］. 国家图书馆学刊, 2009 (2)：33 – 38.

［15］ 陈传夫. 馆藏文献数字化的知识产权风险与对策研究［J］. 图书情报知识, 2004 (5)：2 – 5.

［16］ 陈传夫. 开放软件资源的知识产权问题研究［J］. 大学图书馆学报, 2004, 22 (5)：11 – 15.

［17］ 贺德方. 我国科技期刊著作权流转中的问题及对策研究［J］. 中国科技期刊研究, 2013, 24 (1)：6 – 10.

［18］ 刘震, 张文德. WBS – RBS 在网络信息采集著作权风险识别研究中的应用［J］. 图书情报知识, 2011 (6)：86 – 92.

［19］ 李婵, 张文德. 网络信息资源著作权风险评估指标体系构建［J］. 图书情报知识, 2014 (2)：102 – 110.

［20］ 兰晓为, 彭小坤. "网络服务提供者"之微观解析［J］. 科技与法律, 2009 (5)：21 – 25.

［21］ Developing a copyright risk management plan ［EB/OL］. ［2013 – 08 – 27］. http：// www. copyright laws. com/wp-content/uploads/2010/05/Column-38-2008-3-Copyright-Risk-Management. pdf.

［22］ Saaty T L. The Modern Science of Multicriteria Decision Making and its practical applications: The AHP/ANP approach ［J］. Operations Research, 2013, 61 （5）: 1101 –1118.

［23］ 中华人民共和国著作权法（修正） ［EB/OL］. ［2013 – 08 – 27］. http：// www. gov. cn/banshi/2005-08/21/content_ 25098. htm.

［24］ 蔡文. 可拓集合和不相容问题 ［J］. 科学探索学报, 1983 （1）: 83 – 97.

［25］ 蔡文, 杨春燕. 可拓学的基础理论与方法体系 ［J］. 科学通报, 2013, 58 （13）: 1190 – 1199.

［26］ Chao K H, Chen Jingwei. State-of-health estimator based-on extension theory with a learning mechanism for lead-acid batteries ［J］. Expert Systems with Applications, 2011, 38 （12）: 15183 – 15193.

［27］ Wang Menghui, Chung Yukuo. Applications of thermal image and extension theory to biometric personal recognition ［J］. Expert Systems with Applications, 2012, 39 （8）: 7132 – 7137.

［28］ Xu Yuan, Zhu Qunxiong. A new extension theory-based production operation method in industrial process ［J］. Chinese Journal of Chemical Engineering, 2013, 21 （1）: 44 – 54.

［29］ Wong Heung, Hu Baoqing. Application of improved extension evaluation method to water quality evaluation ［J］. Journal of Hydrology, 2014, 509 （2）: 539 – 548.

［30］ 杨玉中, 冯长根, 吴立云. 基于可拓理论的煤矿安全预警模型研究 ［J］. 中国安全科学学报, 2008, 18 （1）: 40 – 45.

［31］ He Yongxiu, Dai Aiying, Zhu J, et al. Risk assessment of urban network planning in china based on the matter-element model and extension analysis ［J］. International Journal of Electrical Power & Energy Systems, 2011, 33 （3）: 775 – 782.

［32］ Zhang Limao, Wu Xianguo, Ding Lieyun, et al. A novel model for risk assessment of adjacent buildings in tunneling environments ［J］. Building and Environment, 2013, 65: 185 – 194.

［33］ 郑君君, 赵贵玉. 基于信息熵与物元可拓法的风险投资动态决策研究 ［J］. 经济评论, 2009 （3）: 122 – 129.

［34］ 李晓峰, 徐玖平. 基于物元与可拓集合理论的企业技术创新综合风险测度模型 ［J］. 中国管理科学, 2011, 19 （3）: 104 – 109.

［35］ Ren J, Manzardo A, Toniolo S, et al. Sustainability of hydrogen supply chain. Part II: Prioritizing and classifying the sustainability of hydrogen supply chains based on the combination of extension theory and AHP ［J］. International Journal of Hydrogen Energy, 2013, 38 （32）: 13845 – 13855.

［36］ 彭辉. 版权保护制度理论与实证研究 ［M］. 上海: 上海社会科学院出版社, 2012: 16 – 36.

［37］ 第31次互联网报告: 网民规模与结构特征. ［EB/OL］. ［2014 – 01 – 06］. http：//it. people. com. cn/n/2013/0115/c354305-20207435-2. html.

作者简介

李婵，福州大学经济与管理学院博士研究生，E-mail：shandongweifanglch@163. com；

张文德，福州大学信息管理研究所、福州大学信息化建设办公室教授，博士生导师；

蓝以信，福州大学经济与管理学院讲师，博士。

三网融合背景下的图书馆功能扩张与著作权诉求转移研究[*]

现代信息技术既扩张图书馆的信息功能，也为著作权法的变革提供巨大的驱动力。现在各国的电信网、广播电视网、互联网三网融合建设，为图书馆（主要指数字图书馆）的信息传播提供了更为方便的平台，图书馆通过一条通信线路就可以传送多样性的作品与信息，用户只需要一条通信线路就可以同时享受电信、电视、互联网三重服务，这也扩张了图书馆的信息功能：数字电视服务、移动数字图书馆服务、在线学习服务等新媒体服务将成为图书馆服务的重要形式。图书馆作品使用行为，也由阅览与复制延伸到作品的表演、放映、广播、展览、信息网络传播等方面。随之，图书馆著作权诉求也将发生新的转移：由模拟信号时期的复制权，扩张到数字时代的表演权、放映权、广播权、展览权、信息网络传播权等领域。因此，三网融合背景下，赋予图书馆何种法律地位，让图书馆享有何种著作权待遇，成为各国亟需解决的新课题。

1 三网融合下图书馆的新功能

2010 年 12 月，国家图书馆馆长周和平、文化部副部长杨志今在"国家数字图书馆推广工程"启动仪式上强调，图书馆要借助电信网、广播电视网、互联网三网融合的网络通道以及 VPN 等现代网络技术，建设海量分布式、多样化的公共文化资源库群；并积极搭建以国家数字图书馆为中心，以省、市、县级数字图书馆为节点的数字图书馆虚拟网；提供统一检索平台和统一服务平台，与各地的数字图书馆系统互联互通，从而实现国家数字图书馆和各地数字图书馆的成果在全国范围内的集成共享[1]。因此，融合三网的网络平台和丰富多样的新媒体资源，为各级各类图书馆的信息服务新业态打造了良好的基础。

---

* 本文系教育部人文社会科学研究青年基金项目"基于三网融合的数字图书馆著作权豁免诉求研究"（项目编号：12YJC870010）研究成果之一。

1.1 数字电视图书馆服务

三网融合概念在我国已提出多年，从国家"十五"规划、"十一五"规划、2008年中央"一号文件"到2009年政府工作报告，均就推进三网融合做出过明确规划。2010年1月13日，国务院常务会议决定加快推进电信网、广播电视网、互联网三网融合，并于21日下发推进三网融合的总体方案，标志着三网融合开始进入实质性推进阶段。现在我国广播电视运营商的NGB（下一代广播电视网）和电信运营商的光网城市，两条线路都已经相继启动，并力求以互联网为中心，在全国范围内建立完整的承载网，能高效承载高清晰度电视、数字音频节目、新型互动、高速数据接入和话音等三网融合业务，并同时具有可靠的服务保障和可管可控的网络运行属性。NGB目标是通过网络改造和新网路建设，实现全国数字电视网络的互联和双向互动，让现有视频资源产生更多附加值。光网城市则是在已经比较完备的电信网络上，实施宽带提速和工业化与信息化融合，实现多种宽带接入和无缝融合[2]。因此，融合电信、广播电视、互联网的网络实施，为图书馆新媒体服务提供了机遇。依靠新网路，或者对现有的有线电视网络进行技术改造，使其具备双向传输功能，既可以接入计算机，又可以接入电视机，使有线电视具备交互式功能，为图书馆的数字信息服务提供了优越的传输环境。图书馆通过数字电视平台，可以开展专业频道播出、视频点播、远程教育、数字参考咨询等新媒体服务。因此，对电视屏幕提供业务内容，已不再由广播电视机构一家独享，图书馆也将成为这个俱乐部的新成员。例如，现在国家图书馆就已经开通了电视频道，向全球读者提供无需注册的免费在线阅览服务，郑重宣示数字电视图书馆已走进了公众生活。

1.2 移动数字图书馆服务

随着手机上网（WAP）的传输速度越来越快，带宽不断增大，通讯终端如手机、PDA等越来越智能化，基于手机屏幕的移动数字图书馆服务的功能也将会越来越强大。移动数字图书馆提供的OPAC移动书目检索服务将成为多数图书馆的首要服务，可供读者检索图书馆的详细目录，查询到自己所借书刊情况以及进行电话或者短消息预约与续借。今后，提供在移动终端上使用的馆藏电子书刊、有声在线课程、音乐、视频资料将成为移动数字图书馆最主要的服务形式。移动数字图书馆不仅具有阅读便捷特点，还具有不受时空限制的优势，成为人们最方便快捷的电子阅读终端。这种形式不仅能够适应多元化的读者结构、快速的生活节奏以及变幻的生活场景，而且还能够营造一个真正的"任何时间、任何地点、任何内容"的学习氛围[3]。作为服务于公众文化、信息的门户机构，图书馆应主动抓住机遇，以新媒体网络作为传播平台，以手机、PDA等为终端来延伸自己的服务，扩大图书馆的服务面积，突破服务时间限制，使图书馆真正成为惠及全民的公共文化服务机构。例如，国家图书馆于2009年开始与中国移动手机阅读进行合作，将国家图书馆的公共领域图书资源、自有版权资源上传至中国移动手机阅读平台，供广大读者浏览、阅读，希望利用手机阅读平台推送国家图书馆优秀文化资源，使读者更为便捷地获取图书馆服务。2010年5月，国家图书馆又与中国移动公司签署战略合作框架协议，将手机阅读扩大到G3阅读器、移动互联网及终端等领域，推动国家图书馆移动服务迈向新台阶。

1.3　在线学习服务

当今，社会公众对按需学习提供内容的呼声越来越高，而具备交互功能的数字电视图书馆与移动数字图书馆服务将会彻底打破原本单一且僵化的学习方式，使学习变得更加具有弹性、多样性和针对性，以契合公众按需在线学习的新需求。正如英国大学联合信息系统委员会主任马尔科姆·瑞德所言：网络环境尤其三网融合环境中，社会公众以及在校学生们将变得更为开放、互动与共享，他们遇到问题时最可能的做法就是与互联网上的伙伴讨论，或者提出问题，寻求帮助，然后相互分享各自的发现。公众学习方式的变化，已经开始对教育、研究、图书馆等服务机构的角色产生影响；社会公众要求教育机构开放教学资源的呼声也变得更为响亮[4]。现在英美等国已经开始尝试免费开放教育资源，这也为图书馆服务公众学习提供了契机：一方面，图书馆可无偿获取开放的教育资源作为其资源的有力补充；另一方面，图书馆还可以利用三网融合下的手机、电视、电脑互动功能，为公众提供互动式在线学习服务。这样，社会公众就可以选择在美国哈佛大学上网注册，浏览来自英国牛津大学的在线演讲，参加印度孟买大学的在线讨论，进行其他国家大学的在线测试。因此，数字电视图书馆、移动数字图书馆等新媒体服务，为公众按需在线学习提供了更丰富的技术手段或方法，也为建立学习型社会提供了重要的支撑。

1.4　流媒体服务

随着三网融合的推进、3G的运营与发展、网络带宽的增加，网络终端不断地创新，网络内容将日益丰富，流媒体服务与IPTV、手机、电视等业务一样，也获得很大的发展空间。一般来说，三网融合业务的内容将由内容提供者、内容集成者、信息服务提供者、网络运营商、终端制造商和用户组成。内容提供者对信息内容编辑、制作、生产以后，通过市场渠道将生产的信息服务产品销售给内容集成者；内容集成者则根据市场需要，将信息内容重新进行组合，并对重新组合的内容进行简单的外部包装和叠加；内容集成者的集成产品再由信息服务提供者进行业务集成，将多家内容集成者的产品以及相关的通信业务进行集成，然后再通过网络运营商最终传送给用户[5]。

随着多媒体信息在图书馆信息资源中所占的比例越来越大，流媒体服务也成为图书馆拓展信息服务的新选择。流媒体又叫流式媒体，流式传输方式是将整个 A/V 及 3D 等多媒体文件经过特殊的压缩方式分成一个个压缩包，由视频服务器向用户计算机连续、实时传送。在采用流式传输方式的系统中，用户不必像采用下载方式那样等到整个文件全部下载完毕，而是只需经过几秒或几十秒的启动延时即可在用户的计算机上利用解压设备，对压缩的 A/V、3D 等多媒体文件解压后，使其从远方源源不断地传输而来，这一股流来的数据一到达本地就能呈现在用户面前，从而实现媒体浏览的实时性。流媒体技术的应用为图书馆新媒体资源的建设与服务提供了强有力的技术支持，也使得图书馆成为三网融合业务中的网络内容提供与网络内容集成有力的竞争者。原因在于网络内容提供和内容集成方面，电信运营商不掌握节目源，主要依靠广播电视机构、互联网和图书馆等机构来提供内容，而广播电视机构与互联网提供内容重在事实、新闻、视频等方面，图书馆提供内容重在馆藏特色资源方面；加之三网融合为推广高品质的流媒体业务提供了网络基础，越来越多的用户对流媒体服务有强烈的需求。因此，抓住机遇，注重特色，形成优势，为用户提供流媒体服务，是三网融合环境中图书馆义不容辞的责任。

2 三网融合下图书馆著作权诉求的新转移

三网融合背景下，数字电视图书馆、移动数字图书馆、交互式在线学习服务等新媒体服务职能的个性因素特性以及社会价值，为图书馆著作权诉求的伸张提供有力的支撑。而伸张表演权、放映权、广播权、展览权、信息网络传播权等著作权豁免，也是图书馆拓展新职能的法律保障。

2.1 赋予图书馆表演豁免权

表演权是指著作权人依法享有的对其作品公开表演的权利，我国《著作权法》将表演权定义为：公开表演作品，以及用各种手段公开播送作品的表演的权利。与《伯尔尼公约》一致把"公开表演作品"的现场表演和"用各种手段公开播送作品的表演"的机械表演，都整合进表演权[6]。大多数国家的法律规定对未发表作品，作者享有许可或者禁止他人表演的权利；对于已经发表的作品，作者的表演权主要表现为使用费请求权，一般无权禁止他人表演。经营场所通过播放设备播放有关作品，可以不经过作者许可，但应当向其支付报酬。例如，我国《著作权法》第42条规定，广播电台、电视台播放他人未发表的作品，应当取得著作权人许可，并支付报酬；播放他人已发表的作品，可以不经著作权人许可，但应当支付报酬。第37条第3款规定：表演者有权许可他人从现场直播和公开传送其现场表演，并获得报酬；第6款规定：表演者有权许可他人通过信息网络向公众传播表演，并获得报酬。

模拟信号时期，图书馆的服务一般不会涉及表演权问题，我国著作权法也没有关于公益性图书馆等机构的表演权限制性规定。随着三网融合的发展，图书馆的新媒体信息服务就会不可避免地涉及传播作品表演的视频方面。依照我国《信息网络传播保护条例》第11条，通过信息网络提供他人表演、录音录像制品的，应当遵守本条例第6条至第10条的规定。其中第7条规定："图书馆、档案馆、纪念馆、博物馆、美术馆等可以不经著作权人许可，通过信息网络向本馆馆舍内服务对象提供本馆收藏的合法出版的数字作品和依法为陈列或者保存版本的需要以数字化形式复制的作品，不向其支付报酬，但不得直接或者间接获得经济利益。当事人另有约定的除外"。据此，图书馆可以不经著作权人、表演者许可，通过信息网络向本馆馆舍内服务对象提供作品的表演，且不支付报酬。但是，随着表演和传播作品的表演越来越成为图书馆重要的服务形式，仅限于馆舍内向服务对象提供表演或者在图书馆局域网内向读者提供作品的表演，这与国家推进三网融合降低重复浪费、促进信息资源广泛共享的宗旨相违背，也使得图书馆拓展公共文化服务职能的信心受损。

作为知识产权大国，美国的《著作权法》对公益性图书馆、教育等机构赋予表演权的条件较为宽松，其《著作权法》第110条第1项规定：非营利性文化、教育机构在教室或类似场所（如图书馆等）面对面进行的表演或展示受著作权保护的作品，不构成侵权。同时，第2项规定以下情形，传播受著作权保护作品的表演或展示免责：①表演或展示是非营利性文化、教学活动的正常内容；②表演或展示与所传输的教学内容直接相关并对其有直接帮助；③传输是在教室或类似的地方进行接受。它并没有规定传输作品的表演仅限于馆舍和教室，也没有规定仅限于在局域网络内进行传输而是仅规定限于教育目的或图书馆等机构辅助教育之目的，规定接受表演地为教室或图书馆等辅助教学的地方。这无疑为我们提供了一个较好的立法示例。作为发展中国家，也应该建立与本国的发展阶段和发展水平相适应的知识产权法律制度[7]。因此，笔者认为，只要坚持公益性服务，坚持非公众传播，图书馆就可以为教学的目的进行著作权作品的现场表演，也可以通过图书馆局域网或者其他网络向在本馆注册的读者传播作品的表演。

2.2 赋予图书馆放映豁免权

放映权,是将作者享有的通过放映机、幻灯机等技术设备公开再现美术、摄影、电影和类似摄制电影的方法创作的作品等的权利。我国《著作权法》第 10 条第 10 款也是这样规定的。这一权项之所以限定特定的客体——美术、摄影、电影和类似摄制电影的方法创作的作品,主要是因为这些作品只有通过放映才能实现著作权人的经济利益。而其他类型的作品从技术效果上不适宜放映,或者通过放映在经济上没有太大价值。赋予图书馆放映豁免权在世界上并没有现成的立法例。我国关于合理使用的规定所列举出的 12 种合理使用的情况中,也难以寻求到图书馆享有放映权豁免的文字。《伯尔尼公约》对合理使用作出限定:仅适用于作品的复制、翻译和广播三种方式。因此,依靠《伯尔尼公约》也难以找到图书馆分享放映权的依据[8]。但是,依据美国《著作权法》对合理使用确立的 4 项标准,可以为图书馆获取表演豁免权开辟新的路径:图书馆只要恪守公益性目的、不大量放映或放映作品精华部分、不对作品的市场和存在价值产生影响,就可以以合理使用著作权作品为抗辩理由,享有一定的放映豁免权。因为我国《著作权法》合理使用制度就是参照美国著作权法来制定的,并采取原则性与列举式相结合方法,来防止合理使用存在的漏洞,所以图书馆依四要素来伸张放映豁免权,也可以作为我国《著作权法》弥补 12 种合理使用情况遗漏的例证。

2.3 赋予图书馆广播豁免权

广播权是指作者享有以无线方式公开广播或者传播作品,以有线传播或者转播的方式向公众传播广播的作品以及通过扩音器或其他传送符号、声音、图像的工具向公众传播广播的作品的权利。早期广播以无线为主,随着三网融合的技术发展,广播权的内涵和外延均得到全面拓展,它不仅可以涵盖真正意义上的无线广播行为,而且还可用来控制直接的有线广播和通过有线、中转站对广播节目的转播。只要是"异地同时"获取作品的无形再现方式,均可由广播权进行调整[9]。关于已发表的著作权作品的播放权,许多国家的著作权法以及《伯尔尼公约》都把作者的播放权"法定许可"给播放者:播放者依据法律明文规定,可以不经著作权人许可而播放作品,但应当支付使用费。我国 1991 年版的《著作权法》对于播放已经出版的录音制品的行为,规定营利性组织需要获得许可,并支付报酬;非营利性机构为合理使用,即无须获得许可,也不必支付报酬。当时这一规定主要是针对广播电视组织的。由于广播电视组织在网络环境中和市场经济体制下，性质逐步发生变化，立法者认为已经不存在非营利性的播放行为。因此，2001年我国《著作权法》就取消了该合理使用的规定[10]。三网融合的技术平台的应用，使得图书馆将业务范围扩展到广播领域，意味着非营利性广播行为又重新回归。因此，"非营利性"、"公益性"能否成为图书馆享有广播豁免的核心因素，是立法者必须慎重考量的。面对现已启动的《著作权法》第三次大的修改，图书馆界对赋予自己广播豁免权也非常期待。诚然如此，可彰显我国《著作权法》对图书馆等公益性事业的关注，这也与党和政府的坚持公益性文化事业的改革、建设惠及全民的公共文化服务体系、保障人民基本文化权益的政策相吻合。

2.4　赋予图书馆展览豁免权

展览权是指作者享有的对其作品进行展览的专有权，具体指公开陈列美术、摄影作品的原件或者复制件的权利。理论上讲，各类作品的作者都享有展览权，但是，各国的著作权法对于哪些作品赋予展览权存在较大的差异。如德国《著作权法》规定，展览权是指将未发表的造型艺术作品和摄影作品的原件或复制件公开展示的权利。美国《著作权法》规定，享有著作权的文字、音乐、戏剧、舞蹈、哑剧、绘画、雕刻、电影或者音像作品中的个别图像，都可以成为展览权的对象。我国《著作权法》对美术、摄影作品给予了较高水平的保护：展览权的客体既可以是原件，也可以是复制件；既可以是已经发表的作品，也可以是尚未发表的作品。展览权所涉及的展览方式有三种：一是作品在各种公开的展览、陈列场馆内的展出；二是作品在公共场所的放置或者陈列；三是作品在影视节目中展示，通过影视节目展示必须是以该作品为直接目的[10]。一般来说，图书馆对于美术和摄影作品的复制件与原件的收藏量较大，收藏的目的就是向读者提供作品的阅览与展示。对于图书馆向读者提供阅览，在图书馆内或者在特定场所进行非营利性展览，都属于以传统方法向特定群体展览，不存在著作权侵权的风险。在三网融合技术的支持下，图书馆对于馆藏美术与摄影作品进行扫描与加工，制作该作品短片，通过图书馆局域网、联盟网向注册读者展示，或以馆际互借形式传递给其他图书馆，都属于以新方法对作品进行的展览。依据美国《著作权法》合理使用四标准或者《伯尔尼公约》三步检验法，图书馆坚持非营利、在一定范围之内、面对特定群体进行展览，属于合理使用的范畴。

2.5　赋予图书馆信息网络传播豁免权

三网融合的技术条件下，图书馆将馆藏作品数字化以及对馆藏数字作品进行一定范围的网络传播，是对作品进行新型展示和保存所需要的。图书馆

224

通过本馆的局域网或者联盟网向本馆注册读者提供本馆收藏的合法出版的数字作品，或者是为了馆际互借传递作品，或者是出于陈列或保存版本的需要以数字化形式复制的作品，一般都能够满足以下条件：①主体要件，即坚持公益性性质。网络环境下，图书馆依然是接受政府财政支持的，公益性色彩不仅没有褪色，反而越来越浓厚。例如，2011 年 1 月 27 日，文化部和财政部要求 2011 年年底之前公共图书馆、文化馆实现无障碍、零门槛进入，公共空间设施场地全部免费开放，所提供的基本服务项目全部免费。并且，不以获取经济利益为目的，为公众提供免费服务也是图书馆存在的价值所在。②技术要求，现代的图书馆为维护著作权利益采取技术措施（如权限设置、加密和数字签名技术、数字水印技术、认证技术），不仅使得读者不能随意复制作品，还可以有效防止读者通过信息网络进一步传播该作品；图书馆还能够针对著作权作品的不同形式开展区分服务，可以有效地维护著作权人和读者双方的利益。③作品要件，即本馆收藏的合法出版的数字作品，目的是为陈列或者保存版本的需要，以数字化形式复制或传播本馆收藏的作品。④数量限制，作品复制与传播控制在一定份数内，才能够获得法律的包容。例如，美国 1995 年发布的《知识产权和国家信息基础设施白皮书》允许图书馆对作品制作 3 份数字化形式的复制品，该建议也得到了 1998 年美国《数字千年版权法案》的认可，数字复制与传播一般控制在 3 份以内也被图书馆界广泛接受[11]。⑤利益分享限度，图书馆进行信息网络传播，不得实质性地损害著作权人的权益，且必须是出于公共文化事业之目的，图书馆服务过程中一般都能够遵守这项基本的要求。基于上述条件，图书馆可以不经权利人同意，也无须支付报酬，进行作品的有限度的网络传播。

科学技术的发展使图书馆的信息功能不断扩张，新媒体信息服务也日益成为图书馆的主要服务形式。赋予图书馆"适当的"表演权、放映权、广播权、展览权、信息网络传播权，将有效保证图书馆享有的著作权待遇与其功能相匹配，也将有利于发挥图书馆在国家文化服务体系中的重要作用：维护公众利益及公共利益，促进文学艺术和科学技术繁荣，促进人类社会可持续发展。

参考文献：

［1］ 张庶卓. 国家数字图书馆推广工程启动［EB/OL］.［2011 – 08 – 20］. http：//www. chinanews. com/cul/2010/12-15/2724741. shtml.

［2］ 光网城市：IPTV 和智慧城市共进［EB/OL］.［2011 – 09 – 15］. http：//www. enfodesk. com/SMinisite/index/articledetail-type_ id-2-info_ id-235290. html

［3］　郭溪川. 国内外基于3G网络的移动数字图书馆实践现状和创新应用［J］. 图书情报工作，2011，55（9）：54 - 57.

［4］　英国大学开放学习实施项目成效明显［EB/OL］.［2011 - 09 - 20］. http：//www. open. ac. uk/.

［5］　三网融合的创新模式［EB/OL］.［2011 - 09 - 20］. http：//www. sarft. net/a/31694. aspx.

［6］　Ricketson S, Ginsburg J C. International copyright and neighboring rights：The Berne Convention and beyond［M］. Oxford：Oxford University Press，2006：302 - 304.

［7］　UK Intellectual Property Committee. The combination of intellectual property and development policy［EB/OL］.［2011 - 11 - 20］. http：//www. iprcommission. org/papers/word/Multi.

［8］　吴汉东. 知识产权法［M］. 北京：北京大学出版社，2007：67 - 68.

［9］　王迁. 著作权法［M］. 北京：北京大学出版社，2007：124 - 125.

［10］　李永明. 知识产权法［M］. 杭州：浙江大学出版社，2004：107 - 109.

［11］　Information infrastructure task force：The report of the Working Group on Intellectual Property and the National Information Infrastructure，1995［EB/OL］.［2011 - 11 - 25］. http：//www. lectlaw. com/files/inp12. htm.

作者简介

吉宇宽，男，1972 年生，副教授，硕士，发表论文 47 篇，参编著作 1 部。

226

图书馆服务的新定位与分享著作权利益的新内涵[*]

近年来，特别是"十一五"规划期间，中国公益性文化事业的改革与发展取得长足进步，惠及全民的公共文化服务体系正在形成，人民基本文化权益得到更好保障，逐步探索出一条中国特色的公益性文化事业发展道路。在党和政府的正确指导下，图书馆也进一步明确了自己的功能和定位，把加强公益性文化服务摆在突出的位置；明确了图书馆作为公益性文化事业与经营性文化产业的界限；服务机制不断地创新；文化服务渠道和方式进一步拓宽[1]。图书馆公益性服务的准确定位与功能的适变，使图书馆的法律地位得以重新界定，也意味着我国图书馆在建设与服务中分享著作权利益将被赋予新的内涵。

1 图书馆服务的新定位

各级公共、高校、科研、情报图书馆（包括数字图书馆）构成了我国公益性文化事业的主体。前些年，图书馆特别是在数字图书馆建设起步阶段，对自己的服务定位不明确，是走公益性服务道路还是实行市场化运作选择不定。政府当时也没有明确的指导，致使很多数字图书馆服务模式混乱，有的坚持公益性服务，如大学数字图书馆国际合作计划（CADAL）；有的走公益性服务兼商业化辅助道路，如服务于国家数字图书馆的中国数字图书馆有限责任公司。加之当时许多经营性数字公司自称数字图书馆，致使公益性文化事业和经营性文化产业混淆不清。尽管 2007 年 10 月文化部下发《关于加强公共图书馆电子阅览室管理的通知》，要求图书馆坚持公益性原则，不得从事营利性活动，但有些公益性图书馆仍收取成本以外的费用，致使图书馆声誉及形象受损。"十一五"规划期间，党和政府从满足人民群众不同层次的文化需求出发，对公益性文化事业和经营性文化产业作了区分。指出公益性文化事

* 本文系河南省教育厅社会科学重点基金项目"图书馆促进信息资源共享与知识产权和谐统一的价值研究"（项目编号：2010 – ZD – 006）研究成果之一。

业是满足人民群众基本文化需求的主要手段，必须以政府为主导，加大建设投入；经营性文化产业是满足人民群众多层次、多样性精神文化需求的重要途径，必须面向市场，加快发展步伐。因此，各级公共、高校、科研、情报图书馆属于我国文化事业单位，要把公益性文化服务摆在首位。严格地说，超星数字图书馆、书生之家和 CNKI、维普期刊等属于数字公司，是经营性文化企业，须走市场化道路。政府不仅科学地区分了文化事业和文化产业，还要求图书馆、博物馆等向公众免费开放，业已取得了巨大成就。2011 年 1 月，文化部和财政部又进一步要求在 2011 年年底之前，国家级、省级美术馆全部向公众免费开放，全国所有公共图书馆、文化馆实现无障碍、零门槛进入，公共空间设施场地全部免费开放，所提供的基本服务项目全部免费。可以说，为了使文化服务与经济建设相协调，更好地满足人民群众的文化需求，图书馆走公益性的服务道路进一步明确，并在国家政策层面上得到重新定位。

2 图书馆分享著作权利益的新内涵

不同性质图书馆的法律地位并不相同，图书馆在著作权法中的地位，决定了著作权制度在调整同其相关的权利主体利益关系时所采用的方式与原则。数字环境中，坚持传统服务的图书馆在著作权法中的地位没有改变，而数字图书馆因早期的公益服务与营利服务共存，没有得到和传统图书馆相匹配的法律地位。随着图书馆公益性质的明确界定，图书馆（尤其数字图书馆）与文化产业纠缠不清、干扰立法的局面逐步去除，图书馆的专有属性和功能将决定其在著作权法中的地位，构成其分享著作权利益的基础，也是立法者必须重新考量的因素。

2.1 图书馆在著作权法中的地位再审视

2.1.1 图书馆：著作权私权利益与公共利益调节器

图书馆是作品、信息传播者，也是公共利益的维护者。图书馆在资源建设中，通过文献信息资源的采购回报作品创作者，保障作者作品成本利益的回收，甚至实现创作者追求利益的最大化，进而刺激人类创作激情，维护人类持续创新的动力。图书馆还依据著作权合理使用、法定许可、强制许可等限制制度和原则，保证社会公众正常接近作品。因此，图书馆既有维护公共利益的一面，也有促进作品广泛传播，保障著作权人个人利益的一面。公共利益需借助图书馆这个中介机构，为发展教育事业、推广和普及科学文化知识、保存人类文化遗产以及为公众获取和接受这些科学文化知识提供基本保证。因此，为了满足公共利益的需要，著作权法允许公益性图书馆在某些情况下，可以不经过著作权人同意而自由使用作品。据调查，世界知识产权组织（WIPO）现有 184 个成员国中，共有 128 个国家的著作权法律至少规定了一项适用于图书馆的著作权限制，比例达到 69.57%（128 /184）[2]。而且多数著作权法关于图书馆例外的规定并不止一项。比如，美国《著作权法（2007）》体现著作权限制的条款为第 107 条和第 108 条。各国著作权法为保护社会公共利益都做出具体的规定，也充分显示了著作权制度保护著作权人利益、平衡著作权人权益和社会公众权益的二元价值。因此，图书馆在读者（社会公众）和著作权人之间发挥积极的调节作用，理应是促成著作权法吸收、引进图书馆因素的重要缘由。

2.1.2　图书馆：共有领域的守望者

著作权法保护的著作权专有之外的作品是处于共有领域的。通常是没有纳入到著作权法中的作品、保护期限已经届满的作品以及权利人放弃著作权的作品，是人类共同的知识财富。各国著作权法都规定了著作权的保护期，过了保护期的作品自然进入共有领域。《安娜女王法》将保护期定为14 年。在 14 年届满后，如果作者还健在，还可以另外享有 14 年的保护期。美国 1976 年的《著作权法》将著作权保护期限规定为作者终身及其死后 50年。1998 年美国国会又通过《著作权期限延伸法》，将个人著作权期限延长到作者去世后 70 年，而将公司的著作权延长为 95 年。在国际上，著作权期限延长的趋势在不断地扩张[3]。著作权期限的延长意味着对公众义务的加重、对公众自由接近知识和信息限制的强化，也意味着共有领域大大的减损。

图书馆在传播知识、服务教育和科学研究的过程中，对著作权作品利用情况及应赋予多长时间的保护，有比较清楚的了解，对作品保护期限的调整拥有话语权，有责任、也有义务帮助立法者确立"适当"作品保护期。过短的保护期可能阻碍作品收回投资和获得利益，不是图书馆追求的目标；而过长的保护期也是图书馆反对的；确立"适当"的、有利于保障著作权私权利益和社会公众利益平衡的保护期是图书馆的坚决主张。作为共有领域的守望者，一方面图书馆在主动、坚决地守卫着共有领域的作品、信息资源；另一方面图书馆界也一直在期望政府或立法机构从平衡私权利益和公共利益出发，加强公权对私权的干预，"适度"地维护共有领域。从这一点来看，著作权法注入图书馆的成分，赋予图书馆应有的法律地位不容忽视。

2.1.3　图书馆：著作权限制的倡导者

图书馆是著作权限制的享受者，也是权利限制的积极倡导者。针对网络环境中作品使用和传播方式发生的巨大变化，著作权人认为，作品在网络空间的失控而影响到其利益，必须对合理使用等著作权进行严格地限制；使用者认为，权利范围越大，对权利的限制也应越多，网络著作权的扩张必然意味着这种权利限制的扩张，网络环境下著作权人的利益都延及数字传输，使用者的合理使用权利反而受到严格限制是不合理的[4]。其实传统的维护公众广泛接近作品的权利限制和例外，在信息网络空间仍然具有相当的生命力。这种合理使用的原则适用到信息网络环境中，主要是基于著作权法中的公共利益的考量。随着信息网络技术的普及，图书馆以及大学和其他教育研究机构对这一原则表示了充分的认同。国际上也对数字环境中合理使用给予了充分考虑。如《世界知识产权组织版权条约》（WCT）第 10 条允许成员国在他们自己的、根据《伯尔尼公约》可以被接受的法律中将限制与例外适用到数字环境中。在数字环境下，作品的用户复制和分享作品变得更加容易，读者对于著作权作品同样具有阅读、浏览以及以其他形式使用著作权作品的权利。因此，图书馆应读者个人的要求，打印电子出版物部分内容的一个复制品；读者为永久性储存的需要，把电子出版物的一部分复制到磁盘；应读者个人的要求，为永久性电子储存的目的，图书馆将网络作品通过计算机网络传输等，均为合理使用[5]。为了公共利益，对临时复制，远程教学中产生的复制，为个人学习、研究、欣赏目的而进行的复制，网络服务提供者利用计算机系统在提供信息网络服务过程中产生的复制等应纳入合理使用范围，这是图书馆的一贯主张。此类主张符合 TRIPs 协议要求：各成员国基于公共利益、防止权利滥用可以对著作权进行限制；也符合著作权限制的原理：当著作权扩张到某一领域时，相应的著作权限制也就"接踵而来"，这种著作权扩张与限制的内在联系，实质上体现了被扩张了的著作权在新层次上权利人利益与社会公众利益新的平衡[6]。离开图书馆这个公益性机构对著作权限制的关注，著作权法的调整有可能出现向著作权人偏离的危险。

2.2　图书馆分享著作权利益的新诉求

2.2.1　赋予图书馆"有限的"信息网络传播权

在特定时间内只允许读者同时获取同一著作权作品的"有限提供"方式，是图书馆在我国现行著作权制度下所应具备的必要特征。在数字环境中，图书馆能否大规模传播作品、信息以及享受例外的问题，学界尚有很大的争论。2001 年的《著作权法》新增了信息网络传播权但并未设置合理使用条款，关于图书馆享有信息网络传播权的问题也没有任何文字表述。2006 年 5 月颁布的《信息网络传播权保护条例》（以下简称《条例》），也仅在第 6 条、第 7

条规定合理使用规则，但是将公众、图书馆、教育机构等利益主体，按照模拟环境的要求，一刀切地定位为"使用者"，缺少对其中个性因素和特殊地位的考虑，导致该两条规定与《著作权法》第 22 条的规定几乎没有出入[7]。面对即将开始的著作权法修订，笔者认为，图书馆只要坚持公益性服务，在图书馆局域网或联盟网络内，对作品传播份数进行控制，即可以享有信息网络传播权。理由如下：

● 图书馆有其专有特性，应设专门图书馆规则。信息网络传播权合理使用的主体是公众、图书馆、教育等机构，而图书馆在我国社会主义公共文化建设事业中具有举足轻重的地位，只有在制度层面体现出政策考量和价值选择，才可算切中了网络公共文化建设的主动脉。虽然《条例》意识到了这一点，专门设计了两个法律条文予以规制，但是没有界定各合理使用主体之界线，也没有进行大胆的规则创新，致使图书馆利用网络从事公益性信息传播活动和开展公共文化建设受到影响。

● 从限制角度出发，应突出图书馆地位。按照比伊当和迪索利耶的说法："尽管在新的数字环境下只能继续维持已有的例外，但同样可以肯定的是，不能忽视这种维持对图书馆和教育机构的影响和作用，也不能忽视这种维持给作者和作品的使用可能造成的损害"。因此，调整图书馆等公益性机构的合理使用就成为法律规制的重点。而《条例》第 6 条仅简要规范了教育、图书馆等机构适用合理使用的条件，重点并不突出。第 7 条虽然旨在规范图书馆等机构的合理使用，也存在较大的问题：规定合理使用的范围仅限于规范本馆收藏的数字作品，而将营利性和公益性图书馆等机构在互联网上提供其他数字作品一律认定为需要借助授权许可，这可能影响公益性图书馆的公共文化服务功能的实现。再者，也没有规定公益性图书馆可以通过本馆的网络阅览系统供馆外注册读者阅览本馆收藏的数字作品的合理使用，而这恰恰是未来利用网络发展公共文化建设、缩小城乡"数字鸿沟"的制度依据。而早在2005 年国家版权局公布的《条例》（草案）第 6 条规定，只要公益性图书馆满足提供网络阅览的作品已经合法出版 3 年以上、阅览系统不提供复制功能、阅览系统能够准确记录作品的阅览次数且能够有效防止提供网络阅览的作品通过信息网络进一步传播，就可享有一定的信息网络传播权。尽管最终没有确定下来，但是关注图书馆向馆外读者提供作品的初衷值得肯定[7]。

● 图书馆为阻却商业传播作出巨大努力。设置一定的技术监控手段，防止数字作品的非法利用与商业性传播，是维护著作权人利益的重要手段，也是图书馆赢得信息网络传播权应担负的责任。知识产权保护技术包括著作权管理、著作权控制等，其中著作权保护问题已在原有计算机读取管理技术以及域名管理技术的基础上较好地得到了解决，版本控制主要是一个动态跟踪、识别与标识的问题，在现代技术条件下也是应该能够很快解决的，如：权限设置、加密和数字签名技术、数字水印技术、认证技术等。现在图书馆已经开始利用这些技术手段，针对著作权作品的不同形式开展区分服务，来维护著作权人和读者双方的利益。有些图书馆还在公共信息服务网站中发布通告，不愿自己的著作上网公开的著作权人可申请将其作品从网站中删除，国家图书馆基本上采取的是这种模式。据《光明日报》介绍，上网至今，拿走者没有，拿来要求上网者却络绎不绝。因此，正确区分公益性图书馆与营利性数字公司的服务性质，赋予图书馆"有限的"信息网络传播权，从而提高图书馆传播作品的积极性，提升图书馆在服务文化、教育和经济建设方面的核心价值，应是立法者考量的重要因素。

2.2.2 "适当"扩张图书馆的复制权

基于保护版本与陈列需要，各国著作权法都赋予图书馆复制豁免权。随着数字图书馆的发展，图书馆的复制豁免权也需"适度"扩张，才能够与日益扩张的著作权相适应。以营利为目的而大量复制会严重影响著作权人的合法权益，而公益性图书馆对自己所收藏作品的数字化，是在新技术条件下对作品的新型展示和保存所必须的，坚持不涉及数字作品的发行和商业性传播，并将数字作品的传播控制在一定范围，即进行馆际传播和馆内传播，不属于向公众传播，就不会侵犯著作权人的网络传播权。针对 2001 年我国《著作权法》仅允许图书馆复制本馆收藏的作品的规定，学界建议图书馆结成共同体来规避著作权风险，即按照馆藏情况进行分工，共同体中的各个成员馆分别将有价值的馆藏作品数字化，最终借助于有限的网络传播，以馆际互借的形式提供服务。从国外的情况看，美国《著作权法》第 108 条：允许图书馆、档案馆为自己保存与替代的需要，以原样形式制作复制品和录音制品，其条件是上述机构虽经努力仍无法以合理的价格购买一份未经使用的取代本。而美国《数字千年著作权法》第 404 条对其《著作权法》第 108 条中有关图书馆的豁免条款加以修订，允许图书馆制作 3 份包括数字复制件在内的馆藏复制品，而且如果原复制格式已被淘汰，在线复制品的设备已不再生产，还允许图书馆制作新格式的复制件。但是，图书馆不能将数字复制件向图书馆建筑物以外的"公众"传播。美国《数字千年著作权法》允许图书馆以数字方式复制并保存馆藏作品，而且允许图书馆以电子方式将复制品出借给其他图书馆。图书馆界极为珍视自己积极参与著作权法修订所争取的这一豁免权，美国图书馆协会的卡罗尔·亨德森对《数字千年著作权法》允许数字复制品的馆际互借给予了充分肯定。我国《著作权法》第22条允许图书馆、档案馆等为陈列或者保存版本的需要而复制有著作权的作品。该类使用应具备以下条件：①复制的作品限于本馆收藏的作品或已经合法提供给公众的作品；②复制的数量必须出于保存与替代需要，不得销售与出租；③复制不得与作品的正常使用发生冲突，也不得损害著作权人的合法权益[8]。在图书馆合理使用的情形中，多数国家除规定保存与替代复制外，还允许向阅览人提供有限制的复制品，如英国著作权法第37-41条、日本著作权法第31条、俄罗斯著作权法第20条都有类似规定，而我国著作权法却没有。因此，我国关于图书馆使用的条款须作进一步修订完善，允许图书馆复制和使用其复制的收藏作品，条件是：①为其保存资料或替换损毁遗失作品样本的需要；②为同类性质的机构保存与替换的需要，复制绝版或难以购得的作品；③为阅览人个人学习、研究的需要，可以使用图书馆的复制品。

此外，《条例》对包括图书馆在内的网络服务提供者服务器的暂时性复制不予认定为合理使用也须进行调整。澳大利亚《版权修正案（数字备忘录）》规定：临时复制是制作或接收某一信息技术过程的一部分，在信息本身不侵权的前提下，它不侵犯版权。欧盟"版权指令"第5条第1款也规定临时复制享有侵权豁免。如果我国对网络服务提供者服务器的暂时性复制不认为是合理使用，就很难有图书馆被认定为是对信息网络传播权的合理使用。

参考文献：

［1］ 欧阳坚. 深化公益性文化事业单位改革 推动公共文化服务运行机制创新. ［2011 - 02 - 10］. http：//news. sohu. com/20100712/n273440149. shtml.

［2］ Crews K D. Study on copyright limitations and exceptions for libraries and archives. ［2011 - 02 - 28］. http：//www. wipo. int /meetings /en /doc＿details. jsp? doc＿id =109192.

［3］ Crews K. Copyright law for librarians and educators：Creative strategies and practical solutions. Chicago：American Library Association, 2006：8.

［4］ Aktekinligur. Keeping up with WIPO. Managing Intellectual Property, 2007（17）：72 -73.

［5］ Mason H. Public interest objectives and the law of copyright. Journal of Law and Information Science, 1998（9）：112.

［6］ 冯晓青. 著作权扩张及其缘由透视. 政法论坛, 2006（11）：74 -87.

［7］ 梅术文. 信息网络传播权合理使用的立法完善. 法学, 2008（6）：103 -112.

［8］ 吴汉东. 著作权合理使用制度研究. 北京：中国政法大学出版社, 2005：330 -338.

作者简介

    吉宇宽，男，1972 年生，副教授，硕士，发表论文 45 篇，参编著作 1 部。

学术信息资源数据库商
"独家授权策略"的垄断性分析[*]

1 问题的提出

21 世纪的一个重要特征是知识已成为重要的生产要素，知识的总量急剧增加，知识更新周期越来越短。作为知识保存和传播的主要载体，学术信息资源数据库（以下简称为"数据库"）在知识服务领域中扮演着越来越重要的角色，对数据库知识产权实施产权保护的观点在国际社会得到了普遍认可，有的国家甚至制定有专门针对数据库保护的法律，如欧盟的《数据库的法律保护指令》[1]、英国的《版权和数据库权利条例 1997》[2] 等。我国《著作权法》第 14 条中有关汇编作品的保护条例也可以扩展到对数据库的保护。

然而，知识产权制度在一定程度上又偏离了激励创新、维护公平竞争和增进社会福利的目标，表现出一种国际化的"异化"趋势[3]，对数据库的保护尤其如此。高昂的价格限定了数据库在更大范围内的应用，阻碍了科技知识的有效传播与充分交流，与社会公众对知识的自由获取需求不相适应[4]。在国外，数据库商仰仗集团化的出版机构所拥有的大规模、高质量的信息资源，对包括我国在内的发展中国家采取了一种先低价进入，再逐年加价的掠夺性营销策略，在给信息垄断国家带来丰厚利润的同时，也使得处于弱势地位的发展中国家蒙受了巨大的经济损失。在国内，数据库商虽然没有像国外那样的规模化出版的背景，但近年却出现了数据库商采取获得一部份有份量学术出版物的"独家授权协议"，并结合"捆绑式"销售的营销策略（以下简称为"独家授权策略"），从而达到增强其自身竞争优势的现象。

针对数据库商所采取的"独家授权策略"，学术界和数据库商持不同的观点，苏新宁等三位南京大学信息管理系教授在《光明日报》发文指出："独家授权协议"对学术资源的获取、学术思想的传播、信息服务质量的提高都产

---

* 本文系河南省教育厅人文社会科学研究项目资助课题"公共文化服务视域下商业信息数据库反垄断策略研究"（项目编号：2013 – GH – 401）研究成果之一。

生了负面影响[5]。任全娥博士阐明了"独家协议"模式会导致期刊论文的网络传播与影响力下降、数据库资源垄断与价格上涨、用户使用不便等问题的观点[6]。然而，在 2013 年的 CNKI 核心资源规划建设研讨会上，中国学术期刊（光盘版）电子杂志社和中国知网的有关部门负责人在回答部分与会代表提问时提出了"我社未限定期刊出版者只能与自己或指定的经营者进行交易，也未在取得独家授权时附加其他不合理的交易条件，因此我社获得期刊出版者独家授权的经营行为不属于被垄断法禁止的任何一种垄断行为，因此并不违反垄断法"的观点[7]。那么，数据库商的这种"独家授权策略"究竟有没有垄断特性呢？

2   "独家授权协议"产生的背景

20 世纪 90 年代以来，许多学术期刊数据库相继出现。国外的大型学术期刊全文数据库建设工作主要由传统的纸本期刊出版商或发行商来承担，而我国期刊全文数据库建库工作主要由信息服务机构或新成立的数据库公司开发完成。由于国外数据库商多数是规模化经营，他们主要以自身拥有的学术期刊资源为基础进行建库工作，较少有资源重复现象[8]。与国外情况不同的是，国内学术期刊全文数据库主要是数据库公司通过与学术出版机构逐一谈判而获得授权后建设的，多家公司在选择学术出版物时都是尽可能全地进行收集，从一开始就存在重复建设的问题。到了 2008 年，数据库商之间对学术出版资源的争夺开始出现，万方数据首先与中华医学会期刊签订"独家授权协议"，从而引发了清华同方和万方数据竞相与期刊签订网络传播"独家授权协议"的热潮[9]。发展到今天，清华同方公司已拥有约 1 500 多种独家期刊[10]，万方拥有约 200 多种独家期刊，维普公司虽然没有直接参与"独家授权"的争夺战，但有约 700 多种独家来源的内部期刊，国内学术期刊数据库的"三足鼎立"局面已基本形成。

3   "独家授权策略"的垄断性分析

根据反垄断法的表述，一般的商业化垄断行为是以"垄断协议"、"滥用市场支配地位"、"经营者集中"以及"滥用行政权力"等形式表现出来的。"垄断协议"是最常见的限制竞争行为类型，各国反垄断法中，关于这一领域的立法最多，司法实践最丰富[11]。我国《反垄断法》第十三条明确规定："禁止具有竞争关系的经营者达成下列垄断协议：（一）固定或者变更商品价格；（二）限制商品的生产数量或者销售数量；（三）分割销售市场或者原材料采购市场；（四）限制购买新技术、新设备或者限制开发新技术、新产品；

236

（五）联合抵制交易；（六）国务院反垄断执法机构认定的其他垄断协议"。学术信息资源是数据库收录的主要内容，属于生产数据库产品所必需的"原材料"，数据库商实施的"独家授权策略"所达到的效果是数据库商对数字出版资源这一生产"原材料"市场的瓜分，属于上述禁止达成的协议中的第三种。参与信息资源市场分割的数据库商均获得了部分独特的信息资源，从而形成了各自数据库产品的特色优势，也削弱了数据库商之间的竞争，因此这种策略具有一定的垄断性。根据上述分析，该策略所实施的垄断行为应归属于"垄断协议"的范畴。

3.1 "独家授权协议"的合法性

"独家授权"是商界较多采用的一种营销策略，根据商品性质和竞争形式的不同，"独家授权"又有多种表现形式，如"独家代理协议"、"独家许可协议"或称之为"独家授权协议"等。这些"独家授权"方式的共同特点就是"排他性"，即禁止第三方拥有同一种商品或者技术的相关权利。这种排他性交易（exclusive dealing）属于"纵向垄断协议"中最常见的形式。学术出版物的"独家授权协议"也称为"独家数字出版授权协议"，它是出版商与数据库商之间达成的一种互惠协议，协议约定的主要内容为：信息内容服务商以独家方式制作、出版和发行出版机构出版的印刷型学术出版物的任何电子、网络等数字化产品并提供相关技术服务，未经信息内容服务商和各出版机构许可，任何单位和个人均不得使用各出版机构出版的出版物制作、出版、发行任何电子、网络等数字化产品和从事互联网信息服务[12]。数据库商买断某种学术出版物的目的并不是直接转售同一商品（学术出版物），而是加工生产出一种新产品（数据库）以后进行出售，因此并不符合反垄断法所界定的"纵向垄断协议"情形。

对学术出版物的出版者来说，选择一家信誉良好、影响力大的数据库商作为唯一合作伙伴，从而获得比"多家授权"模式更多的资金收益和较好的知识传播途径的做法本身是无可厚非的。对于数据库商来说，选择这种方式也是数据库商在激烈的市场竞争中自我生存的需求。虽然为了获得独家授权出版物付出了较高的购买资金，但众多这种独家资源将成为数据库资源的一大特色，而数据库的特色无疑会成为数据库的一大卖点。单就市场经济"买卖自由"的基本规则来说，学术出版商与数据库商通过谈判所达成一致的"独家授权协议"是双方利益博弈的结果，是正常的合法的商业行为。

3.2 "独家授权策略"的垄断性

3.2.1 数据库商之间是否存在"协议"

"独家授权策略"与"独家授权协议"有所不同，它是数据库商通过与多家学术出版物机构签订"独家授权协议"从而获得一定数量的独特学术信息资源，进而实现增强自身产品竞争优势的一种策略，是不同数据库商之间通过"垄断协议"进行的博弈。垄断协议的表现形式除书面或口头协议、决议外，还包括"协同行为"。尽管存在竞争关系的数据库商之间并没有直接签订"协议"，但数据库商之间却会有一些协同一致的行为。四川大学法学院李平教授在其《垄断行为认定研究》一文中对"垄断协议"的认定做出了非常详尽的分析，他指出："从行为一致性来看，跟随行为也应属于协同行为。从行为的目的性说，经营者的协同行为之目的是为了排除、限制竞争的，尽管没有意思联络沟通，但是相互之间心照不宣，目的一致，则可以推断存在'协议'"[13]。

数据库商实施"独家授权策略"的最终结果是对数据库上游的数字出版资源进行瓜分，从而达到各自拥有独特信息资源的目的。数据库的主要功能是提供知识服务，而知识服务离不开数字信息资源。对数据库用户来说，购买哪个数据库并不能仅仅考察数据库服务平台本身的质量优劣，而更重要的是考虑数据库有哪些资源能够满足自身需求，如果不同数据库的信息资源各具特色，则对于有着广泛知识信息需求的用户来说就别无选择了。根据李平教授的分析，对照数据库商的行为表现，不同数据库商所实施的这种"独家授权策略"背后蕴涵着一种相互效仿、各取所需的默契，应属于企业跟随行为，因此可以推定其存在"协议"。

3.2.2 "独家授权策略"的反竞争表现

虽然"独家授权协议"本身是一种商业行为，但"独家授权策略"却是"独家资源"与"捆绑销售"相结合的方式，具有明显的排除和限制竞争的作用，其主要表现为以下两种情形：

（1）"独家授权策略"形成了"单一来源"。知识不同于一般商品的主要特点就是知识的"独特"性，重复的知识没有任何意义，而独特的知识是无法找到替代品的，因此，"独家授权策略"将导致数据库成为"单一来源"产品，而业界公认单一来源采购情形容易产生垄断问题[14]。关于"单一来源"产品的价格谈判策略也有不少，最极端的对策就是放弃购买，但对于高校和科研机构这类集团用户来说，停止订购数据库又是一种极为艰难的选择，因为在知识经济时代，数据库已经成为知识服务的重要载体和知识创新的源泉，是高等院校和科研机构不可或缺的重要资源。知识的连续性是数据库价值的重要体现，如果停止订购，数据库的价值将会因为缺乏数据更新而锐减。数据库商正是抓住了用户的这种心理，制订了较高的年度价格涨幅，使得集团用户同数据库商之间的价格谈判举步维艰。

（2）"独家授权策略"增加了新同行进入的难度。数据库商需要收集大量的数字信息作为资源，并通过软件编程以及对数据的加工整理才能最终生产出数据库产品。在这期间，数据库商不但要招募一定数量的各类相关技术人才，而且要投入大量的资金购置硬件设备等，前期投入非常大。而最为重要的是，数据库建设的核心内容是购买学术出版物的数字出版权和网络发行权，如果大量学术出版物被现有数据库商以"独家授权"方式所控制，则必然会增加新同行进入数据库市场的难度。

4 "垄断协议"豁免权分析

垄断并不都是消极的，垄断也存在着有效垄断和无效垄断的不同情形[15]，反垄断法特别规定了对于有效垄断实行"豁免"的制度。许多国家和地区的反垄断法都规定了豁免制度。我国《反垄断法》第十五条对垄断协议同样规定了豁免制度。所谓"垄断协议豁免"，是指经营者之间达成的协议虽然具有排除、限制竞争的后果，符合反垄断法禁止的垄断协议行为的构成要件，但是由于其整体上有利于"技术进步"、"经济发展"和"社会公共利益"，符合法定免责条款，特从反垄断法的适用中予以排除，即判断垄断协议是否享有豁免权应遵循"合理性"原则[16]。

4.1 "独家授权策略"不利于技术进步

熊彼特和加尔布雷思等学者认为，垄断的市场结构有助于技术进步。其原因有三：①垄断企业能比竞争企业更好地筹集研究和开发经费；②研究活动也存在规模经济问题；③垄断企业具有保护技术专利的优势[17]。不可否认，一些垄断优势比较强的数据库商用于技术改造和服务提升方面的投资也在逐步增加，数据库产品的质量尤其是数据库的高层次服务功能不断推出，如："数据挖掘"、"知识发现"、"知识脉络分析"、"学术统计分析"等。但是，"独家授权策略"所形成的垄断优势主要是通过对特色信息资源的独占而实现的，并不利于数据库商产生"加强技术开发力度和提升服务质量"的积极性，这也正是为什么有些数据库质量不高但仍然拥有相当数量的用户群的一个主要原因。

4.2 数据库商"独家授权策略"不利于经济发展

21 世纪，知识已经成为首要的生产要素，推动社会发展最革命的动力是

"知本力"，掌握丰富知识的精英将成为"知本家"，"知本力"将决定21世纪组织的变革和国家的竞争力[18]。因此，提升公共知识服务的质量和效率将是世界各国共同面临的重大课题，而数据库作为知识传播和知识服务的主要载体，也必须能够适应社会发展的需求，从重视知识产权私权的保护向重视知识服务公权的保护转变。然而，随着数据库商通过"独家授权策略"对学术出版物不断兼并，数据库商逐渐垄断了信息产品市场，随之而来的就是价格的不断攀升，高昂的价格限制了更多的用户获得数据库的使用权，学术成果的传播受到了较大的制约，科研人员可获得的学术信息量急剧下降[19]。有研究表明，信息传播效率对社会经济发展有正向促进作用[20]，因此，不利于信息有效传播的"独家授权策略"也必然不利于经济发展。

4.3 "独家授权策略"不利于社会公共利益的实现

信息资源公共获取权是社会公共文化服务的一种制度保障。在"独家授权策略"模式下，知识传播效率取决于原始文献出版者和数据库商之间的利益博弈。原始文献出版商在提升知识传播的效率诉求方面表现出一种矛盾的心态，一方面他们想通过数据库快速发布出版内容，让文献更快地被发现和利用，从而提升出版物的影响因子；另一方面，他们又担心这种快速传播会冲击传统纸质文献的销售量，故目前存在着两种不利于知识有效传播的情形：一种是数据库商限制原始文献出版商通过其他方式传播其获得的"独家授权"信息资源；另一种是学术出版商通过协议约定数据库商滞后发布其"独家授权"信息。这两种情形都不利于知识信息的有效传播，不利于社会公共利益的实现。

可见，"独家授权策略"并不具备"垄断协议豁免"制度所要求的条件。

5 结 语

"独家授权协议"的合法性很容易掩盖"独家授权策略"的垄断性，这也是目前困扰出版界、图情界和数据库产业科学发展的瓶颈问题。随着经济全球化步伐的不断加快以及世界范围内信息垄断的不断强化，分析数据库商"独家授权策略"的垄断性仅仅是解决问题的第一步，如何避免这种垄断趋势的继续发展，探索出一种有利于知识有效传播和高层次知识服务的数据库运营模式是今后需要解决的问题。可考虑：① 设置专门的数字出版物发行与长期保存机构和服务平台，以解决学术出版物网络发行过分依赖数据库的问题；② 建设独立的知识服务系统，以解决对海量知识信息的知识组织和知识发现问题；③ 制定以知识传播效率和利用效果为依据的知识评价体系，从而构建鼓励传播的版权保护制度等。随着越来越多的学术信息资源不断参与到"开放获取"以及"买断式服务"等免费获取运动中来，数据库不断发展的垄断趋势必将被打破，并最终朝向有利于知识自由开放获取的方向转型，这是人类社会发展对知识信息的强大需求不断推动的必然结果。

参考文献：

［1］ 胡坚．数据库保护制度的里程碑——欧盟"数据库指令"评析［J］．科技进步与对策，2005（9）：122－124.

［2］ Ewan N. The revival of European database right&quest［J］. Journal of Database Marketing & Customer Strategy Management，2008，15（4）：293－296.

［3］ 梁心新，徐慧．知识产权制度异化的国家博弈分析［J］．知识产权，2013（9）：99－104.

［4］ Reichman J H，Uhlir P F. Database protection at the crossroads：Recent development and their impact on science and technology［J］. Berkeley Technology Law Journal，1999，14（2）：793－838.

［5］ 苏新宁，韩普，王东波．"独家协议"不利于学术交流［N］．光明日报，2011－11－01（5）.

［6］ 任全娥．数字化学术期刊的产业链分析与共赢模式构想——由"独家授权协议"引起的思考［J］．情报资料工作，2012（3）：60－64.

［7］ "CNKI核心资源规划建设研讨会"用户代表提问解答［EB/OL］．［2013－11－03］. http：//www. cnki. net/gycnki/daobao/cnkidaobao34/daobao34_ 7. htm.

［8］ 徐佳宁．中外学术期刊数据库特点及其差异［J］．图书馆杂志，2011（1）：40－42，46.

［9］ 栾嘉，冷怀明．网络传播独家授权对医学期刊计量指标的影响［J］．科技与出版，2012（5）：68－70.

［10］ 独家授权期刊导航［EB/OL］．［2013－12－30］. http：//acad. cnki. net/Kns55/oldnavi/n_ Navi. aspx？NaviID＝115&Flg＝.

［11］ 许光耀．《反垄断法》中垄断协议诸条款之评析［J］．法学杂志，2008（1）：18－20.

［12］ 薛敬，赵凡．中国期刊独家数字出版授权及影响研究［J］．图书馆论坛，2010（1）：15－17.

［13］ 李平．垄断行为认定研究［J］．社会科学研究，2008（4）：101－106.

［14］ 黎娴．慎用"单一来源"让竞争更充分［N］．政府采购信息报，2013－05－31（1）.

［15］ 张理智．垄断有效论——兼论"垄断者主权"［J］．天府新论，2007（3）：36－40.

［16］　陈树茂．我国《反垄断法》中垄断协议豁免制度浅析［J］．太原城市职业技术学院学报，2010（5）：77－79.

［17］　吴娟．适度的垄断促进技术进步［J］．商场现代化，2005（30）：244.

［18］　王俊秀．知本力 信息社会的动力学分析［M］．北京：北京大学出版社，2004.

［19］　肖冬梅．信息资源公共获取制度研究［M］．北京：海洋出版社，2008：70－84.

［20］　张晓群．传播效率与经济增长［M］．北京：社会科学文献出版社，2009：187.

作者简介

李明理，河南理工大学图书馆副研究馆员，硕士，E-mail：liml2008@163.com。

242

复制权例外对图书馆数字资源长期保存的影响剖析*

1 数字资源长期保存与可适用于图书馆的复制权例外

从当前多数国家著作权法律的立法来看，即便是在发达国家，面对图书馆开展数字资源长期保存所涉及的复制问题，在著作权复制权例外适用上仍存在立法方面的缺失。随着数字资源长期保存日益成为数字时代图书馆持续、稳定、可靠地履行图书馆职责而急需解决的重要问题，无论是在著作权立法、修订机制相对较为完善的发达国家，如美国、英国，还是在著作权立法方面仍存在较大的完善空间的发展中国家，均未能通过本国现行的可适用于图书馆的复制权例外规定，使得图书馆更为顺利地利用复制权例外解决数字资源长期保存中涉及的主要版权问题[1]。

2 美国数字资源长期保存与适用于图书馆的著作权例外

2.1 美国数字资源长期保存概况

美国数字保存相关活动较多，包括编辑与维护数字档案、研发数字保存技术工具并开展数字资源长期保存的最佳实践。2001 年，美国国会图书馆启动了国家数字信息基础设施保存项目（National Digital Information Infrastructure and Preservation Program，简称 NDIIPP）。该项目的研究重点包括追踪、保存并使重要数字内容可用；建立并强化国家合作网络；合作开发工具和服务的技术基础设施。除了 NDIIPP，致力于数字资源长期保存的项目还有：加利福尼亚大学的"加利福尼亚数字图书馆'Web at Risk'"，马里兰大学 Robert H. Smith 商学院的"Birth of the Dot Com Era"，教育广播公司的"保存数字公共电视"（Preserving Digital Public Television），华盛顿州的"档案与跨州保存联

　　* 本文系教育部人文社会科学青年基金项目"适用于图书馆的著作权例外及图书馆界的著作权例外立法诉求研究"（项目编号：10YJC870011）研究成果之一。

合体"（Washington State Archives, Multi-state Preservation Consortium）等。目前，美国数字保存的大部分工作都是分布式的，公共及私有单位均有开展。从版权角度分析，美国目前多数数字资源长期保存项目涉及的资源包括进入公共领域的资源，也包括仍受版权保护的资源。对于后一类资源而言，保存项目建设者主要依据著作权赋予图书馆的复制权例外或通过与版权拥有人达成一致协议来解决版权问题。

2.2　美国当前适用于图书馆的复制权例外与图书馆数字保存之间的不协调

美国著作权法保护的专有权包括复制权、改编权、公共传播权、公共表演权及公共展示权。在人身权方面，美国加入《伯尔尼公约》后其版权法已不再设立精神权的条款。而在数据库权方面，美国著作权法将数据库作为汇编作品加以保护。与数字资源长期保存有关的著作权例外条款主要有美国著作权法的合理使用条款和第108条款。适用合理使用必须同时满足以下情形：使用的目的和性质、版权作品的性质、使用的数量以及使用对于作品潜在市场及价值的影响。第108条款（b）允许图书馆或档案馆出于保存和安全目的制作未发表作品的3份复印件。第108条款（c）允许图书馆对损坏、退化、丢失或被偷窃的作品或者现有格式陈旧的作品制作替代复制件，其条件为：①图书馆或档案馆做出合理努力后，确实不能以合理的价格得到未使用过的替代物；②任何以数字形式复制的此类复制件或光盘不能在图书馆或档案馆之外以合理拥有的形式向公众提供。第108条款（f）允许图书馆复制并传播音视频新闻节目的有限份复本或片段节录；第108条款（h）允许图书馆出于保存、学术或科研目的对已出版作品在其保护期内的最后20年以临摹或数字化形式复制、传播、表演或陈列。但是，现行有关图书馆可适用的复制权例外并不能与图书馆开展数字资源长期保存所需的复制权例外需求相协调。

这种不协调集中体现为：复制数量与复制对象的限制未能满足数字资源长期保存活动的需求。第108条款试图授予一些保存活动的权利，但是其立法年代较早不能涵盖绝大多数的数字保存活动，因此图书馆及档案馆必须同时依赖美国著作权法第108条款以及合理使用条款来解决数字资源长期保存中涉及的多数版权问题。但是，当前出于保存而适用的复制权例外只适用于未发表作品的保存，而且制作复制件的数量也受到限制。第108条款（b）规定[2]：其他同类型图书馆和档案馆为研究应用而保存、制作未出版作品的3份复制件或录音制品，复制必须符合以下各项条件：①所制作的复制件或录音制品属于图书馆或档案馆的现有馆藏；②以数字格式制作的上述复制件或

244

录音制品不能以数字格式传播，而且不能以数字格式向图书馆或档案馆以外的公众提供服务。

数字保存的目的包括保存和传播。大多数情况下，数字资源长期保存活动多是以数字格式制作作品的复制件。第 108 条款（b）规定，依据数字格式制作复制件的未发表作品，不能以数字化格式提供给用户使用。在用户信息需求日益通过数字式方式得以满足的今天，未能为用户提供数字化复制件，将使得数字资源长期保存的意义大打折扣。

对于已发表作品，美国著作权法规定只有出于"替代损毁、濒于损毁、丢失或失窃的作品或录音制品，或者作品现有的存储格式已经过时"的目的，图书馆才能享有制作包括数字化复制件在内的 3 份复制件的例外。可见，依据美国现行著作权法有关规定，美国图书馆界在开展数字资源长期保存的过程中能够依据复制权例外来解决版权问题的作品，在规模上都比较有限。

此外，合理使用规定的情况也不能满足数字资源长期保存的实际需要。除第 108 条款及强制缴存外，合理使用为受版权保护作品的保存活动提供了最大的支持。随着数字技术的发展，对作者的版权保护不断加强，而图书馆合理使用的范围却相对较小。在资源保存方面，DCMA 立法之前，第 108 条款允许图书馆和档案馆为内部存档之目的制作 1 份非数字化的仿真复制件（facsimile copy）。修订后的第 108 条款允许多至 3 份的、包括数字化格式在内的复制件，条件是这些数字复制件"不得向图书馆建筑以外的公众传播"。但是，当前图书馆数字资源长期保存的实践表明，这种数量限制在数字保存的环境中不具备可行性，而图书馆在制作必要的额外复本时必须以合理使用为避免侵权的依据，而且网络存档活动也不能依赖于合理使用，但第 108 条款并不允许图书馆和档案馆出于获取资源以建设馆藏的目的而复制资源。

3 英国数字资源长期保存与适用于图书馆的著作权例外

3.1 英国数字资源保存概况

英国当前数字资源长期保存的最佳实践范例的建设经验表明，有效的数字保存需要对数字内容进行连续多次的复制、格式转换，甚至是对数据库结构做出调整。例如，为了将数字内容存储到保存者建立的数字文档中，从原始媒介复制到该数字文档存储系统可能需要转换格式，而介质的老化则要求数字内容被复制到新的媒介上。为了减轻文件格式技术更新带来的影响，保存者不仅需要，而且必须随时对文字内容进行格式转换。在某些情况下，改变数据库结构也可能是必要的。为了保留数字内容的外观，保存管理人员可能会希望采用仿真技术。同时，可能还需要保存和不断调整电子支持资料，例如软件、元数据、电子手册和说明书等。如何明确裁定保存都是出于保存的目的而不是为了取代购买或订购而进行复制尚有一定难度。为数字资源保存而进行复制就其本身而言并不会对版权所有人构成风险，而提供使用数字资源的行为才会构成风险，提供使用的性质和时间决定了风险的性质。如果这种所谓的保存性复制实际上是为替代购买或订阅，那么这种行为将对作品的商业利益构成威胁。例如，保存机构理论上可以以保存为借口制作多份复制件，从而不需要购买额外的复制件，或者是不需要向资源提供方取得额外许可。

3.2　英国适用于图书馆的复制权例外与图书馆数字保存之间的不协调

其不协调主要体现在以下两方面[1]：

3.2.1　关于无主作品的复制权例外

对于无主作品的复制权例外，英国版权法规定了两种适用情形，包括无法通过合理渠道联系到作者和可以断定该无主作品已超过版权保护期。但是，如果版权拥有人身份明确，只是不容易联系，则此种情况不适用无主作品的复制权例外。但实际情况下，由于部分数字资源存在周期较短，如部分网络资源，从较为理想的保存效果而言，图书馆等保存机构往往必须在未能联系到版权拥有人的情况下，出于保存的需要，而制作该作品的复制件。一些组织在向高尔斯知识产权审查小组提交的证据中表明他们在查寻版权所有人以获得保存许可的过程中面临多种困难。

3.2.2　可适用的作品类型有限

在英国，当前基于保存的复制权例外是针对离线、非数字内容制定的。其目的在于促进知识和文化遗产保护的同时，不影响权利拥有人的权利行使。这种例外并不适用被广泛认为具有重要知识和文化价值的内容保存，例如声音、影像和艺术作品，也不适用对数字内容的保存。该例外仅规定可以对作品进行"一次"复制，而在多数情况下，随着存储介质的老化以及技术的进步，往往需要进行反复复制，以制作多份复制件。而《2003年图书馆法定呈缴法案》（Legal Deposit Libraries Act 2003）却规定[3]，复制权例外仅仅适用于法定呈缴的作品，而不适用于版权拥有人自愿缴存的作品。这又进一步限制了图书馆在数字资源长期保存中可依据图书馆享有的复制权例外解决版权问题的能力。

3.3 《高尔斯知识产权审查》对适用于图书馆的复制权例外的立法建议

针对英国现行著作权法律与图书馆开展数字资源长期保存活动的复制诉求之间存在的不协调，《高尔斯知识产权审查（2006）》（Gowers Review of Intellectual Property（2006））指出[4]，英国长期保存复制条款比其他国家更为严格，特别是在复制数量、作品类型、基于保存目的而进行的格式迁移等方面。因此，现有著作权法有关图书馆可适用的复制权例外条款的情况应该修改。这些努力都是为了保护版权拥有人的利益，并促进数字保存。保存是为了利用，利用需要得到控制，以保证版权拥有人的利益。目前，商业机构不能基于保存目的而复制文献。应该放宽对这些商业机构的限制，以最大程度地保存资源。当前规定允许基于保存目的而制作一份复制件，但无法满足长期保存和高质量保存的实际需要。需要指出的是，图书馆不能以此方式替代购买。针对这种情形，现行的著作权例外条款规定，只有无法从版权拥有者获得作品时，图书馆才能进行复制。

4 澳大利亚数字资源长期保存与适用于图书馆的著作权例外

4.1 澳大利亚数字资源长期保存概况

尽管澳大利亚版权法规定了许多有利于图书馆开展资源长期保存的著作权例外，并要求出版商向澳大利亚国家图书馆（National Library of Australia，下文简称 NLA）缴存其出版的印刷文献副本，但目前澳大利亚联邦著作权法律并未对数字资源强制缴存做出明确规定。尽管如此，自 20 世纪 90 年代以来，由 NLA 牵头组织的一些专注于数字资源长期保存的项目已相继出现，并取得良好的建设成果。

4.2 澳大利亚可适用于图书馆复制权例外与图书馆数字保存之间的不协调

其不协调主要体现在以下三方面[1]：

4.2.1 著作权法律规定的一般例外不能适用图书馆数字资源长期保存的需要

最常用的一般例外是"合理使用"条款。不同于美国的合理使用例外，澳大利亚对合理使用的规定严格限定在以下范围：研究和学习、评论或综述、新闻报道、模仿或评论作品、诉讼程序和法律咨询。上述行为并不包含长期保存，因而图书馆开展的数字资源长期保存无法适用"合理使用"原则。同样地，设备和格式转换的许可也存在着许多特殊使用的例外，但仅适用于出于私人目的而采取的个人行为，因此无法为长期保存提供必要的例外。应用于教育机构的法定许可虽然能够成为数字资源长期保存的重要依据，但是这些例外需要较高的成本，并且缺乏确定性或者不适合大规模或持续性的保存行为，因此，并不能作为数字资源长期保存的依据。

4.2.2 "灵活使用"例外也不能满足图书馆数字资源长期保存的需要

《澳大利亚著作权法（2008）》s200AB 规定了一种新例外。该例外以《伯尔尼公约》规定的"三步检验法"为参照，主要目的在于使重要用户群体（如图书馆）能够有更为自由的空间使用版权作品。s200AB 规定图书馆和档案馆对作品的使用若符合下列条件，则可不被认为侵犯著作权：代表图书馆或档案馆的行政管理机构使用作品；基于图书馆或档案馆维护或者运行的目的；不以获得商业利益为目的。另外，为了符合"三步检测法"，图书馆必须满足以下条件：必须限于某种特殊情况；不得与作品的正常使用相冲突；不得不合理地损害权利持有人的正当利益。不过，到目前为止尚未有案件涉及 s200AB 的规定，因此 s200AB 的适用范围并不明确。最重要的是，从实际操作角度出发，图书馆或者图书馆员在日常工作中并未能清晰理解与应用"三步检测法"和 s200AB 的有关要求。

4.2.3 有关无主作品（Orphan Works）的复制权例外规定存在不足

无主作品主要是指作品的版权所有人难以确认。解决版权问题最直接的办法就是直接获得版权拥有人的许可。但是，人们往往难以确切找到大多数无主作品版权拥有人或其继承人的联系方式，因此无法获得其授权。更为甚者，有些无主作品的版权拥有人或其继承人往往也难以确定，而且多数无主作品是否处于著作权保护期内也是难以确定的。此外，网络资源（例如博客、网页）多为非正式出版物，很难通过其他途径确认其原始作者。比如，Wiki是由多数人共同合作完成的作品，创作者的身份无法确认。数字作品（如软件）通常由公司进行开发并为其拥有，而公司的生命周期远远短于该作品的版权保护期，这就意味着无法寻找授权主体。《澳大利亚著作权法（2007）》s51B 和 s200AB 条款赋予图书馆和档案馆可以基于保存和其他目的复制文献，并允许为无主作品制作 1 份复制件。但是，现行条款具有局限性，尤其是s200AB 的要求——仅限于"特殊情况"以及 s51B 只是适用于很少的文化机构，因此，对于大规模保存无主作品而言，现有适用于图书馆的著作权例外规定并未能提供良好的解决方法。

248

5 结 语

与非数字资源的保存相比，数字资源复制件制作与保存的便捷与低成本使得数字资源的保存更为易于实现，但是，数字资源的长期保存却给图书馆带来新的挑战。这些挑战包括：软硬件的技术退化；突然或者无法预测地出现老化，尤其是对那些不经常利用的数字资源；数字资源尤其是那些以数字形式传播的数字资源，其生命周期往往较短。这就要求图书馆在保存这类资源时，必须在其存储载体老化或者是信息有可能丢失前，采用动态管理的策略，不断地制作能够被当前技术或设备可阅读的多个复制件，并分开单独存储[5]。虽然数字作品的传播能够为其创作者带来数百万的利润，但是，这种只是数字形式存在与传播的数字资源，其有效的保存也给作品创作者或作品版权拥有人带来新的挑战[6]。此外，虽然网络可公开获取资源的长期保存也需要引起重视，而且借助相关的爬行技术能够方便地收集这类资源，但由于可能会侵犯作品的复制权，大多数图书馆并不会采用这种爬行技术来收集网络资源，进行长期保存。此外，数字资源长期保存过程中涉及的创建、管理、编目和存储也需要多种知识、多个系统和多种技术的全面支持。多方参与，多家支持，明确各自的共享权利与相应职责，有利于实现数字资源的长期保存。但是，要构筑以非营利性组织、科研院校、数字资源销售商、数字资源创建者、数字资源版权拥有者、数字资源传播者为联盟的数字资源长期保存联盟体，数字资源长期保存面临的著作权例外将更为复杂。

参考文献：

[1] NDIIPP, JISC, OAK, et al. International study on the impact of copyright law on digital preservation [EB/OL]. [2010 – 07 – 28]. http：//www. digitalpreservation. gov/library/resources/pubs/docs/digital_ preservation_ final_ report2008. pdf.

[2] Copyright Law of the United States and Related Laws Contained in Title 17 of the United States Code [EB/OL]. [2010 – 07 – 28]. http：//www. copyright. gov/title17/circ92. pdf.

[3] OPSI. Legal Deposit Libraries Act 2003 [EB/OL]. [2010 – 07 – 28]. http：//www. opsi. gov. uk/acts/acts2003/ukpga_ 20030028_ en_ 1.

[4] Hm-treasury. Gowers review of intellectual property [EB/OL]. [2010 – 07 – 28]. http：//www. hm-treasury. gov. uk/d/pbr06_ gowers_ report_ 755. pdf.

[5] The Section 108 Study Group. The Section 108 Study Group Report [EB/OL]. [2010 – 07 – 28]. http：//www. section108. gov/docs/Sec108StudyGroupReport. pdf

[6] 黄国彬. 适用于图书馆的著作权例外的世界立法现状及特点剖析 [J]. 中国图书

馆学报，2010（5）：109－115.

作者简介

黄国彬，男，1979 年生，讲师，博士后，硕士生导师，发表论文 90 余篇、译文 11 篇，译编专著 4 部。

国防工业合作创新中的国防知识产权分析[*]

1 引 言

国防工业是国民经济中知识密集、技术密集、资金密集的高科技产业之一，是体现综合国力的主要战略性产业。它是国防事业的柱石，具有维系国家安全、带动国民经济发展的双重责任。目前，我国国防工业已经基本形成专业门类比较齐全，研发、试制、生产相配套的工业体系。尽管如此，我国国防工业自主创新能力仍然不强，武器研发多为仿制、跟踪类型。如何快速提高我国国防工业的创新能力和水平，实现国防现代化的战略目标，成为一项十分紧迫而艰巨的任务。在经济全球化背景下，分工专业化和科技进步快速发展，合作创新成为国防企业获取外部知识，提升自身创新能力和竞争优势的重要手段。知识产权是合作创新的聚焦点和重要目标，是进行资源配置的重要杠杆。国防工业合作创新整个过程都渗透着知识产权的众多因素，包括知识产权风险考虑、度量，知识产权保护手段和措施等。有别于一般意义的知识产权（本文中简称"普通知识产权"），国防工业的知识产权多为国防知识产权。国防知识产权是指在国防研发与制造过程中，法律赋予国家、智力成果的创造者和使用者对涉及的国防智力成果依法享有的权利和应尽的义务^[1]。两者在产权特点、制度体系方面存在较大差别。目前，尚缺乏国防知识产权制度对国防工业合作创新影响方面的系统研究。笔者拟依据国防知识产权特性，系统研究其对国防工业合作创新的影响，进而提出有价值的对策建议。

2 国防工业合作创新的类型及发展特点

国防产品（例如导弹、潜艇）具有系统化、集成化、信息化、高技术化

---

* 本文系"影响分析——以 CSTPCD 数据库为例"（项目编号：YY - 201430）研究成果之一。

以及投入大等特点。单一企业无力承担完整产品的研发创新，需要与众多创新组织和单位合作完成。因此，合作创新对于国防武器研发意义重大。通过合作创新方式，互补性知识、技术、设备等资源得以相互共享。知识的交融、碰撞能产生新思想和新知识，大大提升国防企业等创新主体的创新能力和水平。

根据创新主体性质，国防工业合作创新可分为产学研合作创新和企业间合作创新两种类型。目前，产学研合作创新更多强调国防院所科技成果的转化，合作形式单一，合作深度和幅度较低，多为点对点、一对一合作。西方发达国家的创新实践表明，企业间合作创新比产学研合作创新在产品研发方面优势更大。因此，本文聚焦于国防企业间合作创新类型。

根据合作对象类型，国防企业间合作创新可分为国防企业－国防企业、国防企业－地方企业、国防企业－国际企业三种类型。其中，国防企业－国防企业的合作创新最为普遍。我国许多具有自主知识产权的国防技术或产品都是通过国防企业间组建创新战略联盟来产生的。例如，完全拥有自主知识产权的 QD128 燃气轮机，是沈阳黎明航空发动机（集团）有限责任公司和西安航空发动机集团有限公司等合作研发的成果。

国防工业是高度国际化的产业，国防企业－国际企业的国际间合作创新一直是我国国防企业不断尝试的一种创新类型。我国航空工业从直升机、支线飞机、大型民机生产线的引进到转包生产规模的不断扩大，都与国外航空工业的合作越来越紧密。借助国际间合作创新，吸收国际优秀技术资源，提升了我国航空企业的创新能力。枭龙战机是由成都飞机工业（集团）有限责任公司、巴基斯坦等国外内 60 多家单位参与研制的国际合作项目。新型涡扇支线飞机 ARJ21 的研制也是一个由 19 家国外一流企业和若干国内航空企业组成的国际合作创新项目。此外，大飞机 C919 的研制也是典型的国际合作创新项目。

国防企业－地方企业的合作创新是近年来发展迅速的一种新类型。一方面，冷战结束后世界各国都在改变原有的封闭式、专门化、保密性强的消耗型国防，力图创建一个开放式、军民两用、平战结合的增殖型国防。"军民一体化"成为当前世界适应和平主旋律的新国际形势而大力推行的长远改革和建设思想。《中华人民共和国国民经济和社会发展第十一个五年规划纲要》明确提出坚持军民结合、寓军于民的基本战略方针。我国国防工业体系也一改原来的军民分割、封闭式发展模式，向军民结合、寓军于民转变。另一方面，随着现代科技的发展，军用技术和民用技术之间的界限越来越模糊。例如航

252

空工业是典型的军民两用行业，60%的技术都具有军民共用性[2]。欧洲推出的空客军用运输机 A400M 正是利用了空中客车公司生产大型民用客机的成熟技术和经验，而波音公司则将军用运输机 C－135 的技术直接用于开发大型民用飞机波音 707 方面。因此，我国国防企业有必要充分整合社会资源优势，吸纳地方企业的先进技术进行合作创新。

随着军民一体化的不断深入，国防企业合作创新发展呈现以下典型特点：其一，创新目标从单纯地服务国防向服务国防和国民经济转变。其二，创新对象从单一的国防技术或产品逐渐向具有军民两用性质的技术或产品转变。其三，创新系统日趋开放，构成主体日趋多元化。合作主体不再局限于国防系统内部，而是开始向社会系统开放，积极吸纳民用企业参加。合作主体不仅有产品不完全市场化的国防企业，还有直接面向市场的国内普通企业和国际企业。合作组织从国防企业单一构成向由国防企业、地方企业和国际企业多种创新主体构成的复杂结构转变。其四，合作组织内部关系变得异常复杂，既包括国防企业间的国防合作关系、国防企业与地方企业的军地关系，还包括国防企业与国际企业的国际合作关系。其五，知识产权更加丰富而复杂。知识产权从原来的仅涉及国防知识产权，发展到既涉及普通知识产权，又涉及国防知识产权。两种性质不同的知识产权交互作用于合作创新组织，增加了创新系统的复杂性。

3 国防知识产权与普通知识产权比较分析

知识产权可分为普通知识产权和国防知识产权两类。普通知识产权专注于民用领域，国防知识产权则专注于国防领域。两者在一定程度上可以相互转化。国防知识产权解密后可以转化为普通知识产权，而具有重大国防价值，涉及国家安全的普通知识产权在进行审查、授权后也可以转为国防知识产权。国防知识产权主要包括国防产品设计过程中的图纸、设计标准、试验方法、数据和结论等知识产权以及国防制造过程涉及的制造工艺、技术标准、工艺参数、工装资料、管理程序、管理软件等智力创造成果。有别于普通知识产权，国防知识产权与国防建设、国家安全密切相关（见表1）。

3.1 产权投资主体

普通知识产权的投资主体是多元化的，可以是国家、法人单位甚至个人。而多数国防装备系统或产品十分复杂，需要国家层面的巨额投资才能完成。这导致多数国防知识产权都是在国家投资下产生的，国家是其惟一的投资主体。

3.2 产权创造主体

普通知识产权的发明或创造主体多为一般的企业、学校、科研机构或个人。而国防知识产权的创造主体多局限于国防领域的科研机构及其科研人员，受到一定程度的国家管制，对科研机构及个人实行有条件的准入制度。

3.3 产权模式

《与贸易有关的知识产权协议》（TRIPS）在其序言部分要求"全体成员承认知识产权为私权"，强调普通知识产权的私权性质。而《中华人民共和国国防法》规定，国家代表全体人民依法拥有对国防知识产权进行支配、使用、二次开发的权利。这表明国防知识产权具有公权性质。这一方面源于我国传统的"公有制"思想浓厚，认为智力创新成果是社会性质的公共产品，它的获得离不开社会智慧宝库，理应由各社会成员享用。对于国防知识产权，其产业化后的产品多为武器装备，属于典型的公共物品，由其带来的防卫利益由全体人民共享。另一方面源于国防知识产权的国防性质，将其收为国有，可避免在后续开发、使用时产生"二次付费问题"，降低了使用成本。因此，国防知识产权的所有权主体具有唯一性、团体性特征，由国务院、中央军事委员会代表国家行使对国防知识产权的占有权、使用权、收益权和处分权等所有权。

3.4 法律制度

普通知识产权的管理和保护主要遵循《中华人民共和国专利法》、《中华人民共和国著作权法》、《中华人民共和国商标法》等具有普适性的国家法律，以及《与贸易有关的知识产权协定》（TRIPS）等国际公约和国际协议。而国防知识产权除了要遵循上述法律、法规外，还必须遵循《中华人民共和国国防法》、《国防专利条例》和《中华人民共和国保守国家秘密法》等专门的法律、法规。

3.5 权利取得和管理

普通知识产权的申请由国家知识产权局专利局受理，其取得或确认程序是向社会公开的，遵循普通的法律程序，任何人都可以查阅相关的专利信息。而国防专利权的申请需要委托由国防专利机构指定的代理机构代理，由国家特设的国防专利部门受理和审批，遵循特殊程序。整个受理、审查、复审和授权过程都是不公开的，其相关信息的查阅也必须经过国防专利局批准，符合规定条件者才可以通过国防专利的内部通报获取专利介绍全文。

3.6 交易市场和交易行为

普通知识产权属于私有权利，非权利人使用或取得该知识产权时需要向权利拥有者支付一定费用，产权人可以在全球范围内自由交易。而国防知识产权因其在国家安全方面的特殊地位不能完全按照市场规律进行交易，交易市场相对封闭，交易范围多限于国防领域，具有不完全市场性质。国防市场的买家单一，多为代表政府的军队，国防企业没有市场选择余地，不能离开军队（政府）自由行事。同时，国防知识产权交易行为的行政性强，其国内和国际交易受到严格管制。具有国家战略性质的武器装备方面的国防知识产权，被禁止进行各类市场交易。无保密要求的武器装备或军工配套产品的知识产权，才可向市场开放。国防知识产权不得向外资企业（包括中外合资企业）、外国资本和外国个人转让，向国内中国企业组织、单位转让时，必须由国防科工委或总装备部审批通过。

3.7 基本特征

普通知识产权主要具有专有性、时效性、无形性、地域性和可复制性等特点。国防知识产权除具有普通知识产权的这些特点外，还具有国防专用性、保密性等特点[3]。国防专用性是指国防知识产权产业化后的武器装备产品专门服务于国防领域；保密性是指国防知识产权必须按照《中华人民共和国保守国家秘密法》进行保护和管理，其产生和应用都只能局限在特定的时域和空域。例如国防专利在申请、审查、转让、实施和查询中都被设置于保密状态，存在诸多限制。

表1　普通知识产权与国防知识产权的比较

比较项目	普通知识产权	国防知识产权
产权投资主体	国家、企事业单位或个人	主要是国家层面
产权创造主体	一般的企事业单位或个人	国防科研机构及其科研人员，实行有条件的准入制度
产权模式	私有产权	公有产权
法律制度	普适性的知识产权法律	专门的知识产权法律
权利取得方式	公开的普通程序	非公开的特殊程序
交易市场和交易行为	完全市场化，交易自由	不完全市场性，交易行为受到一定程度的国家管制

比较项目	普通知识产权	国防知识产权
使用费用	交付一定费用	在国防领域内免费使用
应用领域	面向整个国民经济领域	主要针对国防领域
基本特征	专有性、时效性、无形性、地域性、可复制性	除具有普通知识产权专有性等特点外，还具有国防专用性、保密性等特点

总之，国防知识产权强烈的政治色彩、公益色彩和共用性色彩，使其有别于普通知识产权。目前，国防知识产权的制度、政策体系与普通知识产权的法律制度、管理体制尚未接轨。国防知识产权作为影响合作创新的重要因素，明晰其对国防企业间合作创新的影响至关重要。

4 国防知识产权制度对合作创新的影响

4.1 产权模式的单一化特征无法适应合作创新体系下的多元化产权主体结构要求

快速、成功研发高新技术或产品是国防企业合作创新的主要目的。利益是企业谋求合作的出发点，知识产权合作是双方合作的基础和重要形式。通过知识产权合作可以放大企业知识的溢出效应，实现企业间的知识互补和协同效应，企业在积累知识的同时，得以提高自身利益。知识产权合作意味着合作创新网络中知识产权主体的多元化。然而，国防知识产权的单一主体模式与合作创新所要求的知识产权主体多元化相矛盾。由于国家是国防知识产权的唯一所有者，以合作创新形式创造的国防知识产权一旦研发成功，就会被代表国家的军方无偿占有和使用，而且可以是非合同范围内的多次无偿使用，甚至转让。国防知识产权单一主体模式轻视甚至忽略了国防知识产权创造者的利益，形成了不对称产权权利和义务。国防合作创新主体更多地是承担国防知识产权创造义务，而没有获取收益的权利。

利益分配是合作创新的焦点问题，其合理与否直接影响着合作组织的稳定性、高效性和长期性。产权单一模式直接造成了合作创新过程中的利益失衡问题，合作创新组织缺乏有效的激励机制，国防企业等创新主体在合作创新实践中缺乏足够的积极性，致使合作创新总体效益容易呈现"总和为零"甚至"总和为负"的结果。目前，国防企业－国防企业以及国防企业－国际企业间的创新活动更多地依靠政府指令来推动，普遍存在低效率、多重复、高浪费等问题。对于国防企业－地方企业的合作创新来讲，地方企业的知识产权权益得不到有效保障，使得视知识产权为企业生命线的地方企业不愿与国防企业开展合作。因此，与在自主创新中表现的激励作用机制不同，国防知识产权在合作创新中更多地表现为一种约束机制。单一产权模式使得知识产权制度应有的激励作用、利益调节作用无法发挥。

4.2　国防知识产权交易的不完全性和行政管制性限制了合作创新的深度与广度

一方面，国防企业关系国家安全，其创新活动既是经济行为，又是军事或准军事行为。即使在市场经济的条件下，国防企业合作创新也并非纯粹的经济行为，多带有强烈的军事色彩或政治色彩[4]。国家对国防企业合作创新活动及其国防知识产权交易实行严格管制，这使得国防知识产权具有不完全市场性和受管制性，不能完全按照市场规律进行交易。这大大限制了国防企业的合作创新行为，合作只能在一个相对独立、封闭的系统内进行，合作对象和范围也大大缩减。

另一方面，依据经济学观点，设立国防知识产权制度的主要目的是最大程度地发挥和实现国防知识产权的效用或价值（使用价值和交换价值）。这就要求国防知识产权具有可交易性。然而，目前的国防知识产权被束缚于一个既有的、形式上的所有者，不允许进行产权出售，导致其他掌握这一知识产权的单位或组织无法对这一资产进行充分利用。从资源配置角度看，资源的稀缺性要求资源必须得到最合理配置，从效率低的使用者流向效率高的使用者。因此，国防知识产权的不完全市场性、行政管制性限制了国防知识产权价值的充分发挥。国防企业虽然通过合作创新等形式创造了国防知识产权却无权交易，也无法利用知识产权交易机制与其他企业进一步地合作，在一定程度上限制了合作的深度与广度。

4.3　国防知识产权的严格保密特性约束了合作创新活动

首先，国防知识产权的保密性与合作创新的知识外溢特性相冲突。知识溢出是合作创新过程中必然发生的现象。知识的外部性使得企业在知识交流和组织学习过程中，其知识容易向合作伙伴流动，形成知识溢出。通过企业间的合作关系，合作成员能够共享知识溢出所带来的利益，合作成员的创新能力得以提升。然而，由于国防知识产权涉及国防安全和国家利益，国家对其采取严格的保密措施，并上升到法律层面。国防知识产权被限定在特定的时域和空域内公开或使用，这大大限制了知识外溢和流动。

其次，国防知识产权的保密性与合作创新的知识共享性、协同合作性存在冲突。分工专业化带来的企业资源和知识的互补性要求国防企业在创新问题上彼此合作，从而实现企业间的协同网络效应。正是由于国防企业间的协同合作，知识要素得以频繁流动，各类知识相互交融、碰撞，新知识不断产生，合作创新得以成功。为达到协同效应，国防企业需要主动共享创新所需的核心知识产权，并通过学习和吸收，增强企业创新能力和水平，实现多赢目标。然而，国防知识产权的严格保密措施在一定程度上阻碍了知识（尤其是重要的隐性知识）在创新主体间的转移和共享。这种限制体现在创新组织的构建、运行等过程，大大阻碍了有效的合作创新活动。

最后，保密性加大了信息不对称现象，增加了创新主体间的信任危机。信息不对称是合作创新中现实存在的一个关键问题，可能导致合作企业的机会主义行为产生。在国防企业合作创新中，保密性往往被国防企业视为"隐性优势"和"杀手锏"。部分国防企业借故保密性要求，故意隐藏其私有信息，加剧了信息不对称程度。同时，过分强调保密特性也容易使创新组织缺乏必要的信息沟通，导致企业之间出现信任危机，影响其资金、知识等创新资源投入，不利于创新系统的成功运行和发展。

4.4　国防知识产权的地域性与合作创新的无地域性存在冲突

随着经济全球化的发展，新知识往往不是通过本地互动获得的，而是通过跨区域甚至国际范围内的战略合作得到的[5]，这要求企业进行跨组织、跨地域的合作创新。当前的网络信息技术发展为实现合作创新的无地域性提供了有力支撑。国防企业合作创新也是一种跨组织、跨国家甚至跨地域的创新网络组织。为达到良好的创新效果，国防企业应该在全球范围内寻找最优秀的合作伙伴。然而，对于国防企业而言，其国防知识产权具有地域性，只能按照我国法律在我国境内受到保护。一旦超出国境，我国法律对国防知识产权的保护将无法发挥作用。国防知识产权的这一特性大大限制了合作创新网络在全球范围内的构建，削弱了国防企业全球化合作的积极性和可能性，影响了合作创新效果的发挥。

4.5　国防知识产权复杂的权利关系限制了国防企业合作创新行为的产生与实施

知识基础理论认为，知识是企业获得竞争优势的根源，是企业所拥有的最具战略性的资源。对于基于知识互补性形成的合作创新网络组织，知识是合作各方的主要投入，知识产权必然成为企业谋求合作时控制的战略重点。国防企业的科研创新项目大多涉及国家安全、国家利益或重大社会公共利益，研发投入基本来自国家财政。根据相关规定，国防创新项目形成的知识产权归国家所有，未经国家批准不允许使用，具有排他性。所有权的确定实际是明确了对智力成果专有的控制权，使得本来属于非竞争性的知识具备了一定的排他性。然而，这种排他性只是形式上的，因为国防知识产权的专有权不属于创造主体（国防企业）。国家作为国防知识产权的所有者，并不直接参与知识产权的创造和运作，国防企业才是国防知识产权的实际创造者。国家规定，国防企业拥有专利申请权和持有权，但这些权利不具有排他性，军方可代表国家无偿调拨，免费使用。军方享有成果实施单位的指定权。这就造成国防企业所拥有的用于创造国防知识产权的核心知识不具有排他性，导致了严重的"外部性"。国防企业的核心知识被无偿转移，而无法从中获得足够收益或补偿，极大地限制了合作创新行为的产生和实施，使得国防企业在创新过程中经常有意隐瞒技术或知识。

4.6 国防知识产权强烈的公益性色彩和共用性色彩增加了合作创新的知识产权风险

公益性色彩和共用性色彩增加了国防合作创新的知识外部性，加剧了知识产权流失风险，助长了合作创新中的"搭便车"行为。由于违约成本较低，甚至出现恶意窃取知识产权的不正当行为。较大的知识产权风险，极易导致企业核心技术泄露和核心能力流失，而且这些国防知识产权一旦直接或经第三方泄露出国境，将会给国家安全和利益带来较大损害。因此，这些知识产权风险严重影响着国防企业合作创新行为的产生与实施。

整体来讲，目前的国防知识产权制度体系和政策环境尚无法对国防企业合作创新形成有效激励，无法有效地约束和规范可能产生的知识产权风险等问题。

5 政策建议

合作创新是一个充满风险的过程，制度因素对其长期稳定发展具有决定性作用。面对国防知识产权对国防企业合作创新形成的各种约束或风险，随着合作创新的不断深入发展，有必要对我国国防知识产权制度进行改革与完善。

5.1 应深化产权制度改革，将国防知识产权单一结构模式逐渐向多元化结构转变，同时坚持权益平衡原则和放权原则

在军民一体化思想指导下，应大大拓展国防企业的合作对象、合作范围和领域。现行《中华人民共和国国防法》中所有国家投资产生的国防技术成果归国家所有的规定，已无法适应创新发展的需要。单一产权模式有必要向国家、国防企业或单位、地方企业或科研单位以及科研人员所共有的多元化

结构模式演变。

国防知识产权制度需要坚持并体现出权益平衡的原则。合作创新的知识创造本质凸现出国防知识产权制度在协调、激励和规范各创新主体行为方面的重要作用。合理的国防知识产权制度安排，将可协调创新主体间的利益关系，有效激励和规范创新行为。因此，国防知识产权制度需要以国防知识产权为纽带，合理确定知识产权创造方与国家、社会之间的权利和义务边界，协调好利益相关者间的关系，形成较均衡的利益关系。权益平衡是贯穿国防知识产权制度的主线。因为从国家角度来讲，需要持续创新国防产品，以维护国防安全，这就要求国家给予国防知识产权创造者充分的权利，重视并保障知识产权创造者的利益，以激发创造者的积极性。

国防知识产权制度应实行有条件放权。一方面，改变传统的"谁投资，谁拥有"的思想与政策。在保证国家利益和国防安全的前提下，国家可以只保留用于国防目的的无偿使用权和必要的外贸介入权，将产权归国防企业等创新主体所有。美、英等国政府都采取了这一做法。英国已将由政府投资的研究项目所产生的知识产权归为项目研究机构所有，以保护研究机构的利益，激发其创新积极性。美国国防部也将大多数的专利所有权归项目承包商所有，国防部只享有用于国防目的的不可撤销的免费使用权。只有在特殊情况下，出于国防安全需要，国防部才拥有所有权。另一方面，国家还可以将国防知识产权所有权与经营权相分离，在保证产权归国家的情况下，允许创新主体拥有使用权和交易权，并可以在适当范围进行交易，从而给创新主体带来更多收益，在强化产权激励功能的同时，也有利于合作创新的顺利实施。当然，这些权利应该在法律上加以明确。

5.2　完善国防知识产权法律制度和管理体系

我国国防知识产权法律制度建设起步较晚，再加上国防知识产权本身的特殊性，国防知识产权法律制度和管理体系还不够完善，在一定程度上限制了合作创新的顺利进行。目前主要依据的《中华人民共和国国防法》、《武器装备研制合同暂行办法》以及《国防专利条例》等法律过于原则，不利于实际操作，在知识产权归属与分享方面也缺乏明确、清晰的政策指导。美国通过《专利法》、《联邦采办条例》（FAR）和《联邦采办条例国防部补充条例》（DFARS）等法规详细约定了由国防合同产生的知识产权归属与分享。由于合作创新对国防工业的重要性日益凸现，美国还专门出台合作研究法案（NCRA）支持企业开展合作创新。因此，我国政府有必要尽快完善国防知识产权立法，并出台相应的实施细则，以形成较完善的国防知识产权立法体系。

同时，应健全国防知识产权管理政策体系，建立国防知识产权管理的报告和检查制度、评价体系、监督和保护制度，使国防知识产权的有效管理成为激励国防企业等创新主体进行技术创新的重要手段。美国政府非常重视知识产权管理，几乎所有的国防武器研发合同中都明确了知识产权的所有权、政府介入权等相关条款。此外，应完善国防知识产权管理机构。目前，我国国防专利管理归总装备部管辖，而总装备部任务繁多，它要同时负责国防生产与采购等任务，很难对国防知识产权进行有效监管，故应成立由国防部直接领导的国防知识产权保护与管理机构[6]。

5.3　转变知识产权观念，变单纯的国防知识产权保护为有效利用

由于国防知识产权的公有产权模式和公益性色彩，适度的保护可以减少合作创新过程中的机会主义等风险，保护国防企业的合法利益。我国国防知识产权保护的方式主要是不公开、不对外，接触国防信息的单位和个人越少越好。《中华人民共和国保守国家秘密法》在一定程度上起到了知识产权保护法的作用，有效规避了诸如知识产权流失等风险，有利于合作创新的开展，然而又限制了知识产权方面的信息沟通，一定程度上阻碍着合作创新中的知识转移和共享，不利于创新网络组织的构建和高效运行。此外，世界各国的知识产权工作重点已由"保护"转向"应用"。国防知识产权的科技含量普遍高于一般的知识产权，应该加大其使用力度和使用范围，更好地服务于国民经济。因此，应改变长期存在的重保密、轻解密观念，在做好保密工作的同时也要及时解密。美国专利保密时间只有1年，1年后大都转为普通专利。可探索保密之外的其他办法，如利用合同条款进行法律约定。

5.4　针对国际间国防合作创新，应积极缔结双边合作协议，减少国际合作中的知识产权风险

目前，我国已和100多个国家和地区建立了科技合作关系，并对合作中涉及的知识产权问题达成了协议。为方便解决合作争端，保护自身知识产权，我国加入了《巴黎公约》、《世界版权公约》、《专利合作条约》等国际条约。为减少或避免知识产权争议，在进行国际合作创新时应在合同中明确知识产权归属与分享等条款，并遵循国际公约和协议。同时，必须遵循各国对国防知识产权的保护和归属的强制性规定。此外，可参照北大西洋公约组织的做法，签订政府间双边或多边合作协议，允许相互申请国防专利，扩大国防专利的保护范围，促进国防合作创新向国际领域扩展。

参考文献：

[1]　王东月，陈昌柏．国防科技工业知识产权的经济效用分析［J］．电子知识产权，

261

2004 (6)：25－26.

[2] 皮成功．关于我国航空工业的高技术产业化研究［J］．航空工业经济研究，2006 (4)：44－48.

[3] 李颖．国防科技自主创新对知识产权管理的影响研究［J］．现代管理科学，2008 (3)：59－61.

[4] 王钢林，武哲．可持续发展与中国航空工业［J］．北京航空航天大学学报（社会科学版），2003，16 (4)：33－36：41.

[5] Owen-Smith J, Powell W W. Knowledge networks as channels and conduits：The effects of tormal stucture in the Boston biotechnology community［J］. Organization Science，2004，15 (2)：2－21.

[6] 王林．对国防知识产权归属制度的思考［J］．国防，2007 (1)：61－63.

作者简介

郭永辉，男，1976 年生，副教授，博士，发表论文 20 余篇，出版专著 1 部。

我国知识产权研究领域的
共词网络分析[*]

1 引 言

随着世界经济进入知识经济和服务经济的新阶段，知识产权已成为发达国家保护产业发展、推动技术进步的重要手段。与此同时，在国际产业竞争中，知识产权也往往成为先进国家在技术上压制后进国家的制度工具，并形成所谓的"知识产权壁垒"。信息技术和网络技术的不断发展，数字图书馆、虚拟社区、网络经济等新的技术形态和经济形态对知识产权制度提出了新的挑战。因此，知识产权研究成为近 20 年来图书情报、企业管理、技术创新、法律实践等多个学科领域共同关注的焦点问题。

目前国内学界对知识产权发展的研究已经有较多成果，如陈传夫[1]、张春华[2]对数字图书馆建设和信息服务提供的知识产权问题进行了研究；李培林[3]、邹杰等人[4]和李倩等人[5]对企业知识产权问题进行了研究；洪少枝[6]、张继宏[7]等人对技术创新经济学中知识产权问题的研究历程做了回顾；熊红轶[8]、吴汉洪[9]等人从经济学的角度对知识产权促进经济增长问题的研究情况做了总结；李若洋等人[10]对知识产权制度设计的法律法规问题进行了较全面的分析。

综合上述研究发现：①知识产权在近 20 年来已经成为多个相关领域共同关注的研究问题，是典型的交叉性研究领域；②现有研究大多是不同学科学者对本学科自身研究问题的梳理，不能很好地反映知识产权这一交叉领域的研究全貌；③上述研究均基于文献综述的定性研究方法，尚未见到运用社会网络分析、聚类分析等定量研究方法的研究成果。因此，笔者综合运用文献计量、社会网络分析和知识图谱等研究工具，以我国知识产权领域研究人员近 20 年（1990 - 2011 年）在领域内期刊上发表的学术论文为分析对象，对近

* 本文系北京市科技计划项目"科学知识图谱方法在新兴产业发展态势分析中的应用研究"（项目编号：Z121108002212058）研究成果之一。

20 年来我国知识产权领域概念网络的演化态势和前沿领域分布情况进行分析研究。

2 数据与研究方法

2.1 数据来源

为全面地反映我国知识产权研究人员的学术研究现状，笔者检索了近 20 年来国内核心期刊收录的知识产权研究论文 4 625 篇（检索时间：2012 年 4 月 21 日）。检索方法：在 CNKI 核心期刊库中检索文章题目、关键词和主题中包含知识产权字样的文献。CNKI 缺失的部分核心期刊，如《情报学报》等，使用维普数据库的数据加以补充。各年份知识产权研究文献数量的分布情况见图 1（不包含 2012 年数据）。

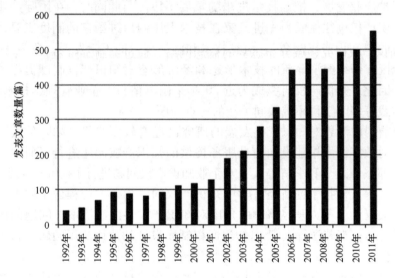

图 1　近 20 年国内知识产权研究人员发表文章的数量分布

2.2 研究方法

本文主要采用了基于关键词共现的社会网络分析方法。关键词是最能反映论文主题的特征词汇或词组、短语。科研人员的研究内容并非单一孤立的，而是由一系列在内容上存在密切关系的关键词或主题词构成的，因此一篇规范的研究论文通常有 4－6 个关键词。共词分析法就是通过统计两两关键词在同一文献共同出现的次数，揭示关键词之间关系的密切程度，同时利用现代统计分析技术，归纳出某研究领域的研究热点、结构或范式[11]。

社会网络分析法是在社会学、心理学、图论、概率论等学科发展基础上形成的一套多学科交叉的分析方法，它把复杂多样的关系形态表征为一定的网络构型，基于这些构型及其变动，阐述其对个体行动和社会结构的影响[12]。作为新的社会科学研究范式，社会网络分析法在图书情报领域得到广泛应用，特别是在合著网络、引文网络、竞争情报、知识管理、图书馆资源配置和学科热点研究等方面的研究效果显著[13]。

因此，可以通过共词分析构造基于关键词共现关系的量化矩阵，借助信息可视化工具，对相关学科主题领域进行社会化网络分析。

3　知识产权研究领域概念网络分析

3.1　关键词共现网络的拓扑结构分析

本文以所得文献中去重后的全部关键词为顶点，关键词在同一篇文献中的共现关系为边，共现的次数为边的权值，构建出无向加权网络图，即描述国内知识产权研究领域分布态势的概念网络。通过编制 Java 程序，对知识产权领域的 4 625 篇文献进行统计，最终得到一个有 9 673 个顶点（关键词）、6 713 条边的复杂网络。通过分析发现，上述网络具有典型的复杂网络属性，即顶点度分布符合幂律分布特征，具有较高的聚类系数和较低的平均距离。

社会网络分析中的介数中心性指标则用来衡量节点作为媒介者的能力，即占据在其他两节点联络方式上重要位置的节点。占据这样的位置越多，节点的介数中心性就越高，就会有越多的节点通过它进行联络。若某节点在两个分离的组件中间形成连带，此节点即为一个切点，或称为"桥"。桥能够中介两个分离的大团体之间的互动与信息[14]。通过对国内知识产权关键词共现网络中关键词的介数中心性进行分析，得到介数最高的 10 个关键词，依次为知识产权政策、比较优势、知识产权滥用、著作权、图书馆、技术进步、反垄断法、知识产权法、知识产权诉讼、合理性。介数较高的关键词，往往是连接不同研究领域的交叉性概念。

如"知识产权政策"是连接产业知识产权政策研究和技术创新研究的交叉概念；"比较优势"是连接国家知识产权战略研究和技术创新研究的交叉概念。

3.2　基于 G-N 聚类的知识产权领域概念网络分析

为了更加清晰地分析知识产权领域的概念分布和发展态势，本文采用边介数聚类算法[14]（G-N 算法）对知识产权领域的关键词共现网络进行聚类分析。边介数指的是所有通过这条边的任意两节点间最短路径的和，因此连接集团间的边的介数会相对比较大。边介数聚类算法的基本思想是：每一轮通过删除可能连接任意两个集团的边（介数最大的边），逐步使得隐藏的集团显现出来。其主要步骤如下：

步骤1：计算网络中所有边的介数值；

步骤2：找到并删除介数最大的边；

步骤3：重新计算剩余边的介数值；

步骤4：重复第2步直至结果满意为止。

笔者抽取了网络中边权值大于3的边和相关顶点作为研究样本，以保证网络图中边和顶点可以代表该领域的核心结构。使用Java程序实现G-N算法，并去除了介数最高的15条边（即程序循环15次）。使用Pajek绘制知识产权关键词网络聚类结果图，如图2所示：

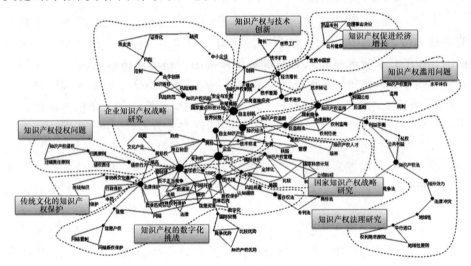

图2 国内知识产权研究领域的关键词网络

图2中，节点的大小表示该关键词的介数中心性大小。经过近20年的发展，国内知识产权研究已经形成了若干个比较明显的子研究领域。著作权、自主创新、知识经济、知识产权滥用、著作权、图书馆、知识产权法等高介数中心性的关键词分别构成各个子研究领域中的核心关键词。对7个知识产权子研究领域进行简要论述如下：

3.2.1 知识产权的数字化挑战研究

数字图书馆、互联网、虚拟社群等新技术和新模式的出现对知识产权的保护提出了诸多全新挑战。从研究文献来看，目前研究这一问题的人群主要

266

以图书情报学领域的学者为主。从研究领域的分布来看，这一领域尽管分布范围并不广泛，但概念之间联系比较紧密，说明该领域的研究主题比较集中，研究体系比较完善。从研究主题来看，目前学界对这一问题的研究主要包含以下三个层面：①探讨数字图书馆的发展所带来的种种版权问题的解决方案；②探讨互联网模式下，网络复制、网络传播等问题对知识产权保护带来的挑战；③探讨互联网条件下，传统著作权保护方式遇到的瓶颈和解决思路。

3.2.2　知识产权与技术创新

随着知识经济时代的到来，技术创新已经成为维持国家和企业经济高速发展的动力，而知识产权制度作为国际通行的维护人类创造的特权，是促进技术创新最有效的一种法律制度[15]。技术创新与知识产权之间存在十分密切的互动关系，一方面技术创新的发展推动知识产权制度的发展完善；另一方面，现代社会中的技术创新，尤其是新兴产业的技术创新和技术扩散，给知识产权制度带来诸多挑战。目前，国内对于知识产权与技术创新的关系的研究，一般从三个视角展开：①在全球化竞争中，知识产权壁垒对于跨国技术扩散的阻碍作用及其解决思路；②知识产权制度在外商直投环境中对知识转移的推动作用；③新兴产业中出现的联合创新、网络化创新、合作创新等新形势对知识产权制度提出的新挑战。

3.2.3　知识产权促进经济增长

余长林[16]认为知识产权对经济增长的促进作用，主要通过三种渠道，即国际贸易、外商直接投资（FDI）和技术许可实现。对于发展中国家而言，技术进步主要依赖于对外国技术的引进，即国际技术转移。由于我国经济的对外依存度较高，国际贸易对中国经济增长的拉动作用不断降低，FDI已成为过去10年中国经济发展最重要的引擎之一。因此，目前国内对于知识产权和经济增长的研究，主要从FDI的角度切入。江小涓[17]指出，在发达国家企业的研发活动具有溢出效应的情况下，发达国家企业是否对发展中国家进行对外直接投资，取决于发展中国家生产成本优势的大小以及发展中国家对知识产权保护力度的大小。杨全发等人[18]认为对于东道国政府而言，提供适度且有效率的知识产权保护政策，不仅可以增加FDI的流入量，而且可以引进较为先进的技术，从而通过降低成本和提高产量，实现东道国社会福利最大化。

3.2.4　知识产权滥用问题研究

相比促进科技发展这一知识产权制度创设的初衷，在全球化竞争时代，知识产权已经成为先进国家打压后进国家技术进步、跨国大企业相比中小企业提升竞争力的一种重要制度工具。目前国内针对知识产权滥用问题的研究讨论较多的是知识产权限制和反垄断控制，包括对《反垄断法》的实践思考，特别是中国加入 WTO 后，如何限制外国企业和跨国公司在国际贸易中滥用知识产权及其在技术标准中存在专利权垄断行为等，代表学者有王先林[19]、乔生[20]、丁茂中[21]、黄汇[22]等。从本质上说，知识产权的制度前提是工业经济时代的社会化分工思想，在服务经济时代，合作创新的大量涌现，也将从法理基础上挑战知识产权制度的合理性。

3.2.5　知识产权侵权问题研究

知识产权侵权是知识产权制度设计的基本环节。随着知识产权本身蕴藏的巨大经济价值在市场经济的发展中越来越清晰地展现在社会公众面前，知识产权侵权行为开始愈演愈烈。在服务经济时代，各种新兴经济活动形态不断涌现，知识产权侵权行为的界定原则和要素不断改变。总体而言，我国法律界对于知识产权侵权问题的研究高潮集中在 2002 年前后，近年来对于知识产权侵权问题的研究已经越来越少。未来应当针对新经济形态下知识产权侵权出现的新问题和新模式进行进一步归纳总结，不断创新知识产权侵权归责理论，以适应实践的不断发展。

3.2.6　国家及企业知识产权战略研究

在全球化竞争的背景下，国家层面制定的知识产权发展战略，能够有效地提升本国企业和产业的全球竞争力。因此，国家知识产权战略研究开始成为近 10 年间国内知识产权研究的热点问题。回顾国内现有的研究成果，国家知识产权战略问题研究主要遵循以下三条主线：①通过对不同国家知识产权战略的比较研究，对我国知识产权战略的制定提出建议，如王芳[23]、崔常山[24-25]等人的研究；②研究国家知识产权战略与地方知识产权战略[26-27]的互动关系；③研究国家知识产权战略背景下的知识产权教育问题，较有代表性的如李晓秋[28]、郭献强[29]、林瑞青[30]、徐萍等[31]人的研究。

当今社会，知识产权已成为企业技术开发、市场开拓和获取巨额利润的法宝。企业知识产权战略研究，是国内知识产权研究最重要的领域之一。冯晓青[32]认为，企业知识产权战略是企业为获取与保持市场竞争优势，运用知识产权保护手段谋取最佳经济效益的策略和手段。从研究主题来看，企业知识产权战略研究主要包括两个层面的内容：①企业实施知识产权战略过程中相关法律问题的研究，如涉及到知识产权战略管理模式、知识产权战略价值化和投资战略、商业秘密保有、商标注册、商标权维护等业务内容；②对企业实施知识产权战略和企业外部竞争环境之间的关系的研究，如知识产权对

268

企业风险防范和风险应对能力的促进、知识产权战略与企业融资环境改善等问题的研究。但总体而言，目前国内在企业知识产权研究方面，对知识产权战略作为企业资源和能力形成的核心竞争力的机理尚缺乏深入研究[33]，这是未来值得改进之处。

3.2.7 知识产权法理研究

知识产权的法理研究，是知识产权领域的学科理论基础问题。从研究者的专业背景来看，以法学专业背景的研究者居多。总体而言，目前国内对知识产权法理基础的研究，大多是从知识经济时代的新挑战入手进行分析的。如李强[34]认为，从理论上说，知识产权的对象可以凭借其自身具有的一定程度的创造性或区别性，来实现其独立化及与其他知识产权对象的区分，但问题是创造性和区别性等概念本身也具有不确定性和模糊性。此外，王少杰[35]、冯中锋[36]等人还指出，随着人类社会进入基因时代，知识产权的法理基础将发生根本性变革，并进而导致知识产权的主体、客体、性质、立法思路等发展变化。

4 国内知识产权研究的学科优势分析

4.1 国内知识产权研究优势学科的发现

笔者按所收集的知识产权文献的机构分布情况进行分析，发现目前国内知识产权研究人员主要来自三类学科背景：①图书情报学（作者机构中包含"信息管理"、"图书馆"、"信息资源管理"等字样）；②经济管理类（作者机构中包含"经济学院"、"管理学院"、"商学院"等字样）；③法学（作者机构中包含"法学院"、"法律系"、"法学研究中心"等字样）。因此，可以将国内知识产权研究领域的学科分布大致划分为上述三大类。

在复杂网络分析中，使用划分（partition）的方法，能够分析网络中不同类型的节点的分布态势。笔者通过判断作者所在机构的二级单位信息，初步设定作者的学科背景，使用 Java 程序实现学科隶属度分析算法，计算每个关键词所属的学科类别，并结合知识地图进行综合分析。结果显示，图书情报学以第一作者在知识产权研究领域的发文最多，共 1 453 篇，经济管理学和法学分别以 1 232 篇和 1 145 篇位列第二和第三，这三个学科占整个知识产权研究领域发文量的80%以上，图书情报学研究人员在发文量上明显领先于其他学科、专业，是我国知识产权研究领域的一支重要力量。

4.2 学科隶属度算法的引入

为进一步分析不同学科背景的研究者在研究知识产权问题时所关注的子

领域差异，笔者引入了学科隶属度算法[37]来分析这一问题。所谓学科隶属度算法，即为每一个学科关键词指定其所属的上位学科。其基本思想是：关键词隶属于某一学科的程度，与该关键词在该学科文献中出现的次数成正比，与该学科学者的发文规模成反比。

对于任意一个关键词 K，设其在学科 T 所发表文献中出现的次数为 C_T，该学科发文总量为 P_T，则关键词 K 隶属于该学科的程度（即学科隶属度）S_{KT} 为：

$$S_{KT} = C_T \times \sum_{i=1}^{N} P_i/P_T$$

其中，N 为所有学科的个数。对于任意关键词 K，计算其对于所有学科的隶属度 $\{S_{K1}，S_{K2}\cdots S_{KN}\}$，其中最大值所对应的学科，即为该关键词最终归属的学科。

4.3 国内知识产权研究优势学科的研究热点分布

使用学科隶属度算法对所有关键词进行学科划分后，国内知识产权研究领域的三大优势学科的研究热点分布见图 3 – 图 5，所有学科领域研究热点见图 6。

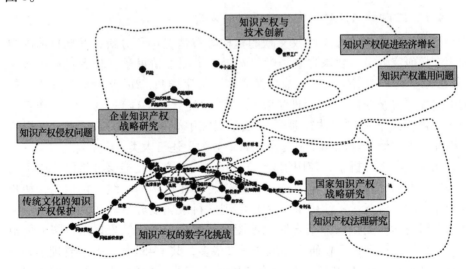

图 3   图书情报学优势研究领域研究热点

从图 3 – 图 6 可以看出，图书情报学专业的研究者对于知识产权问题的研究视角十分集中，并主要关注知识产权的数字化挑战问题，在该领域形成了十分完善的研究概念体系。但另一方面，在知识产权研究的其他几个主要领域，除了企业知识产权战略研究领域有部分图书情报学者关注以外，对于知识产权和技术创新、知识产权促进宏观经济发展、国家知识产权战略等偏管理学和经济学的话题关注并不多，对于知识产权侵权、知识产权滥用、知识产权法理研究明显侧重法学背景的研究领域的关注则更加少见。基于上述分析结果，笔者对我国图书情报学界未来在知识产权研究领域的工作提出如下建议：

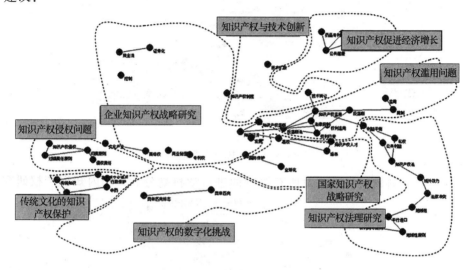

图4　法学优势研究领域研究热点

● 巩固并加强本学科在知识产权的数字化挑战及其应对策略等方向的研究优势。我国图书情报学界学者对于知识产权发展的数字化挑战等问题有非常集中的研究，陈传夫、邱均平、文庭孝等著名学者均对这一问题进行过深入探讨。未来应当扩展现有的研究体系，以数字图书馆的知识产权数字化研究为基础，结合社交网络、云计算、大数据等新一代信息技术所带来的新问题开展前瞻性研究，保持研究活力和领先优势。

● 积极寻找知识产权研究领域新的学科增长点。我国图书情报学科研究人员在知识产权研究领域发文主要集中在以数字图书馆建设为核心的相关研究，建议图书情报学科的研究人员拓宽学科视野、扩大学科研究覆盖面，关注知识产权与技术创新和国家创新体系建设领域的相关研究。该领域的研究内容属于传统的科技情报学研究的主要对象之一，其所使用的研究方法主要是文献计量和科学计量学方法，也为图书情报学研究者所熟悉。此外，企业知识产权战略研究方面已经有部分图书情报学研究者介入，未来可以继续加

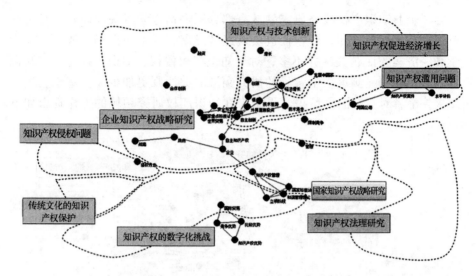

图5　经济管理学优势研究领域研究热点

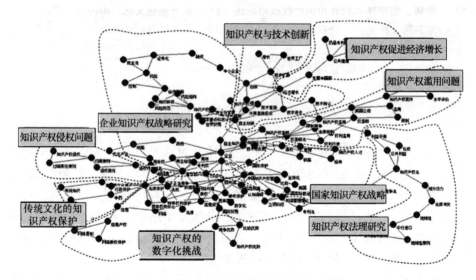

图6　所有学科优势研究领域研究热点

强这方面研究。

● 加强与知识产权研究相关学科研究者的合作交流。笔者发现，尽管知识产权问题作为一个典型的交叉学科问题，吸引了来自图书情报学、经济管理学、法学等多个学科专业研究者的共同关注，但跨学科的合作研究非常少。目前，国内图书情报学科的很多老牌院校，如武汉大学、北京大学、南京大学、南开大学等均为文理综合型大学，学科之间交叉合作非常频繁。建议未来图书情报学研究人员在关注知识产权问题时，可以采取联合申报课题、合作授课或培养研究生、合作发表论文等多种方式开展跨学科合作。这样一方面可以充实图书情报学的研究方法体系，扩展学科视野，找到新的学科生长点；另一方面也有利于扩展图书情报学在知识产权领域的学科影响力，推动相关学术成果的传播。

参考文献：

［1］ 陈传夫．数字化与图书馆知识产权国际研究综述与展望［J］．高校图书馆工作，2005（3）：1－8．

［2］ 张春华．信息服务中的知识产权问题研究综述［J］．图书情报工作，2004，48（5）：116－118．

［3］ 李培林．企知识产权战略研究综述［J］．经济经纬，2006（6）81－84．

［4］ 邹杰，昆明．企业知识产权战略综述［J］．经营管理者，2009（19）：6－7．

［5］ 李倩，刘桦林．企业知识产权战略综述［J］．东方企业文化，2010（12）：206．

［6］ 洪少枝，尤建新．高新技术企业知识产权战略评价研究：一个综述［J］．价值工程，2011（16）：1－3．

［7］ 张继宏．集成创新与知识产权：一个文献综述［J］．中国市场，2009（9）：110．

［8］ 熊红轶，杨伟．知识产权保护对经济增长的影响研究综述［J］．重庆工商大学学报（西部论坛），2007（2）：22－25．

［9］ 吴汉洪，杨鑫．知识产权制度与经济增长：综述与比较［J］．国家行政学院学报，2011（2）：84－89．

［10］ 李若洋，李军磊．知识产权保护制度完善综述［J］．法制与社会，2009（21）：49．

［11］ 张勤，徐绪松．定性定量结合的分析方法——共词分析法［J］．技术经济，2010，29（6）：20－24，39．

［12］ 邬爱其．集群企业网络化成长机制研究［D］．杭州：浙江大学，2004．

［13］ 朱庆华，李亮．社会网络分析法及其在情报学中的应用［J］．情报理论与践，2008（2）：179－183，174．

［14］ 王建冬．基于复杂网络方法的国内信息服务研究概念网络分析［J］．现代图书情报技术，2009（10）56－61．

［15］ 赵娟．技术创新与知识产权制度的相互性研究［D］．南京：南京航空航天大学，2009．

［16］ 余长林．知识产权保护与发展中国家的经济增长［D］．厦门：厦门大学，2009．

［17］ 江小涓．中国的外资经济对增长、结构升级和竞争力的贡献［J］．中国社会科学，2002（6）：4－14．

[18]　杨全发，韩樱．知识产权保护与跨国公司对外直接投资策略［J］．经济研究，2006（4）：28－34.

[19]　王先林．知识产权与反垄断法：知识产权滥用的反垄断问题研究［M］．北京：法律出版社，2008.

[20]　乔生，陶绪翔．我国限制知识产权滥用的法律思考［J］．现代法学，2005（1）：112－118.

[21]　丁茂中．中国规制知识产权滥用的法律研究［EB/OL］．http://article.chinalawinfo.com/Article_ Detail.asp? ArticleId＝34804.

[22]　黄汇．知识产权非理性扩张的法哲学解读——基于知识产权与所有权理念差异的视角［J］．西南民族大学学报，2006（6）：161－167.

[23]　王芳．美国、日本知识产权战略与中国知识产权现状对比研究［J］．吉林工程技术师范学院学报，2008（4）：1－4.

[24]　崔常山．美国及美国企业的知识产权战略（上）［N］．公共商务信息导报，2005－03－11（4）.

[25]　崔常山．美国及美国企业的知识产权战略（下）［N］．公共商务信息导报，2005－03－15（4）.

[26]　戴宏伟，叶传华，赵敏，等．国家知识产权战略与东部地区知识产权战略衔接研究［J］．江苏商论，2008（9）：139－140.

[27]　蒋昆玲，唐楠栋．统筹国家知识产权战略与地方知识产权战略［J］．现代经济信息，2009（7）：27.

[28]　李晓秋，宋宗宇，李虹秀．国家知识产权战略背景下的高校知识产权教育改革［J］．重庆工学院学报，2006（7）：163－165.

[29]　郭献强．国家知识产权战略下的高校知识产权教育和管理［J］．科技创新导报，2009（11）：205－206.

[30]　林瑞青．论知识产权战略与高校知识产权教育［J］．吉林省教育学院学报，2006（4）：43－47.

[31]　徐萍，庞翠华．关于知识产权战略与知识产权教育的思考［J］．大连大学学报，2007（5）：113－117.

[32]　冯晓青．企业知识产权战略［M］．北京：知识产权出版社，2001.

[33]　李铁宁，罗建华．企业知识产权战略文献综述［J］．山西科技，2005（6）：11－13.

[34]　李强．知识产权构造的法理困境与出路——以权利对象特定原则为线索的考察［J］．政法学刊，2010（3）：65－69.

[35]　王少杰．论基因时代知识产权的法理革命［J］．海南大学学报（人文社会科学版），2003（4）：396－399.

[36]　冯中锋．对基因时代知识产权法理变革的几点思考［J］．中南民族大学学报（人文社会科学版），2004（5）：82－84.

274

［37］ 彭陶，王建冬，孙慧明．基于关键词共现网络的我国图情领域近三十年学科发展脉络分析［J］．大学图书馆学报，2012（2）：29－34.

作者简介

蔡伟，北京市科技信息中心助理研究员，硕士；

王建冬，国家信息中心信息化研究部助理研究员，博士；

郑玉凤，北京大学信息管理系硕士研究生；

王继民，北京大学信息管理系副教授，博士，通讯作者，E-mail：wjm @ pku. edu. cn。